JN039444

言語哲学大全

WITTGENSTEIN
CARNAP
QUINE

増補改訂版

II 意味と様相(上)

飯田 隆

PHILOSOPHY
OF LANGUAGE

勁草書房

増補改訂版へのまえがき

第I巻の場合と同じく、初版のテキストへの変更は最小限にとどめた。つまり、句読点とカッコ類の使い方を最近の私の使い方に改めたことと、初版より後に出た翻訳および文献への指示を註に付け加えたことが、主である。日本語以外の著作からの引用に際しては、既存の訳を掲げている場合も、特に断っていない限り、私自身の翻訳である。

ひとつだけ述べておかなければならないのは、第2章の註14である。その最初に註記したように、『論理哲学論考』の論理の扱いについてのこの註の内容を、現在の私は誤りだと考えている。それにもかかわらず、この註をそのままにしておいたのは、第一に、第2章の補註1が、もとの註を訂正する形になっているためであり、第二に、それに私が従ったのは誤りであったにせよ、『論理哲学論考』の論理観が単純な誤りに基づいているかもしれない――実際にはそうでなかったことが現在ではわかっているが――というフォグリンの指摘は、この書物を神聖不可侵とみなす傾向への抗議として、いまでも意義をもっていると思うからである。

本書の初版（一九八九年）を出したあとまもなく私は、クワインの『論理的観点から』の新しい訳（一九九二年）とウィトゲンシュタインについての概説書『ウィトゲンシュタイン　言語の限界』（一九九七年）を出した。この二冊は、言ってみれば、本書の副産物のようなものである。さいわい現在まだどちらも手にすることができるはずなので、註等で新しく補足した箇所で参照を求めている。したがって、初版での岩波書店版のクワインへの参照は、まだ手に入る拙訳に差し替えさせてもらった。

この巻に関しても、勁草書房編集部の土井美智子さんにすっかりお世話になった。コロナの流行がまだ収まらないなか、細かな配慮をしていただいただけでなく、遠隔の地からの私の注文にもこたえていただけたことは本当にありがたかった。また、校正に際しては、高取正大氏の手をわずらわせた。校正上の問題点だけでなく、内容に関することまで丁寧に見て頂いて感謝する。

『言語哲学大全』全四巻の増補改訂もこれで、巻数で言えば半分終わったことになる。しかしながら、このシリーズは、巻を追うごとに厚くなって行ったので、頁数から言えば、半分にはまだまだ届かない。無事にゴールまでたどり着きたいものである。

二〇二三年四月二四日

飯田　隆

第一版へのまえがき

『言語哲学大全』（人間、慣れるというのはおそろしいもので、こう書くことに、今ではさほどためらいがなくなっている）の第Ⅱ巻をお届けする。第Ⅰ巻の「まえがき」を読まれたことのある読者ならば、タイトルにある「（上）」という文字を見られて、「またか」と思われたことであろう。その通りで、ぜひとも避けたいと思っていたことが、また起こってしまった。つまり、これから読者が読まれるのは、第Ⅰ巻を書き上げた直後の私の構想では第Ⅱ巻となるはずだったものの前半である。しかし、この点については、あれこれ弁解しない方がよさそうである。この巻（および次巻『意味と様相（下）』）の意図について、簡単に説明したい。なお、以下で「本書」と言うのは、『意味と様相』の上巻・下巻を合わせてのことである。このことは、本書（注意！）を通じて変わらない。

第Ⅰ巻『論理と言語』では、現代的な論理学の出現が、いかに言語に対するわれわれの考え方を変えたかを見た。現在の言語哲学は、いまでも、現代論理学のはじまりに位置するふたりの巨人――フレーゲとラッセル――の遺産のうえに成り立っている。もちろん、このふたりの重要な仕事が出そろった一九一〇年代から現在までのあいだに主要な展開がなかったわけではない。この第Ⅱ巻とそれに続く（はずの）第Ⅲ巻の意図は、一九二〇年代から現在までの言語哲学の展開を「意味と様相」という視点から概観することである。

「意味」という言葉については、ここで説明してもしようがないが、少なくとも、この言葉を聞いたことがないという読者はいないと思う。だが、「様相」という言葉については、初耳という読者もいるかもしれないので、簡単に辞書的な説明を施しておけば、それは、「必然である」「可能である」「偶然である」といった言葉によって指されるものの総称である。もっと知りたいという読者には、本文を読んで頂くよりない。「意味と様相」というのも、一見したところ単に言葉を並べているだけのように見えるが、慧眼な読者のことであるから、両者が密接に関係しているからこそ、こうしたタイトルになったと推測されているであろう。

二〇世紀の哲学を振り返るとき、どうしても無視できないものとして現れてくるのは、論理実証主義というひとつの哲学的運動の与えた影響である。残念ながら、論理実証主義の評判はあまりかんばしいものではない。哲学的問題に対するセンスを欠いた科学主義者の集団といったところが、世間に流布しているイメージである。たしかに、こうした評価がまったく当たっていないわけではない。しかし、論理実証主義は、きわめて大胆なテーゼを単純明快な仕方で提出したことによって、逆に、哲学的問題の複雑さを改めて明確にしたとも言える。論理実証主義の主要なテーゼのひとつひとつが次々に覆されて行く過程がなかったならば、現在あるような哲学はありえなかったはずである。

言語哲学の場面での論理実証主義の貢献は、大きくふたつある。ひとつは、数学や論理に属する命題がわれわれの取り決め（規約）によって真であるという規約主義であり、もうひとつは、命題の意味がその検証条件によって与えられるという検証主義である。本書の第一部の主題は、前者がいかにして成立し、また、いかにして解体したかである（本書は、後者についても若干触れているが、その本格的な取り扱いは、『言語哲学大全』の最終巻（！）にまわす）。規約主義の成立には、ウィトゲンシュタインの『論理哲学論考』が深く関与しており、また、その解体を決定的としたものは、クワインの一連の論文である。本書の第一部「分析的真理と言語的必然性」のストーリーは、したがって、「規約主義の興亡」と要約することもできよう。

規約主義の解体のあと、一九五〇年代から一九七〇年代の初頭まで、大きな影響力を振ったのは、クワインの全体論的言語観である。ところが、一九六〇年代を通じて、様相についての新しいアプローチが開拓されていた。それは、ＳＦのファンならずとも心躍るような名称——「可能世界」——をもつ概念を導入することによって編み出されたアプローチである。このアプローチの哲学全般に対する帰結の重大さが広く認識されるようになったのは、『名指しと必然性』と題されたクリプキの講演（一九七〇年）が公表されて以来のことである。クリプキのこの講演は一九七〇年代の哲学の最大の焦点となった。本書の第二部「可能世界意味論と様相の形而上学」（いまのところ、まだ仮題）が扱うのは、様相へのこうしたアプローチと、それが意味論に対してもつ帰結である（第二部の最大限暫定的な目次については、本巻末尾の「第一部への文献案内」のおしまいを見られたい）。

このようにして要約してみると、われながら、何か歴史物語を書いてしまった（あるいは、書きつつある）ような錯覚に陥りそうであるが、本書の意図は、どんなに限られた視点からであっても、「分析哲学史」を書くことにあるのでは断じてない（書けないから負け惜しみを言っていると取られても、私としては、一向に構わないし、それどころか、真相はその辺にあるのかもしれないという推測に対してもあえて反対しない）。だれがいつ何を言ったかという知識を蓄えるのも結構だろうが、いまの哲学者であろうが昔の哲学者であろうが差別せずに議論をふっかけることの方が何といっても面白くはないだろうか。したがって、本書の記述が、しばしば歴史的文脈から離れて、より最近の議論の方に脱線しがちであることを、あらかじめお断わりしておく。

第Ｉ巻『論理と言語』への参照が註などに散見されると思うが、本書は必ずしも第Ｉ巻を前提としていない。この巻単独でも理解できるように、ある程度配慮したつもりである（しかし、第Ⅱ巻だけ持っているのは居心地が悪いと思われる読者が多いことを期待したい。そうした読者には、ぜひ第Ｉ巻も購入されることをおすすめする——そのあとで第Ｉ巻を読むか読まないかは読者の自由である）。

「＊」印の付いている節は、議論がいくぶん複雑でもあり、本書の全体の筋を追うだけならば飛ばしても構わないので、読みかけて「どうかな」と思われたら、迷わず直ちに次の節に進まれることをおすすめする。註もまた、それほど気にされる必要はない（逆に、最初は註しか読まないという読者がいらしても結構である）。

本書における引用は、特に断わっていない限り、私自身の翻訳によった。これは、多くの場合、私自身が使い慣れている用語に合わせるためのものであって、他意はない。私の手元にあって参照しえた翻訳については、註で該当する箇所を挙げておいた。

今回もまた、第I巻のときと同じく、多数の方々にご迷惑をおかけした。ハードコピーを作るのが面倒だというので、原稿の入ったフロッピーディスクをそのまま送りつけてしまったケースさえある。

だが、その前に、第I巻に関して、さまざまな方々から、思いがけず好意的な批評を頂いたことに感謝したい（まあ、著者のところに聞こえてくるのは、好意的な批評であろうが）。

岡部勉、国本康浩、土屋俊の三氏には、思いがけず膨大になってしまったこの巻の原稿全部に目を通すという何とも迷惑なことをお願いしてしまった。ひとにものを頼んでおきながら、勝手なことに、「また厄介な」と思ったことも時にはあったが、多くの場合（全部ではない）は、冷静に考え直してみれば、もっともな疑問・要求であった。金子洋之、清水哲郎、中川大、野本和幸、野矢茂樹の五氏には、昭和最後の日という記念すべき日を、本巻の前半の検討のために費やさせてしまったことをお詫び申し上げる。原稿の全部にではないとしても、かなりの部分に目を通して頂き、時には何頁にも及ぶコメントを寄せて頂いたことについて、次の方々に感謝する。大庭健、北田均、丹治信春、古田智久、武笠行雄、山田友幸。

小は「てにをは」の問題から、大は本書の構成そのものに至るまで、これらの方々からのコメントの多くを利用させて頂いた。本来は、該当する箇所ごとにクレジットするべきなのであるが（また、そうすることは、私にとっては責任転嫁の絶好の機会なのであるが）、そうした箇所があまりにも多数にのぼるため、読者にとって煩雑となることをおそれて、そうしなかった。以上の方々には、この点についてご容赦をお願いするとともに、他方、責任を押し付けられなかったことに胸をなで下ろして頂きたい。また、特にお名前をあげることはしなかったが、多数の方々が、本書の草稿段階からの読者となって下さったことは、私にとって大きな励みとなった。

本書の原稿が先になったり後になったりしながらの講義は、熊本大学文学部（一九八七年度）、千葉大学文学部（一九八八年度）、大阪大学人間科学部（一九八八年秋――集中講義）の三か所で行った。講義のできばえは、自分で振り返ってみるに、原稿がまだできていないときには行き当りばったりに近く、原稿がすでにできているときには説明がついくどくなるという二通りのケースしかなかったにもかかわらず、辛抱強くつきあってくれた学生諸君に感謝する。

そして、もちろん、勁草書房編集部の富岡勝氏には、第I巻のときにも増して感謝しなければならない。「コンパクトな分析哲学入門」という当初の構想はどこにやら、一路「大河入門書」路線を突き進んでしまった著者に対して、内心どう思われているかはおそろしいから詮索しないとしても、いやな顔ひとつ見せずにつきあって頂けたことはまことに幸いであった。

一九八九年五月一六日

飯田　隆

増補改訂版

言語哲学大全Ⅱ

意味と様相（上）

目次

序章　必然性小史——アリストテレスからフレーゲまで

ある事柄が報告される。その報告が正しいことが確かめられる。何かが事実であることが示されたわけである。事実の確認が終わっても、時にわれわれは次のように考えることがある。すなわち、この事実は、そうでなければならなかったのか、それとも、そうでないこともできたのだろうかと。こうした考えが生ずることは、「事実であることが確かめられた以上、事実は事実であり、そのうえに何を思い悩む必要があろう」という意見の持ち主にとっては、不可解かもしれない[1]。しかし、何かが事実であることを十分承知のうえで、そうではないことはできなかったのかと思うのは、ほとんど誰もがすることである。事実が、「そうあるしかなかったのだ」と判断するとき、われわれは、それが「必然的であった」と言う。反対に、「そうでないこともできた」と判断されるならば、その事実は、「偶然的である」と言われる。

「必然性」あるいは「偶然性」という言葉を実際に用いるかどうかは別としても、これらの言葉は、われわれの思考のある領域を特徴づけるものである。だが、そうした思考が批判的吟味に耐えるものであるのかどうかは、疑いの余地があるし、また実際、時には、強く疑われてきた。その理由のひとつは、われわれが何かを「必然的である」とか「必然的でない」と判断するとき、その判断の根拠となるような明確な基準が本当にあるのだろうかという疑いである。また、ある事実に関して、それが必然的でないと言うことは、そうでないことも可能だと言うことに他ならない。しかし、何かが事実であるときに、そうでないことの可能性を主張することの根拠は何に求められるのか。個々の事実は、それに伴うさまざまな可能性という光暈に囲まれているのだろうか。(2) あるいは、もっと具体的に考えるために、次のような例を考えよう。戸口にひとりの男が立っている。だが、この戸口には、別の男が立っていてもよかった。いま立っているこの男であるべき必然性はどこにもないように思われる。この男でなくてもよいならば、戸口に立つ可能性のあった男は無数にいる。もちろん、男である必然性もない。女でもよかったし、人間以外の生物でもよかった。そうした無数の男、女、などの各々について、そうした男や女が戸口に立っているという「可能的事実」があるのだろうか。また、戸口に立つ可能性があるかないかということならば、現在存在している男や女のうちのだれかである必要もないのではないか。現実には存在しないが、存在することが可能であったような男や女であってもよいのではないか。だが、現実には存在せず、ただ可能的にのみ存在するような男や女について、われわれは何をどのようにして知ることができるのか。疑問は次々と湧いて来る。そうした男や女は何人いるのか。ただ可能的な男とただ可能的な女とは、同数いるだろうか。ただ可能的な男は、やせていたり太っていたりするのだろうか。それとも、ただ可能的な男は、やせても太ってもいないのだろうか。(3)

二〇世紀においては、その中葉まで、必然性あるいは偶然性といった概念への懐疑的態度が支配的であった。しかしながら、一九七〇年前後から二十年ほどの間に、これらの概念は「劇的」とも言える復活を遂げた。とうの昔に安全に葬り去られたはずであった「アリストテレス的本質主義」(クワインの命名)という過去からの亡霊すら、甦えったのである。必然性が二〇世紀に辿ったこのように数奇な運命を理解するためには、そのそもそもの始めであるアリストテレスまで遡る必要があろう。

アリストテレスの『分析論後書』は、かれにとっての科学方法論を展開した書物であると言ってよい。アリストテレスによれば、科学的知識は、それがどのような種類の存在者にかかわるかによって自ずから分かれ、それ独自の分野を形成する。存在者は、いずれも、ある「類 genos」に属し、そうした類の各々に応じて、知識のひとつの領野が存在する。さらに、知識は、それが「知識 epistēmē」と呼ばれる資格を有するためには、ある体系を成していなければならない。知識の体系化の手段としてアリストテレスが推賞するのは、演繹的な構成である。かれによれば、ひとつの領野に属する知識の全体は、それを規定している類に関して成り立つ第一原理から演繹されることによって、体系性を獲得する。こうした方法論のインスピレーションが、ギリシアの幾何学者たちによって開拓された公理的方法に由来するということは、おそらく誤りではないであろう。何世代かにわたる幾何学者たちの探究は、アリストテレスの時代よりもいくらか後になって、ユークリッドの『原論』に結実した。ユークリッド流の公理的方法と現代数学における公理的方法の間には根本的な相違が存在するとはいえ、第一原理（＝公理）からの演繹によって、ある分野に属するすべての知識を体系化するという方法は、現代のわれわれにとっても納得できる知識の体系化の手段である。(5) しかしながら、アリストテレスの方法論的原則の中には、（自覚はなくとも、実証主義に知らぬ間に影響されている）現代から見て、きわめて奇異に映るものも多い。そうした原則のうちでも、もっとも奇異と思えるであろうものは、科学的知識の体系化の出発点となる第一原理に対してアリストテレスが要請する性格である。(4)

論証的知識は、必然的な原理から由来する。なぜならば、知られるものは、別様にありうるものではないからである。(6)

すなわち、アリストテレスによるならば、科学の第一原理となるべきものは、それが扱う類に関して必然的に成り立つものでなくてはならない。演繹は、必然性を保存する。つまり、演繹的推論においては、その前提のすべてが必然的真理であるならば、その結論も同じく必然的真理となる。そうすると、アリストテレスが構想するような科学は、それに属する命題のすべてが必然的真理から成ることになる。

だが、数学ならばともかく、いわゆる「経験科学」が、必然的真理から成っているなどと考えられるだろうか。物理学のどのように基礎的な法則であっても、別の法則が成り立っていたかもしれないのだから、それが真であるのは、偶然的なことであって、必然的ではないのではないか。あるいは、科学が必然的真理から成るという主張は、科学を度しがたい「アプリオリズム」に引き入れるものではないか。科学的探求は、経験にたずねるという仕方ではなく、勝手に設定した用語をひねくりまわすことにすぎなくなるのではないか。

アリストテレス的科学観に対するこうした反論は、実は、どれも根拠のないものである。それにもかかわらず、これらの反論は、近代以降、二〇世紀の前半に至るまで、大きな力をもっていた。その原因は、アリストテレスを誤解したことにあるのはもちろんであるが、そうした誤解の源をたずねるならば、それは、「必然性」の概念が近代において蒙った変貌にある。経験的な事柄に関して必然性は見いだせないといった考え、われわれが見いだすことのできる必然性は、すべて経験とは独立に知られるという意味でア・プリオリなものに限られるという考え、唯一の必然性は言語的必然性であるという考え、これらはどれひとつを取っても、アリストテレスとは無縁のものである。必然的真理から成る科学というアリストテレスの科学観が、検討にも値しないばかげたものという評価から脱け出すことができたのは、つい最近のことにすぎない。

アリストテレスにとって、科学的知識を所有しているということは、知られている当のものが、なぜそうでなくてはならないのかを理解していることである。そのことは、知識のかかわっているものが何であるかを理解していることとに存する。さらに、それは、そのものが、いかなる類に属しているかの理解と、その類が何であるか、言い換えれば、その類の本質の理解に存する。類にとっての本質とは、それを欠いてはその類に属するものが存在しなくなる性質であると言えよう。ものの本質とは、認識者がもっている言語的枠組みなり理論的枠組みなりによって決まるものではなく、認識者とは独立のものである。第一に、もろもろの存在者がどの類に属するかは、認識者から独立に決まっている。第二に、類の本質とは、認識者が勝手に指定するようなものではなく、類の本質を知るためには、その類を指す言葉を正しく使用できるだけでは十分でない。つまり、ここで問題となっているのは、言語に由来するような必然性ではない。いくつかの類については、その本質は、科学者によって経験的に発見されるものである。そうした類に属する存在者が、その類の本質である性質を有するということは、経験的にしか発見されないとしても、必然的真理なのである。(7) こうした必然性は、認識者に依存するものではなく、ものそのものに由来し、ものの存在を構成する必然性であるから、「形而上学的必然性」と名付けることができよう。

認識論的転回——必然性から確実性へ

古代の哲学におけるもっとも重要な問いのひとつは、世界の秩序に向けられたものであった。「世界が示す秩序は何によっているのか」という問いこそ、「世界は何からできているのか」とか「どのような種類の存在者が存在するのか」といった問いの基礎にあったものであると思われる。「世界とは何か」、「存在とは何か」といった存在論的あるいは形而上学的問いが、古代の哲学の中心に位置していたと言えよう。

デカルトを代表とする近代の哲学者たちにとって、哲学の中心的問いは、こうした存在論的問いではない。それは、「われわれは（あるいは、私は）、何を知りうるのか」とか「何が確実に知られうるのか」といった、認識論的問いに取って代わられた。近代における哲学の、こうした変貌に伴い、アリストテレス流の形而上学的必然性は、無意味として斥けられないまでも、哲学的議論の中心からは退場することとなった。その代わりに、哲学的議論の中心に登場して来たのは、われわれの認識にとって疑いえないという意味での「確実性」の概念である。

近代の哲学的議論が、確実性という認識論的概念を中心として展開されるようになったことは、必然性の概念が、同時に、確実性の概念と混同されるという結果を招いた。現在でも広く受け入れられている観点に従えば、必然性と確実性との間には次のような関係が成り立つ。

(A)　pが必然的であるならば、pは確実である。

これが、近代の哲学者の多くに受け入れられていたと思われるのは、何らかの種類の命題の必然性を否定するために、そうした命題が確実ではないことを示す、という議論の方法が、しばしば見受けられることに基づく。つまり、(A)の対偶

(A′)　pが確実でないならば、pは必然的ではない。

が、こうした議論では用いられているのである。では、(A)の逆

(B)　pが確実であるならば、pは必然的である。

については、どうだろうか。実は、これをも受け入れる哲学者がいたと思われる。ここでも、それは、(B)の対偶

(B′)　pが必然的でないならば、pは確実ではない。

の使用に現れる。すなわち、何かが必然的ではないことを理由として、それが確実ではないと主張することである。たとえば、経験的な事柄はそのどれを取っても、それが成り立たなかったかもしれないということが可能である。そうすると、経験的事柄に関する報告は、そのどれについても、偽である可能性をもつ。ここから、そうした報告は確実ではないと結論するのが、(B′)を認める哲学者である。だが、この議論は、明らかな誤謬である。近代の哲学全体を通じて「確実な真理」のもっとも有名な例であった真理を考えてみればよい。「私は存在する」ということは、決して必然的ではない。私が存在しなかったことは十分可能である。だが、私の存在の偶然性とは無関係に、「私は存在する」は、そのような考えを抱く者の各々にとって確実な真理である。確実な真理は、必ずしも、必然的な真理である必要はないのである。

(A)・(B)の双方を受け入れるというところまで行かなくとも、少なくとも(A)を受け入れることは、必然的真理が、確実な真理の一部であるとすることである。ところで、近代の哲学は、懐疑論に対して一連の確実な真理を確保するということから出発した。確実性が認識論的概念であることからも明らかなように、確実な真理を確保するという事業は、その真理がどのようにして知られるかを問題とすることであって、その真理がかかわるものがどうあるか、どのような存在様式をもつかを問題とすることではない。したがって、必然性が、認識者とは独立のものの存在様式に由来するものであるとすれば、必然性の問題は、近代の哲学の問題構制にとっては、副次的な問題にとどまる。そのゆえに、必然性の概念は、近代の哲学に登場するとしても、確実な真理のなかのひとつの種類を画するものとしての役割ぐらいしかもちえなかったのである（必然性の概念に重要な役割を与えた近代の哲学者としてライプニッツに言及しないのは、たしかに、許されないことであろう。だが、必然性をめぐるライプニッツの考察が、時代遅れの形而上学という評価から脱するには、二〇世紀まで待たねばならなかったのである）。

必然性と確実性の全面的混同という罪を、近代の哲学者のすべてが犯しているわけではなくとも、近代の哲学において、必然性は確実性の影としてのみ、哲学における場を与えられた、と言ってよいであろう。

必然性の概念が近代において蒙ったもうひとつの変化は、必然性を、論理や数学にかかわる必然性と、自然にかかわる必然性という、ふたつの種類に分けることが一般化したことである。そして、哲学の歴史を通じてもっとも強力な懐疑的議論のひとつに晒されたのは、後者、自然についての必然性であった。

自然についての必然性とは、何よりもまず、自然法則の必然性である。近代の科学者の多くは、自然に見いだされる法則性の発見が科学の目標であると考えていた。ここで、自然法則は、たまたま成り立つといった偶然的なものであってはならず、事象の間の、唯一可能な関係を述べるものと考えられた。こうした条件を満足するような事象の間の関係とみなされたものは、原因としての事象が同じ種類のものであるならば必然的に同じ種類の事象が結果として生ずるという、必然性を伴う因果性であった。したがって、近代科学の初期のイデオローグたちが、自然法則による自然現象の説明を、原因と結果の間の必然的連関を与えるものと考えたのも、不思議ではない。

原因と結果との間の必然的連関という考えは、ヒュームの懐疑的議論の最大の標的となった。ヒュームは、まず、「Aという種類の事象がBという種類の事象の原因である」という形の主張の根拠は、次を出ないことを指摘する。すなわち、それは、これまで常に、Aという種類の事象が観察されたときに、Bという種類の事象が引き続き観察されたということでしかない。次に、かれは、過去において観察された規則性が、将来においても観察されるであろうと考える根拠がどこにあるかと問い、そうした根拠はどこにも見いだせないと主張する。第一に、観察されたものは、事象間の規則的継起にすぎず、個々の事象とは区別されるような、事象間の「必然的結合」といったものが観察されたわけではない。第二に、過去において観察された規則性が、明日にも破られるという可能性は常に存在する。自然に見いだされる規則性のいずれについても、それが明日は成り立たないと矛盾なく想像できる。これまで常にAという種類の事象の後にBという種類の事象が観察されたとする。そして、いま、新しくAという種類の事象が観察されたとしよう。このとき、Bという種類の事象が観察されるだろうと信ずる合理的根拠はあるだろうか。そう信ずることが合理的であるためには、過去に観察された規則性が、この次も成り立つと信ずることが合理的であるかどうかに帰着する。これは、後にミルが「自然の斉一性 the Uniformity of Nature」と呼んだものを信ずることが合理的であるか否かと問うことである。そして、そう問うことは、より一般性の高い仕方で、過去に観察された規則性が将来も妥当すると信ずる合理的根拠があるかという、前と同じ問いにふたたび直面するだけのことである。(8)

こうして、事象間の「必然的結合」は、われわれに直接与えられるものでもなく、また、その存在を信ずるべき合理的な根拠もないとされた。ここで、ヒュームの議論が、近代の哲学の基本的構制の中で動いていることに注意されたい。すなわち、そこでは、自然において必然性が存在するかが問題なのではなく、そうした必然性がわれわれの認識において然るべき位置をもちうるかが問題なのである。

自然法則の必然性という形で残るかと思われたアリストテレス的必然性の概念は、ヒュームのこうした議論によって、近代の哲学から放逐されたとまで言わずとも、それを保持することがきわめて困難なものとなった。だが、近代になって区別された必然性のもうひとつの形態、すなわち、論理や数学にかかわる必然性は、同様の取り扱いを許すとは思われない。こうして、ヒューム以後の必然性をめぐる議論は、もっぱら、論理や数学のもつと思われる必然性を対象としてなされることになる。そして、論理や数学の場面においても、問題となったのは、もっぱら、その確実性なのであり、論理的命題や数学的命題の必然性にかかわる議論は、そうした命題の確実性にかかわる議論とほとんど区別ができないほどである。

因果的必然性の観念に対するヒュームの仮借ない批判の後に、必然性がなお宿りうる領域として残ったのは、論理と数学であった。

論理については、まず、近代の哲学においては、大勢として、論理学に対する評価が相対的に低かったということを指摘しておく必要がある。その主要な原因は、論理学が、認識のための道具として無力であると考えられたことにある。近代の哲学者の多くに知られていた論理学とは、アリストテレスの論理学そのものと言うよりは、その風化した形態、いわゆる「伝統的論理学」であった。[9] 近代の哲学の始まりにおいて、デカルトやフランシス・ベーコンが、こうした論理学を、認識の道具としては無用の長物であると激しく非難したことが思い出されよう。論理学への低い評価を分けもたなかった、近代における最大の例外は、ライプニッツであるが、かれの論理学関係の仕事の大部分は公刊されることもなく、同時代の哲学に目に見えるような影響を与えたとは思えない。

論理学への低い評価は、論理学で扱われているような推論が、認識を増大することに寄与するものではないという考えと結び付いている。そして、多くの哲学者においては、論理的に正しい命題を、「妻帯者は結婚している」といった類の命題と同様のものとみなす傾向があった。後者のような命題が常に真であるのは、主語が指す概念が既に述語の指す概念を含んでいるからであると説明された。論理的推論の妥当性に関しても、類似の説明が可能であると思われた。すなわち、論理的推論の妥当性は、その前提が「暗黙のうちに」その結論を既に含んでいるから、ということになる。こうした特徴づけのもとでは、論理学が認識を「実質的に」増大するための道具となりえないことは、自明である。この観点は、分析的判断についてのカントの次のような主張において、古典的な定式化を受けている。

分析的判断は、対象に関して、われわれがそれについてもっている概念に既に含まれている以上のものを告げるものではない。分析的判断は、対象の概念を超えてわれわれの認識を拡張するものではなく、ただ、その概念を明晰なものとするのみである。[10]

論理学が扱うような演繹的推論もまた、われわれの認識を拡張するものではなく、前提に既に含まれている概念を分析して得られるものを、結論において繰り返すだけのものである。またしてもカントによるならば、論理学の任務とは、分析的手続きによって、概念を判明なものとすることにある。[11]

論理的真理が、「妻帯者は結婚している」といった分析的判断と同化されたことのひとつの帰結は、その確実性あるいは必然性が、認識論的に言って何ら問題ないものと考えられたことである。論理的推論が、既に知られていることを、もう一度（部分的に）繰り返すだけのことであるならば、それが確実性あるいは必然性をもつことは、自明であろう。[12]

このような仕方で論理の領域において必然性を認容するとしても、そのことは、「事実的」必然性といったものを認めることではない。したがって、それは、本来の意味で「知識」と呼びうるものの中に必然性が見いだされるとすることではない。必然性の最後に残された砦は、数学的知識である。ここから、対照的なふたつの道が生じた。ひとつは、この砦から出撃して、必然性の領域を回復しようとするものであり、もうひとつは、この砦を落とすことによって、すべての「事実的」知識から必然性を完全に追い出そうとするものである。前者は、「綜合的ア・プリオリ」の概念を携えてカントが進んだ道であり、後者は、経験論の徹底化を図ったミルの取った道である。

「分析的—綜合的」の区別がカントに由来することはよく知られている。この区別に加えてもうひとつの区別、すなわち、「ア・プリオリ—ア・ポステリオリ」という区別をカントが導入したことも周知であろう。哲学者としてのカントの偉大さについて異論があるわけではないが、このように新たな区別がどしどし導入されたせいで、われわれは「区別のあいだの区別」について頭を悩ませることになる。結局、少なくとも四つの区別のあいだの区別が問題となる。つまり、

(I) 必然的 ― 偶然的
(II) 確実 ― 不確実
(III) 分析的 ― 綜合的
(IV) ア・プリオリ ― ア・ポステリオリ

の四つの区別のあいだの関係についての問題である。われわれは、すでに、近代になって区別(I)と区別(II)とが混同される傾向にあることを見た。新たに問題となるのは、まずは、区別(IV)と他の区別とのあいだの関係である。だが、ともかく、カントがこの区別(IV)をどのように特徴づけているかを見ておく必要がある。『純粋理性批判』第二版の緒言(Einleitung)では、次のように言われている。

ア・プリオリな認識ということで、われわれは、これとかあれといったある特定の経験とかかわりなしに成り立つ認識ということではなく、すべての経験と絶対にかかわりなく成り立つ認識のことを意味する。ア・プリオリな認識に対立するのが、経験的認識であり、それは、ア・ポステリオリにのみ、すなわち、経験によってのみ可能な認識である。（B3）

ところで、カントによるこうした特徴づけは、せいぜい控え目に言っても、それほど明確であるというわけではな

い。たとえば、いま引用した箇所が、たぶん、典拠となっているのだろうと思われる特徴づけとして、しばしば聞くものとして、「ア・プリオリな認識とは経験にまったく依存しない認識であり、それに対して、ア・ポステリオリな認識とは、何らかの経験に依存する認識である」というのがある。こうした特徴づけを耳にして当然あってしかるべき反応は、「それでは、われわれにとって、ア・プリオリな認識などあるはずがない。なぜならば、われわれの認識は、そもそも経験がなくては始まらないのだから」といったものだろう。だが、こうした反応は、カントに対しては、気の毒である。実際、先の引用が属している『純粋理性批判』第二版の緒言は、「われわれの認識がすべて経験をもって始まるということについては、いささかの疑いも存しない」という文章から始まるのである。大事なことは次の点である。つまり、「ア・プリオリ—ア・ポステリオリ」という区別で問題となっているのは、われわれの認識がどのようにして獲得されたかではなく、われわれの認識の正当化が何に訴えることによってなされるかなのである。そうすると、誤解を招きやすい先の言い方は、むしろ次のように訂正されるべきであろう。すなわち、「ア・プリオリな認識とは、その正当化のために、いかなる経験をも引き合いに出す必要がない認識であり、それに対して、ア・ポステリオリな認識とは、その正当化のためには、何らかの経験を引き合いに出す必要がある認識である」と。(13)

それでは、この「ア・プリオリ—ア・ポステリオリ」という区別と、伝統的な区別(I)・(II)とは、どのような関係にあるのか。カントは、次のように述べている。(14)「……ひとつの命題があって、それが同時に必然性をもつと考えられるならば、それはア・プリオリな判断である」(B3)。すなわち、カントは、次の原則を受け入れていると思われる。

(C)　pが必然的であるならば、pはア・プリオリである。

また、これの逆、すなわち、

(D)　pがア・プリオリであるならば、pは必然的である。

は、『純粋理性批判』のなかで明示的に述べられているわけではないが、『純粋理性批判』全体を通じて、ほとんど自明のものとして前提とされていると推測される[15]（(C)・(D)は、先に出て来た(A)・(B)と比較されるべきである）。つまり、カントによる「ア・プリオリ―ア・ポステリオリ」の区別は、概念的には「必然的―偶然的」とは異なる区別ではあるが、外延的には（少なくとも、知られうる命題だけに範囲を限れば[16]）同一のものであると結論してよいと思われる[17]。

では、もうひとつの伝統的区別、すなわち、「確実―不確実」と、「ア・プリオリ―ア・ポステリオリ」との関係はどうだろうか。ここでも、妥当な推測は、カントもまた近代の哲学者の例に洩れず、「必然的―偶然的」と「確実―不確実」とをほとんど無差別に重ね合わせているということであるように思われる。このことと、(C)・(D)のような原則を受け入れることとから、カントは、「ア・プリオリ―ア・ポステリオリ」と「確実―不確実」とのあいだをも、自由に行き来することになる。たとえば、先ほどからしばしば引用している『純粋理性批判』第二版の緒言のなかには、次のような一節がある。

実際、もし経験がそれにしたがって進行する規則がすべて、どれを取っても、経験的（empirisch）なもの、したがって偶然的（zufällig）なものだとしたら、経験は、自身の確実性（Gewißheit）をどこに求めようとするのだろうか。（B5）

ここでは、「経験的、すなわち、ア・ポステリオリならば、偶然的」また「偶然的ならば、不確実」といった推論が、ほとんど自明なものとして前提とされている。

結論的に次のように言えよう。すなわち、カントにおいて、「ア・プリオリ―ア・ポステリオリ」という区別は、

「必然的―偶然的」とも、また、「確実―不確実」とも、その外延において一致し、しかも、それだけではなく、しばしば、これらふたつの区別の代わりまで勤めている、と。三種類の区別に対するカントのこうした無造作な態度は、実は、現代にまで持ち越された。たとえば、本文でも取り上げることになるエイヤーの『言語・真理・論理』のなかの「ア・プリオリ」と題された章では、「ア・プリオリ」・「必然的」・「確実」という三つの概念がまったく無差別に用いられている。これを、ただエイヤーの責任であると決めつけることはできないと思われる。カントにもまた責任の一端があるはずである。とはいえ、これら三種類の区別のあいだの区別が主題的に問題とされるようになったのは、ごく最近のことにすぎない。この点へは、本文でも立ち帰ることになろう。

「ア・プリオリ―ア・ポステリオリ」の区別と、「必然的―偶然的」ならびに「確実―不確実」というふたつの区別とのあいだの区別について、カントが無造作であったとしても、かれ自身が導入したもうひとつの区別、すなわち、「分析的―綜合的」と「ア・プリオリ―ア・ポステリオリ」とのあいだの区別については、カントは、無造作ではない。また、かれには、そうあってはならない当然の理由があった。

先にも述べたように、あらゆる領域から必然性を放逐しようとする近代の経験論的傾向のなかにあって、最後に残された必然性の領域は、数学的知識の領域であった。数学的知識のもつ必然性を説明することこそ、カントが自らに課した課題を遂行するに当たっての最初の試金石であったと言える。数学的命題はア・プリオリであるにもかかわらず綜合的であるというのが、数学的必然性の問題に対するカントの解答である。ここで重要なのは、「ア・プリオリ」と「綜合的」とを結び付けている「にもかかわらず」という接続詞である。

カント的意味での「分析的」ならびに「綜合的」の正確な特徴づけがどのようなものであろうとも（また、現代のわれわれにも満足できるほど正確な特徴づけをカントから期待できるかどうか疑わしいとしてさえ）、綜合的判断を分析的判断から分かつひとつの特徴は、前者がわれわれの認識を増大するのに対して、後者はわれわれの認識を増大するものではない、ということであった。ア・プリオリであるにもかかわらず綜合的である判断とは、その正当化が経験に依存しないにもかかわらず、われわれの認識を増大するような判断である。ここで、先の診断が正しいとするならば、ア・プリオリ性が必然性ならびに確実性を伴うということに注意する必要がある。論理的真理は、たしかに必然的かつ確実であるが、それは、分析的判断であり、したがって、われわれの認識の増大に寄与するものではなく、「事実的」知識を与えるものではなかった。これに対して、もしもア・プリオリであると同時に綜合的でもあるような判断があるとするならば、それは、必然的かつ確実でありながら、本来の意味での「知識」を与える判断があることになる。経験論への近代の傾斜は、それ以前まで必然性の領域と思われていた知識の部分を次々に侵食していった。もしもア・プリオリであるにもかかわらず綜合的であるような判断が成立する知識の領域があるならば、こうした侵食は食い止められるはずである。そして、カントの見るところ、そのような知識の領域は明らかに存在するのであり、それは、数学に他ならない。

ア・プリオリな綜合的判断から成り立つ知識が数学に見いだされるとするならば、同様な性格をもつ知識が数学以外の領域にも存在するかが問題となる。そうした知識の領域の候補として、カントが挙げるのは、物理学と形而上学である（『純粋理性批判』B17〜18）。前者、物理学に関しては、カントは、その「純粋な部分」（ここで「純粋」ということでカントが何を意味しているのかは詮索しないことにする）が、ア・プリオリな綜合的判断を含むことを認める。しかし、後者、すなわち、形而上学が、そのような知識の領野として成立しうることを、カントは否定する。なぜ、数学および物理学（の「純粋な部分」）においては、ア・プリオリで綜合的な知識が可能であるのに、形而上学においては、それが不可能であるのか、この問いが『純粋理性批判』の主導的テーマであると言っても、それほど的を外れたことにはなるまい。

こうして、カントは、数学的知識において、単に「言い換え」から生ずるようなトリビアルな必然性とは異なる必然性の領域を確保し、それをさらに因果律のような命題にまで拡張することによって、ヒュームによって大きな打撃を受けた「必然的でありながら事実的である」ような知識という理想を守り抜こうとした。カントの哲学は一九世紀を通じて多大な影響力をもったが、この世紀の後半になってますます力を得てきたのは、経験論の徹底化とも言うべき実証主義への傾向である。J・S・ミルは、徹底した経験主義に立脚して、論理（帰納法）と倫理（功利主義）を展開した哲学者であるが[18]、かれの経歴の出発点となったのが、その記念碑的大著『論理の体系 *A System of Logic*』（初版、一八四三）である。ミルの経験主義の徹底ぶりは、数学的知識に対するかれの態度にもっともよく現れている。そのことを見るためには、ミルが行っている命題一般の分類（のひとつ）から話を始めるのが良かろう。

ミルは、命題を「単に言葉のうえの命題 merely verbal proposition」と「本当の命題 real proposition」の二種に分類する。さらに、かれは、この各々が、伝統的に、「本質的命題 essential proposition」、「偶有的命題 accidental proposition」と呼ばれてきたものと一致すると論ずる[19]。結論的に、次のように言われる。

そうすると、本質的命題とは、単に言葉のうえの命題である。それは、特定の名前のもとで［呼ばれている］ある物について、それがその名前によって呼ばれるという事実において主張されること、ただそれだけを主張するものである。よって、それは、何らの情報（information）をも与えないか、あるいは、与えるとしても、その情報は、物についてではなく、その名前についてのものである。これとは反対に、非本質的すなわち偶有的命題は、言葉のうえの命題と対比して、本当の命題と呼ぶことができよう。そうした命題は、命題が物について語るために用いる名前の意義（signification）には含まれていない何らかの事実――その名前によって内示（connote）されていない何らかの属性――を、その物に述語づける。……これらの命題はどれも、それが真であるならば、われわれの知識に何かを付け加える。それらは、情報をもたらすものであり、その情報は、そこで用いられている名前のなかにすでに含まれていたのではない[20]。

「単に言葉のうえの命題」と「本当の命題」へと命題を分類することは、ミル自身も指摘しているように[21]、カントによる「分析的判断」と「綜合的判断」への判断の分類と対応するものである。だが、仮にこの対応が正確であるとしても、両者が、対応する分類から出発して、その先で到達する立場は、互いにきわめてかけ離れたものである。ミルの場合に注目されるべきことは、「単に言葉のうえの命題」が「本質的命題」と合致し、「本当の命題」が「偶有的命題」と合致するということである。そのひとつの帰結は、必然性を備えている命題はすべて実質的な情報を与えるものではなく[22]、実質的な情報をわれわれにもたらすような命題はすべて偶然的となることである（伝統的な理解のもとでは、本質的命題は、真であるならば必然的に真であり、偶有的命題は、真であるとしても偶然的に真であるにすぎない）。ということは、ミルの立場からは、カントのようなア・プリオリで綜合的な判断はありえないことになる（すでに見たように、ア・プリオリで綜合的な判断は、必然的でありながら、実質的な情報をもたらすものでなくてはならなかった）。

そうすると、ここで出て来る当然の疑問は、カントがア・プリオリで綜合的な判断の典型であるとした、数学に属する命題の資格についてである。ミルにとっては、ふたつの選択肢しか存在しない。(1)数学的命題は、本質的命題であり必然性をもつが、本質的命題とはすべて言葉のうえの命題であるのだから、数学的命題もまた、何ら実質的情報を与えるものではないとするか、それとも、(2)数学的命題は、本当の命題であり実質的情報をもたらすものであるが、本当の命題はすべて偶有的命題であるから、数学的命題が真であるとしても、それは偶然的に真であるにすぎないとするかのいずれかである。このどちらの選択肢とも、その魅力のなさについては、たがいに引けを取らない。周知のように、ミルが選んだのは、第二の選択肢である。『論理の体系』第Ⅱ巻の第Ⅴ章と第Ⅵ章を構成している節の表題を読むだけでも、ミルの立場の過激さは、いやでも目につかざるをえない。

幾何学の定理が必然的真理であるというのは、それが仮説から必然的に帰結するという意味でのみ、そうである

／そうした仮説とは、本当の事実（real fact）であり、それに伴う事情のいくつかが誇張されたり無視されたりしたものである／幾何学の第一原理のうちのあるものは公理であり、それらは仮説的なものではない／――それらは、経験的真理（experimental truths）なのである。
演繹的科学はすべて帰納的である／数の科学に属する命題は、言葉のうえのもの（verbal）ではなく、経験からの一般化である……。[23]

本文からも、特徴的な箇所をふたつ引いておこう。

［幾何学の公理は、］経験的真理、つまり、観察からの一般化である。二直線によって空間を囲むことはできない――言い換えるならば、二直線がいったん交差するならば、ふたたび交差することはなく、互いに離れて行くのみである、という命題は、われわれの感覚における証拠からの帰納によるものである。[24]

算術や代数の計算の各ステップには、本当の帰納、事実から事実への本当の推論（real inference）が存在している。そして、この帰納を見分けにくくさせているものは、単に、その包括的な性質と、それに伴う言語の極端な一般性にすぎない。[25]

ミルの経験論の極端さは、これにとどまるものではない。ミルによるならば、論理もまた、その大部分が経験に依存するものである。実に、矛盾律でさえ、「経験からの一般化」なのである。矛盾律が言葉の意味に基づくものであるとする立場（それをミルは「唯名論」と呼ぶ）に対して、ミルは、次のように言う。

矛盾律は、……同一の命題が同時に偽かつ真であることはできないという、より単純な形で述べられるべきである。しかし、私が唯名論者と道をともにできるのは、ここまでである。なぜならば、私には、この形の命題が、単に言葉のうえの命題（merely verbal proposition）であるとはみなせないからである。私は、これが、他の公理と同様、経験からの一般化のなかでも、われわれが最初に獲得し、もっともよく見慣れているもののひとつであると考える。(26)

ミルのこうした主張に対して現在見受けられる反応の多くは、その信じ難さに目をむいてみせる以上のものを出ない。たとえば、「「2＋3＝5」が経験からの一般化にすぎないのならば、それが実は偽であったと判明する可能性があるはずだ。だが、そんなことは想像できない」と言うのは、そうした反応の典型である。こうした反応は、数学のもつ必然性（の外見）を経験からの一般化に基づかせることはできないと言っているのに等しい。だが、そうした反応をする人に対して、ミルは、「では、あなたは、数学の必然性を何によって説明しますか？」と問い返すことができる。そして、問題は、想像不可能性や「ア・プリオリな直観」といったものによる説明が、多くの場合、実は、数学の必然性を経験に還元不可能な事実として認めることを前提としているということにある。(27)

ミルのような徹底した経験論に関してむしろ問われるべきことは、ここまで徹底された経験論は果して斉合的（coherent）であるかということであろう。矛盾律ですら「経験からの一般化」以上の資格をもたないとするならば、そもそも合理的探求という事業自体の可能性が疑わしくなるのではないだろうか。(28) ミルにとって、世界についての情報を獲得する唯一の手段は帰納によるものであり、演繹ですら、それが事実的情報を新たに付け加えることができるためには、帰納を介するものでなくてはならない。では、帰納法の合理性はどこに基づけることができるのだろうか。こう考えて来ると、フレーゲの次のようなコメントが、無視できない力をもっていることがわかるであろう。

帰納法自体が、帰納的手続きによって法則の真理性あるいは少なくともその確からしさを確立できるという普遍命題に基づいている。このことを否定する者にとって、帰納は、心理的現象以上のものではなく、それは、ひとがある命題の真理性を信ずるようになる仕方にすぎず、その信念がそうした仕方で得られたからといってその正当化が与えられることにはならないのである。(29)

フレーゲ――プラトニストとしての

いましがた引用した文章を含む『算術の基礎 *Die Grundlagen der Arithmetik*』(一八八四)は、また、「分析的―綜合的」の区別の新たな特徴づけをも含んでいる。そして、カント自身によるもともとの特徴づけは、二〇世紀の前半を通じて、次第に、フレーゲに由来することの意識を必ずしも伴うことなく(それが、フレーゲに由来することの意識を必ずしも伴うことなく)取って代わられることになる。それは、分析的真理を、定義的変形によって論理的真理に還元できるものとして特徴づけるものである。しかしながら、フレーゲ流の特徴づけが一般的に採用されるようになるのとは裏腹に、フレーゲ自身の特徴づけが、元来、どのようなコンテキストでなされたものなのかは、次第に見失なわれるようになった。ここで、そのコンテキストを振り返っておくことは、ぜひとも必要であろう。

『算術の基礎』のプログラムの目標は、算術の命題(この書物に関しては、自然数に関する命題(30))を証明すること――そして、もちろん、そのために自然数の概念を定義すること――にある。だが、「$7+5=12$」や加法の結合律($(x+y)+z=x+(y+z)$)のように、誰もがどんな疑いももたずに日々用いている命題を、わざわざ証明する必要が、果して、あるのだろうか。フレーゲによれば、こうした命題を証明すべき理由は、それらの真理性を疑問の余地なく確立するためというよりは、むしろ、諸真理のあいだの依存関係を明らかにするためである。こうした依存関係を明らかにすることが証明の目標のひとつであり、諸真理のあいだの依存関係を辿って、諸真理が最終的に依存する原初的真理（Urwahrheiten）にまで遡ることを可能とするのが証明なのである。そして、これが、算術の命題を証明するという企てがもつ「数学的理由」である。[31] 他方、この企てには、「哲学的理由」も存在する。それは、算術的真理が、どのような種類の真理なのか、ア・プリオリなのかア・ポステリオリなのか、綜合的なのか分析的なのか、を決定することである。この決定は、算術的真理がどのような真理に依存しているかを明らかにすることによって、すなわち、算術的真理の証明においてどのような種類の原初的真理が出現しているかを見ることによってなされる。その証明が普遍的法則にのみ依存している真理はア・プリオリであり、これに対して、特定の対象への言及を含む真理に証明が依存しているものはア・ポステリオリである。そして、その証明が普遍的論理法則と定義だけに依存している真理は分析的であり、さもなければ、それは綜合的である。[32]

「分析的―綜合的」および「ア・プリオリ―ア・ポステリオリ」についてのフレーゲのこうした特徴づけについて特に留意すべきことは、このどちらの区別もが「証明」という概念をもとにして引かれていることである。しかも、フレーゲが用いている証明の概念は、現在のわれわれが普通に考えるような証明の概念とはずいぶんと異なるものである。証明に関して現在広く流布している見解によれば、何が与えられた命題の証明であるかは、ある程度まで、われわれの認識的関心に依存している。命題の証明とは、われわれがその命題の真理性を納得するための手段である。証明に際して、他のどのような命題をすでに真であることが判っているものとして引き合いに出してよいかは、われわれの認識的関心から独立ではない。ところが、フレーゲが『算術の基礎』で用いているような証明の概念は、われわれがどのような認識的関心をもっているかから、まったく独立の概念である。フレーゲによるならば、ある命題の証明は、命題間の関係（「諸真理のあいだの依存関係」）を辿ることによって与えられるものであるが、この命題間の関係は、われわれの認識とは独立に、それ自体として客観的に決まっているものである。諸真理のあいだに存在する依存関係とは、われわれが真理を認識するための手段といった「認識的」関係なのではなく、むしろ、われわれとは独立に存在している真理の総体のなかですでに成り立っている「形而上学的」関係なのである。[33] したがって、フレーゲの言う「原初的真理 Urwahrheiten」とは、たまたまわれわれにとって疑いの余地なく思われる真理のようなものではないし、ましてや、一群の命題を演繹するために採用されるような（現代的意味での）「公理」[34]ではありえない。そして、「分析的—綜合的」のフレーゲによる特徴づけに用いられている「普遍的論理法則 die allgemeine logische Gesetze」は、そうした「原初的真理」に属するものと考えるべきである。

さて、フレーゲによる「分析的—綜合的」の特徴づけが、カントによる特徴づけともっとも大きく相違する点のひとつは、フレーゲのものが、「普遍的論理法則」、より一般に論理法則の概念を前提としている点である。ただし、フレーゲ自身も指摘しているように[35]、カントには、ときどき、「その真理性が……矛盾律に従って十全に知られうる」[36]ものという形での、分析的真理の特徴づけも見いだされる。もしもこれを「分析的真理とは、それを否定することが矛盾に陥る結果となるもの」と読み、その際、「矛盾に陥る」とは、単に、他の知られている綜合的真理と矛盾するという意味ではない[37]とすれば、結局、「分析的真理とは論理的真理のことである」という結論が得られる。だが、分析的真理をこのような形で特徴づけることは、述語概念の主語概念への包摂といった特徴づけと比較されるならば、認識論的には、大きな後退である。というのも、述語概念の主語概念への包摂といった説明がそれ自体としてはどれほど不十分なものであるにせよ、それは、論理的真理をその一部（それとも、全部？）とする分析的真理がなぜ必然的真理であるのかに関して、説明を与える意図をもつものであったのに対して、「分析的真理とは論理的真理である」とだけ言うことは、論理的真理の必然性の身分をまったく説明なしに放置することだからである[38]。そして、このことは、カントの場合についてのみ当てはまることではない。フレーゲに対しても、「認識論的後退」という非難が、当然、あってよい。しかも、フレーゲ自身によって、論理的真理の領域が、カントの時代とは比べものとならないほど飛躍的に拡大されたのであるから、論理的真理の必然性が何に由来するのかという問いは、きわめて切実なものとなるはずである。ところが、フレーゲの著作に顕著であることのひとつは、この問い「論理的真理の必然性は何に由来するのか」が考察の対象として浮上して来る場合がほとんど皆無と言ってもよいことである。必然性という概念そのものが言及される場合もきわめて稀である[39]。これは、いったい、何によるのか。

『算術の基本法則 *Grundgesetze der Arithmetik*』（一八九三）への序文のなかで、フレーゲは、論理法則の「正当化」の問題に関して、次のように述べている。

ある論理法則が真であることをわれわれが認めるのはなぜか、また、そうすることにはどのような正当性があるのか、という問いに対して、論理学が答えられることは、その法則を他の論理法則に帰着させることでしかない。それが可能でないようなところでは、この問いは答えられないままにとどまらざるをえない。論理学から離れて、次のように言うこともできよう。すなわち、われわれの本性と外的環境から、われわれは判断を下すことを迫られる、そして、われわれが判断を下す場合、これこれの法則——たとえば、同一律——を拒否することはできず、それを認めるしかない、さもなければ、われわれの思考は混乱をきわめ、最終的にはすべての判断を断念することになろう、と。この見方に、私は、反対もしなければ賛成もしない。ただ、私が注意を促したいのは、ここにあるのが論理的帰結ではないことである。ここに与えられているのは、真であることWahrseinの根拠ではなく、われわれが真とみなすことFürwahrhaltenの根拠である[40]。

この部分、あるいは、論理法則についてのフレーゲの有名な比喩「永続する基礎のうえに置かれた境界石——われわれの思考は、それを覆い隠すかもしれないが、決して動かすことはできない[41]」から読み取ることのできるフレーゲの思考の筋道は、およそ、次のようなものではないだろうか。論理は、すべての思考の可能性のための条件である。思考するということは、すでに、論理に従うということを含まざるをえない。したがって、論理法則がなぜ正しいのかと問うことは、こうした問いを立てること自体が思考に属することであるのだから、当の論理法則の正しさを前提としたうえで、その正しさを問題とすることとなり、結局のところ、無意味な企てとならざるをえないであろう。たしかに、論理法則をわれわれが受け入れるのはなぜかという問いに対しては、自然主義的思弁（たとえば、進化論的考察）をめぐらすことはできよう[42]。だが、それを、論理法則が真であることの説明と混同してはならないのである。

このような思考の筋道にどれだけの妥当性があるかを論ずることは、いまここで気軽に取り掛かれるような事柄ではない。当面、注目しておきたいことは、「論理法則が真であることの根拠」と「われわれが論理法則を真とみなすことの根拠」とを峻別すること（実は、より一般に、いわゆる「心理主義」の批判）によって、フレーゲが、認識論的問題について論ずることを自らの企てにとって副次的なものにすぎないとみなすことができたという事実である。先に「認識論的転回」と名付けた近代の哲学の基調のもとでは、認識論的考察を離れては、哲学のなかで実質的な進歩を期待することはできないという考えが支配的であった。フレーゲにおいて認識論的問題を素通りすることを可能としたものは、いったい、何であったのか。それは、われわれとは独立に存在している諸真理のあいだの客観的（形而上学的）関係を前提とするところに見られるような、フレーゲの（存在論的）プラトニズムであるように思われる。

現代の哲学において、プラトニズムが「プラトニズム」と呼ばれるようになった理由の一端は、プラトンそのひとにもあろう。典型的な箇所として、しばしば引かれるのは、『国家』第七巻からの次のような部分である[43]。

「では、次の点だけは」とぼくは言った、「少しでも幾何を学んだことのある人々なら、われわれに異論をとなえるようなことはないだろう。すなわち、この学問のあり方は、それにたずさわっている人々がこの領域において口にしている用語とは、正反対のものであるということだ」

「それはどのような意味でしょう?」と彼はたずねた。

「彼らの使っている言葉は、大へん滑稽で無理強いされたようなところがある。というのは、彼らはまるで自分たちが実際に行為しているかのように、そして自分たちの語る言葉はすべて行為のためにあるかのように、「四角形にする」だとか「[与えられた線上に図形を]沿えて置く」だとか「加える」だとか、すべてこのような言い方をするからだ。実際には、この学問のすべては、もっぱら知ることを目的として研究されているはずなのにね」

「まったくそのとおりです」と彼。

「そこでもうひとつ、さらにこの点について同意を確認し合っておくべきではなかろうか」

「どのような点についてでしょう?」

「それが知ろうとするのは、つねにあるものであって、時によって生じたり滅びたりする特定のものではないということだ」

「それは容易に同意を得られる点です」と彼は言った、「なぜなら幾何学は、つねにあるものを知る知識なのですから」

われわれの行為(認識的行為をも含む)から独立で、時間と空間を超越して存在する領域に関する知識として、論理的ならびに数学的知識を特徴づけることをもって、プラトニストたりうる資格とするならば、フレーゲがその資格をもつことは疑いない。「真であること」と「真とみなすこと」とを混同する心理主義の論理学者と自らの立場との違いの根本がどこにあるのかについて、『算術の基本法則』でフレーゲが言うところは、こうである。

さらに一般的には次のように言えよう。私は、客観的であって非現実的なものから成る領域 ein Gebiet des Objectiven, Nichtwirklichen の存在を認める。それに対して、心理主義の論理学者は、非現実的なものを直ちに主観的なものとみなす。だが、なぜ、判断者から独立に存続するものが、現実的 wirklich である——直接的あるいは間接的な仕方で感覚に働きかける wirken ことができなくてはならない——のか、了解できない。そうした関連は、これらの概念[=客観的であることと現実的であること]のあいだに見いだされないのである。それぱかりか、その反対のことを示すような例を挙げることさえできる。[44]

「客観的であって非現実的なものから成る領域」は、フレーゲ晩年の論文「思想 Der Gedanke」（一九一八）では、外的世界と内的世界の他に存在する「第三世界 ein drittes Reich」[45]と呼ばれることになる。もしも、フレーゲにおいて、こうした領域が、論理と数学が関わる領域として、ただ措定されているだけだとすれば、フレーゲの基本的な立場を、「独断論」、あるいは、「コペルニクス以前的」[46]と評することも、それほど不当ではあるまい。結論だけを述べるならば、現代のフレーゲ擁護者によるいくつかの果敢な試み[47]にもかかわらず、こうした嫌疑を完全に払拭することは無理であろう。そうした試みは、フレーゲのプラトニズムが、われわれとは独立に存在する論理的対象の存在を主張する存在論的テーゼを最終的基盤とするものではなく、むしろ、言語理解のモデルとして真理条件的意味論を採択するといった意味理論的考察に基づくものとみなすところから出発する。こうした方向性がフレーゲの著作のなかに見いだされることは否定できない。特に、『算術の基礎』における文脈原理の使用[48]は、論理的対象や数学的対象から成る世界の措定といった存在論的描像に基づくのとは異なる仕方でのプラトニズムへの道を示している点で、プラトニズムの新たな可能性を告げている。だが、他方で、フレーゲのなかには、そうした意味理論的考察とは独立の、論理的対象の自存的領域の存在へのぬきがたい確信があることも、否定できないのである。

こうした確信は、ラッセルの『哲学入門 *The Problems of Philosophy*』（一九一二）のなかでも表明されている。

> 実在する *existing* と呼ばれるべきものを、時間のなかにあるもの……だけに限るのが便利であろう。そうすると、思考と感情、心と物的対象は実在する。だが、普遍 universal は、この意味では、実在しない。それらは、存立する *subsist*、あるいは、存在を有する *have being*、と言うことにしよう。ここで、「存在 being」は、「実在 existence」と違って、無時間的である。よって、普遍から成る世界は、存在から成る世界とも記述できよう。存

在から成る世界は、変化を許さず、不動で、正確であり、数学者、論理学者、形而上学的体系の建設者、ならびに、人生よりも完全性の方を愛する者すべてにとって、素晴らしい世界である。実在から成る世界は、流動的で、曖昧で、はっきりとした境界をもたず、明確な計画も配置もないが、そこには、思考と感情のすべて、感覚に与えられる与件のすべて、物的対象のすべて、益や害を及ぼしたりできるもののすべて、人生と世界のもつ価値に何らかの影響を及ぼすもののすべてが、含まれている[49]。

二〇世紀初頭におけるプラトニズムの復興[50]（?）は、カントとミルのあいだの係争点であった、必然性の源泉という問題を、一時的に、哲学的議論の後景に追いやる効果をもった。だが、必然性の支配する領域を別個の世界として立てるだけでは、そこでなぜ必然性が支配するのかという問いに、満足な答を与えることはできない。必然性の問題が再燃することは、目に見えていた。実際、『哲学入門』を書き終えたばかりのラッセルのもとに現れたウィトゲンシュタインは、フレーゲとラッセルのプラトニズムに対する根底的反対から、必然性の問題に対するまったく新たなアプローチを編み出すことになる。それは、一九二〇年代を通じて、論理実証主義者たちの手で、「規約による真理」という、その後かなり長期間にわたって影響力を振るうことになる考えへと変貌して行く。論理的真理の概念によって分析的真理の概念を説明するという道を、論理実証主義者は、フレーゲから受け継いだが、それは、フレーゲ流のプラトニズムのコンテキストとはまったく別のコンテキストのもとに置かれたのである。そして、その過程を通じてもっとも目を引くことは、必然性の問題が、言語をめぐる問題のなかにはっきりと位置づけられたことである。そして、必然性に関する考察が、言語についての考察と切り離しえないものであるという確信は、現在でも、揺らいではいない。必然性の歴史の現在の段階を特徴づける言葉は、ここでもまた、「言語」なのである。

（1）私の「愛読書」から、またしても（?）、引用することを許して頂きたい。「すべては、ある意味で、単なる事実にすぎない。ある命題が証明されたと言われるのは、それが前提から演繹されたときである。しかし、究極のところ、前提も、また、推論規則も、ただ仮定されるしかない。つまり、究極的前提はどれも、ある意味で、単なる事実にすぎない。他方、真である命題はどれを取っても、それが偽であったかもしれないと言うことに意味があるようには思えない。［もしもそう言うことに意味があるとするならば］赤さは、色ではなくて、味であったかもしれないと言うことさえできよう。真であるものは、真であり、偽であるものは、偽なのである」。B. Russell, *The Principles of Mathematics*. 1903, Cambridge University Press (2nd ed. 1937, George Allen & Unwin). §430.

（2）Cf. L. Wittgenstein, *Philosophische Untersuchungen*. I-97.

（3）Cf. W. V. O. Quine, "On what there is" in *From a Logical Point of View*. 1953 (2nd ed. 1961), Harvard University Press. p. 4. 邦訳：W・V・O・クワイン『論理的観点から』飯田隆訳、一九九二、勁草書房、五頁以下。

（4）この点については、次のものが参考となる。Ian Mueller, *Philosophy of Mathematics and Deductive Structure in Euclid's Elements*. 1981, MIT Press.

（5）公理的方法にも基本的な限界があることが示されるのは、ギリシアの幾何学者たちの時代よりもはるかに後のこと、すなわち、ゲーデルによる不完全性定理の発見（一九三〇年、論文の形で発表されたのは一九三一年）によってである。その意味については、拙稿「ゲーデルの不完全性定理：三時間ガイド」（一九八二―未完）を参照（？）されたい。［その一部は、拙稿「不完全性定理はなぜ意外だったのか」（『科学基礎論研究』第二〇巻（一九九二）一三五～一四二頁）に含まれている。］

（6）『分析論後書』A6. 74b5.

（7）以上の叙述は、主に、R. Sorabji, *Necessity, Cause, and Blame: Perspectives on Aristotle's Theory*. 1980, Duckworth. Ch. 12. によった。アリストテレス哲学における「必然性」の諸相については、この書物が第一に読まれるべきであろう。

（8）ヒュームの議論の再構成としては、次のものが大変興味深い。B. Stroud, *Hume*, 1977, Routledge & Kegan Paul. Chap. III. また、ヒュームの議論の射程に関しては、拙論「科学の方法」（沢田允茂・黒田亘編『哲学への招待』、一九八八、有斐閣、所収）をも参照されたい。

（9）Cf. P. T. Geach, "History of the corruptions of logic" in his *Logic Matters*. 1972, The University of California Press.

（10）『純粋理性批判』A736/B764.

(11)『論理学』緒論(アカデミー版全集第九巻六四頁)。

(12) だが、認識論的にまったく問題がないというわけではない。それは、カントの次のような言明(前註と同じ箇所から)に姿を現わしている。「われわれが自分の知っているものすべてを意識しているとすれば、われわれは、自分の認識がきわめて多量であることに驚嘆するにちがいない」。つまり、論理的推論は、認識を「実質的に」拡張することはしないとしても、何らかの役割を演じているのであり、この役割を満足の行く形で説明することは、必ずしも容易ではあるまい。

(13) この定式化にもまだ問題が残っているかもしれない。たとえば、広く認められているように、算術の定理の認識がア・プリオリであり、そうした認識の正当化が定理の証明を与えることによってなされるとしよう。証明を引き合いに出すということは、「いかなる経験をも引き合いに出さない」という条件を満足しているだろうか。(少なくともわれわれ人間にとっては)証明の理解のために何らかの経験が必要である、よって、証明に訴えることにも何らかの経験的要素がなくてはならない、という反論が考えられる。こうした反論に晒されないためには、たとえば、「認識者における経験のあり方がどのようなものであっても、正当化は常に可能である」といった方向で、「ア・プリオリな認識」を特徴づけることが必要となろう。本書3・3節も参照のこと。

(14) カントは、同じ箇所で、ア・プリオリな認識のもうひとつの目印(Kennzeichen)あるいは基準(Kriterium)として、「経験的普遍性」から区別される「厳密な普遍性 strenge Allgemeinheit」ということを挙げている。だが、カントによれば、必然性と厳密な普遍性とは、一方のあるところ必ず他方もあるという関係に立つ。つまり、ア・プリオリな認識にとって、厳密な普遍性は、必然性と独立の基準を与えるものではない。

(15) とはいえ、この点に関して、私に自信があるわけではない。実は、問題はもっと複雑である。というのは、「ア・プリオリ」という概念は、「ア・プリオリに知られうる」という形で問題にされるべきものである(ただし、この言い方は、誤解を招きかねない。むしろ、「経験に依存せずに正当化できる」と言い換えた方がよいかもしれない)。ところが、必然的真理のなかに「知られえない」ものが存在するという可能性は無視できないと思われる。ひとつは、ある必然的真理は、われわれがその存在にすら気付きえないようなものであるという可能性であり、もうひとつは、その存在にわれわれが気付きうるような必然的真理であっても、それを経験に依存せずに正当化することが、われわれにとって不可能であるという可能性である。そうすると、(C)の、より正確な定式化「pが必然的であるならば、pはア・プリオリに知られうる」は、偽となる。つまり、(C)・(D)は、どちらも、知られうる命題のみにpの範囲を限るのでなければ成り立たないであろう。次を参照。R. G.

Swinburne, "Analyticity, necessity, and apriority" *Mind* 84 (1975) 225-243. Reprinted in P. K. Moser (ed.), *A Priori Knowledge*. 1987, Oxford University Press. pp. 170-189.

（16）前註参照。

（17）カントにおける必然性の概念を問題にする場合には、「当必然的 apodiktische」という概念をも取り上げる必要がある。この概念は、カントのいわゆる「判断表」（A70/B95）中で、様相（Modalität）のひとつとして登場しているだけでなく、その他にも重要な役割を担っていると推測される。だが、現在の私には、そのための調査をするだけの力も余裕もないというのが本音である。

（18）次は、ミルの哲学が備えている体系性を鮮明に描き出している。A. Ryan, *The Philosophy of John Stuart Mill*. 1970 (2nd ed. 1987), Macmillan.

（19）J. S. Mill, *A System of Logic*. I, vi, 1-3. (pp. 109-115). *A System of Logic* からの引用は、*Collected Works of John Stuart Mill*. Volume VII. (1974, University of Toronto Press) に所収のテキストに従い、巻・章・節の指示の後に、この全集版での頁を記すことにする。

（20）*Ibid*. I, vi, 4. (pp. 115f.). ミルの言う「名前 name」は、固有名だけでなく、一般名をも含むことを付け加えておこう。

（21）*Ibid*. I, vi, 4 (p. 116).

（22）ミルは、単に言葉のうえの命題が、厳密には、真偽を問えるものではないとまで言う。「名前とその意義はまったく恣意的なものであるから、[単に言葉のうえの命題は、] 厳密に言えば、真や偽となりうるものではなく、ただ、慣用（usage）や規約（convention）と一致しているか一致していないかが言えるだけのものである」。*Ibid*. I, vi, 1. (p. 109).

（23）*Ibid*. Contents. (p. viii).

（24）*Ibid*. II, v, 4. (p. 231).

（25）*Ibid*. II, vi, 2. (p. 254).

（26）*Ibid*. II, vii, 5. (p. 277). ついでに言えば、排中律についても、ミルは同様な立場を取るが、ここでのミルの意見は、一見、さらに過激と見える。つまり、かれは、排中律が、きびしい留保条件が与えられない限り正しくないとするのである。だが、実は、その根拠は、「真と偽との他にも、第三の可能性、すなわち、無意味（Unmeaning）という可能性がある」（*Ibid*. II, vii, 5. (p. 278)）というものであって、矛盾律に対するミルの態度以上の過激さを示すものではない。

矛盾律が「単に言葉のうえの命題」ではないというミルの主張は、「単に言葉のうえの命題」と「本当の命題」へのミルの分類が、カントの「分析的判断—綜合的判断」の分類と合致しないことを示すものである。カントは、分析的判断を特徴づけるに当たって、「述語概念が主語概念に含まれている」ということも用いるが、別の箇所では、矛盾律を引き合いに出している。「判断が分析的であるならば、否定的なものであれ肯定的なものであれ、その真理性は、常に、矛盾律に従って十全に知られうる。……よって、矛盾律は、あらゆる分析的認識の普遍的かつ十全な原理であるとみなされるべきである」（『純粋理性批判』A151/B190-1）。主語概念と述語概念の間の包摂関係による特徴づけと、矛盾律による特徴づけとが、同一の判断の分類を結果するかは、かなり疑わしい（この点については、本章でも、後に、若干触れることになる）。だが、いずれにせよ、カントが、論理学に属する命題のすべてを分析的判断に算入することは、ほぼ疑問の余地がないと思われる。これに対して、ミルによるならば、論理学に属する命題（ミルの論理学は帰納法をも含むが、ここでは、形式論理学に属する命題に限る）のなかでさえ、「単に言葉のうえの命題」と「本当の命題」とが区別できることになる。

(27) こうした議論は、すでに、ヒューエル（William Whewell 1794-1866）とミルの間の論争に典型的に現れている（『論理の体系』第Ⅱ巻第Ⅴ章は、幾何学の位置を扱うものであるが、そのほぼ全体にわたって、ミルはヒューエルへの批判を展開している）。

(28) ミル流の徹底した経験論は、「経験主義のふたつのドグマ」におけるクワインの立場と、いくつかの類似点をもっている。クワイン流の経験論の徹底化においても、ここで問題としているのと同様の困難があることについては、パトナムの刺激的な論文 H. Putnam, "Analyticity and apriority: beyond Wittgenstein and Quine" in his *Realism and Reason: Philosophical Papers. Vol. 3.* 1983, Cambridge University Press.（拙訳：「ウィトゲンシュタインとクワインを越えて——分析性とア・プリオリ性」、『現代思想』、一九八八年七月号）を参照されたい。［この翻訳は、現在では次に収められている。H・パトナム『実在論と理性』飯田隆他訳、一九九二、勁草書房。］関連する議論としては、本書3・5・2節をも参照のこと。

(29) G. Frege, *Die Grundlagen der Arithmetik.* 1884.（1988, Felix Meiner: Philosophische Bibliothek）§3への二番目の註［邦訳：『フレーゲ著作集2 算術の基礎』野本和幸・土屋俊編、二〇〇一、勁草書房、四八頁］。さらに、§10の最後のパラグラフ［同六一頁］をも参照のこと。そこで、フレーゲは、帰納法が、単なる習慣づけではなく合理的探求の方法となるためには、確率論に基づけられる必要があり、確率論は、当然、算術を前提とする、と論じている。

(30) フレーゲにとって、「算術 Arithmetik」は、単に、自然数の算術を指すだけではない。それは、より包括的であって、一般に数を扱う学問が、「算術」と呼ばれる。フレーゲの主著『算術の基本法則 *Grundgesetze der Arithmetik*』が、パラドックスの出現のために中断を余儀なくされたとはいえ、実数論をも扱っていることを忘れてはならない。

(31) Frege, *Grundlagen*. §2.［『フレーゲ著作集２ 算術の基礎』四五～四六頁。］

(32) *Ibid*. §3.［同四六～四八頁。］

(33) Cf. P. Benacerraf, "Frege: the last logicist" *Midwest Studies in Philosophy VI*. 1981. pp. 17-35.（特に、pp. 26f.）

(34) 現代的意味での公理的方法とは、基本的には、ある決まった領域に関して成り立つ真理の全体を体系化するための手段である。形式的に述べるならば、公理化したい真理全体の集合をΓとするとき、Γのある部分集合Δで、Δからの論理的帰結全体の集合C(Δ)がΓと同一となるとき、Δは公理の集合として選ばれるための最低限の条件を満足している。もちろん、この条件を満足するようなΔであれば、どんなものでも公理の集合として採用できるわけではない。そうしたΔが実際に公理の集合として選ばれるためには、単純性、ある程度の「自明性」、等々といった、形式的に述べることがむずかしい条件をも満足している必要がある。しかしながら、現代的観点のもとでは、何が公理の集合として選ばれるべきかに関して、大きな自由度があることは疑いない。これに対して、フレーゲは、公理の集合が各領域に応じて唯一に決まるとまでは主張しない（"Logik in der Mathematik" in H. Hermes, F. Kambartel & F. Kaulbach (eds.), *Gottlob Frege: Nachgelassene Schriften*. 1969, Felix Meiner. pp. 221f.［邦訳：『フレーゲ著作集５ 数学論集』野本和幸・飯田隆編、二〇〇一、勁草書房、二二一頁以下］）が、フレーゲが公理系の作者に許す自由裁量の幅はごく狭いものであると思われる。

(35) Frege, *Grundlagen*. §88［『フレーゲ著作集２ 算術の基礎』一五一～一五二頁］。（ここで、フレーゲが参照を求めているのは、『純粋理性批判』B14である。この先の註37を見られたい。）

(36)『純粋理性批判』A151/B190. この箇所は、本章註26でも引用した。

(37)「綜合的命題もまた矛盾律によって知られ（einsehen）うるが、それは、別の綜合的命題が前提とされて、それから先の命題が演繹される場合に限るのであり、それ自体から知られうるのではない」（『純粋理性批判』B14）。つまり、綜合的命題Aが真であることが既に知られていて、Aから別の綜合的命題Bが演繹される場合、Bは、Aからの演繹によって知られたという意味で「矛盾律によって知られた」と言うことはできる。しかし、Bが、それ単独で、論理的演繹のみによって知られたわけではない。

(38) Cf. J. Skorupski, "Empiricism, verification and the *a priori*" in G. Macdonald & C. Wright (eds.), *Fact, Science & Moral-*

ity. 1986, Basil Blackwell. pp. 143-162.

（39）フレーゲの著作のなかで「必然性」が言及されるきわめて稀な場合のいくつかについては、本書第二部で簡略に論ずる［第Ⅲ巻、4・1節］。

（40）G. Frege, *Grundgesetze der Arithmetik*. I. p. xvii.［邦訳：『フレーゲ著作集3　算術の基本法則』野本和幸編、二〇〇〇、勁草書房、二一頁。］

（41）*Ibid*. p. xvi.［同一九頁。］

（42）こうした思考の筋道をフレーゲに帰することの正当性も、問題となるであろうが、ウィトゲンシュタインの『論理哲学論考』には、こうした考え方がはっきりと出ている。「論理がア・プリオリであるということは、非論理的なものは思考されえないということに存する」（五・四七三一）。このアフォリズムに結晶するような思考の種がフレーゲにあったとすることは、必ずしも見当はずれの推測ではないと思われる。『算術の基本法則』の序文がウィトゲンシュタインの賞賛の対象であったことも知られている。B. McGuinness, *Wittgenstein: A Life. Young Ludwig 1889-1921*. 1988, Duckworth. p. 270. 後年のウィトゲンシュタインは、『数学の基礎』で、この序文を批判的に検討することになる。L. Wittgenstein, *Remarks on the Foundations of Mathematics*. 3rd ed. 1978, Basil Blackwell. I-132ff, I-152, IV-17, IV-32. 関連する諸問題の考察としては、次の論文が興味深い。T. G. Ricketts, "Frege, the *Tractatus*, and the logocentric predicament" *Noûs* 19（1985）3-15.

（43）『国家』527A-B『プラトン全集　第十一巻』（一九七六、岩波書店）所収の藤沢令夫訳による。

（44）*Grundgesetze der Arithmetik*. I. p. xviii.［『フレーゲ著作集3　算術の基本法則』二二頁。］

（45）Frege, "Der Gedanke: eine logische Untersuchungen" p. 69（頁数は、初出のもの――本書を通じて、フレーゲへの引照はすべて初出の頁による）。邦訳：藤村龍雄訳『フレーゲ哲学論集』一九八八、岩波書店、一一七頁［『フレーゲ著作集4　哲学論集』黒田亘・野本和幸編、一九九九、勁草書房、二一九頁］。

（46）J. Skorupski, "Empiricism, verification and the *a priori*" p. 150.

（47）ここで指されているのは、もちろん、第一に、ダメット（M. Dummett, *Frege: Philosophy of Language*. 1973（2nd ed., 1981）, Duckworth; *The Interpretation of Frege's Philosophy*. 1981, Harvard University Press.）である。ダメット的路線でのもうひとつの試みは、クリスピン・ライトのもの（C. Wright, *Frege's Conception of Numbers as Objects*. 1983, Aberdeen University Press）である。

（48）この点については、野本和幸『フレーゲの言語哲学』（一九八六、勁草書房）第二章2・5節「文脈原理と数の定義」が参照されるべきである。
（49）B. Russell, *The Problems of Philosophy*. 1912.（1959, Oxford University Press, Paperback）p. 100.
（50）この点に関しては、ムーア（G. E. Moore 1873-1958）の役割も決して軽視できない。

第一部　分析的真理と言語的必然性

形而上学がこれまでかくも不確かで矛盾の多い状態を続けてきた原因は、ひとが、［純粋理性の本来の］課題にはもとより、おそらく分析的判断と綜合的判断の区別にすら、もっと早く思いつかなかったところにある。

カント『純粋理性批判』緒言B19（一七八七）

分析的—綜合的という区別はあまりにも酷使されすぎてきたために、そうした区別はまったく存在しないと主張する方が、誤りであることに変わりはないとしても、われわれの世代の有力な分析哲学者たちの幾人かが用いてきたような仕方でこの区別を用いるよりは、哲学的には誤りが少ないと私は考える。

H・パトナム「分析的と綜合的」（一九六二）

第1章 論理実証主義の言語哲学

1・1 運動としての論理実証主義

論理実証主義の歴史には、既に終息した革命運動の歴史がしばしばそうであるように、人を強くひきつけると同時に、否応なしに一定の距離を取らせるところがある。実際、論理実証主義は、何よりも、論理実証主義運動であり、その参加者の多くは、革命運動に常に伴う、解決をついに手にしたという熱狂と世界への単純にすぎる見方とを分かちもっていた。かれらは、「あらゆる哲学を終焉させる哲学」を発見したと確信していたのである。論理実証主義の歴史を振り返るときわれわれが経験する、熱中と覚醒といったアスペクトの転換は、われわれのうちで、かれらの熱狂へ肩入れしたいと思う部分と、かれらによる問題の単純化にへきえきする部分とが、せめぎあうことによるのであろう。

論理実証主義の歴史は、二〇世紀のはじめ、ウィーン大学で出会った三人の学生から始まる。[1] 後に「ウィーン学団

der Wiener Kreis; the Vienna Circle」と呼ばれるようになるサークルの開祖となったこの三人とは、数学者のハーン（Hans Hahn 1879–1934）、物理学者のフランク（Philipp Frank 1884–1966）、社会学者のノイラート（Otto Neurath 1882–1945）である。だが、これは、論理実証主義の前史とも言うべきもので、その本史は、一九二二年、シュリックが、帰納科学の哲学の講座の教授として、ウィーン大学に着任したときから始まる（この人事は、もっぱら、その前年にウィーン大学に戻ってきていたハーンの尽力によるものだそうである）。シュリック（Moritz Schlick 1882–1936）は、もともと、マックス・プランクのもとで学んだ物理学者であるが、哲学一般に広い関心をもち、既に、その大著『一般認識論 *Allgemeine Erkenntnislehre*』（一九一八）を刊行していた。シュリックは、着任早々、ハーンとノイラートを含む、ディスカッション・グループを発足させた（フランクは、当時、アインシュタインの後任として、プラハにいたが、少なくとも年二回は、必ずウィーンに足を運んだという——とはいえ、プラハとウィーンとの距離はさしてないはずであるから、「年二回」というのは決して多いとは言えない気もするが）。一九二六年には、カルナップがウィーンに来る。カルナップ（Rudolf Carnap 1891–1970）は、まもなく、ウィーン学団の中心的スポークスマンとなるが、イエナ大学で物理学と数学を学び、フレーゲの論理学の講義を実際に聞いたという貴重な経験の持ち主でもある。(2) さらには、シュリックのゼミナールに出ていた学生も、この非公式のディスカッション・グループに参加するようになる。こうした学生の中には、ファイグル（Herbert Feigl 1902–1988）とワイスマン（Friedrich Waismann 1897–1959）とが含まれる。

こうしたグループの構成員の当時の年齢を計算してみると、「開祖」の三人とシュリックとが、四十代の前半、カルナップが三十代半ば、ファイグルとワイスマンとは、学生（助手？）であるから二十代後半、といったところ。いずれも、「若手」と呼ばれてもおかしくない世代である。非公式のディスカッション・グループにとどまらず、哲学の全体的潮流を変えるための行動に出るべきだという意見が出て来るのも当然かもしれない。こうした動きは、政治活動に熱心であったノイラート（かれは、短命に終わった一九一九年のミュンヘン革命において、中央計画局の長であった[3]の推進するところであり、かれは、自分たちのサークルを政党的組織にすべきであるとまで主張した。ともかく、一九二八年には、「エルンスト・マッハ協会 Verein Ernst Mach」と名付けられた組織が作られ、一九二九年には、論理実証主義のマニフェストである「科学的世界把握、ウィーン学団 *Wissenschaftliche Weltauffassung, Der Wiener Kreis*」が発刊されると共に、以後、幾度か開催されることになる学会の第一回目がプラハで開かれる。学会[4]の次は、雑誌である。こうして、一九三〇年に、ウィーン学団の「機関誌」となる『認識 *Erkenntnis*』の第一号が発行される（その巻頭は、「哲学の転回点 Die Wende der Philosophie」と題されたシュリックの論文が飾った）。

ヨーロッパの各地で開催された学会を通じて、論理実証主義は、ウィーンを越えて、国際的運動となった[補註1]。既に、ライヘンバッハ（Hans Reichenbach 1891–1953）を中心とするベルリンのグループとの連携は密であった（『認識』の編集は、カルナップとライヘンバッハが当たった）。とりわけ、北欧には、フィンランドのカイラ（Eino Kaila 1890–1958）、デンマークのヨルゲンセン（Jørgen Jørgensen 1894–1969）など、多くの同調者を見いだすことができた[5]。また、ウカシェヴィッツ（Jan Łukasiewicz 1878–1956）、レスニェフスキ（Stanisław Leśniewski 1866–1939）、タルスキ（Alfred Tarski 1902–1983）などのポーランドの論理学者グループ（しばしば、「ワルシャワ学派」とも呼ばれる）との連絡も盛んであった[6]。しかしながら、現在の時点から振り返るならば、論理実証主義の「国際化」――もっとも、「アングロ-サクソン化」という説もあろう――にもっとも力があったのは、それぞれイギリスとアメリカから、同じ頃にウィーンを訪れたふたりの若者であったと言えよう[7]。オックスフォードからやって来たエイヤー（Alfred Jules Ayer 1910–1989）は、帰国後、おそらく二〇世紀でもっともよく読まれた哲学書のひとつ『言語・真理・論理 *Language, Truth, and Logic*』（一九三六）を書くが、この書物こそ、論理実証主義を広めるのに最大の貢献をなしたものである[8]。他方、ハーヴァードから来たクワイン（Willard Van Orman Quine 1908–2000）は、ウィーンに次いで訪れたプラハで、カルナップと出会い、以後、ふたりの対話は、後にも述べるように、カルナップの移住に伴い、アメリカに舞台を移して続けられ、第二次大戦後の哲学の中心的論争を形成することになる。

一九三〇年代に入っての運動の国際化とは裏腹に、ウィーン学団自体は、崩壊への道を急速に辿ることになる。まず、一九三一年に、カルナップがウィーンからプラハに移ったことが、最初の兆候だったのかもしれない。同じ年には、ファイグルがアメリカに移り、後の大移動の先駆けをなした。一九三四年には、「開祖」のひとり、ハーンが亡くなる。また、同年の初めには、当時モスクワに出かけていたノイラートに、共産主義者との容疑で逮捕状が出るという騒ぎがあり、ノイラートは、オランダに移る。決定的な事件は、一九三六年に起こる。講義に向かう途中のシュリックが、精神錯乱気味の学生によって射殺されたのである。シュリックを射殺した学生の動機が何であったかは、結局、わからずじまいだったようであるが、「政府の機関新聞に載せられたシュリックの死亡記事に見られる敵対的語調は、まるで、論理実証主義者が自らの弟子によって殺されるのは当然だと言わんばかりで、ウィーン学団にまもなく落ちかかる災厄を先触れしていた[9]」という。ウィーン学団に属した哲学者や科学者のうちの幾人かは、社会主義に共感を抱いていたが、ノイラートを除けば、積極的な政治的活動をしていたわけではない。むしろ、かれらの間の、伝統的哲学に対する偶像破壊的態度、それにもまして、科学主義にはつきものの無神論的世界観が、カトリック的色彩の濃い保守的なオーストリア政府には、「危険思想」と映ったのであろう。いずれにせよ、ナチスの台頭は目に見えていた。こうして、ウィーン学団の「ディアスポラ」が始まる[10]。

カルナップは、既に、シュリックが殺害される前年（一九三五年）の末に、シカゴにでかけており、かれは、結局、戦後まで、この地にとどまることになる。シュリックの死後、ウィーン学団の会合がもたれることも、もはやなく、エルンスト・マッハ協会は一九三八年に正式に解消され、ワイスマンはイギリスへ、フランクはアメリカに、それぞれ移住する。組織としての統一を維持することに最後まで熱心であったノイラートが一九四五年にイギリスで客死することによって、ウィーン学団の解体は最終的なものとなった。

論理実証主義のマニフェスト「科学的世界把握、ウィーン学団」の末尾には、ラッセル、アインシュタイン、ウィトゲンシュタインの三人の名前が、「科学的世界把握の代表者」として挙がっている。[11] ウィトゲンシュタインとの関係は、次節で論ずるが、残りのふたつの名前は、論理実証主義のインスピレーションがどのへんにあったかを的確に要約している。ひとつは、ホワイトヘッド＝ラッセルの『数学原理 *Principia Mathematica*』（一九一〇～一九一三）に集約された新しい論理学であり、もうひとつは、アインシュタインの相対性理論である。「新しい論理学」[12] にせよ、相対性理論にせよ、いずれも、既に完成の域に達してこれ以上の進歩は望めないと思えた理論、すなわち、伝統的論理学およびニュートン力学を、根底から覆すものである。論理学と物理学における革命は、論理実証主義が企てた哲学の革命の手本となった。ただし、論理学の革命と物理学の革命とは、その主題からいっても性格を異にするものであり、哲学に対して同じ教訓を引き出すことができるという保証はない。ここで両者の調和を可能としたものは、「論理実証主義の言語哲学」とでも名付けることのできるもの、とりわけ、言明の有意味性についての理論であったと思われる。論理実証主義は、科学的理論構成一般に対する相対性理論の教訓を、「観察にかからない言明は無意味である」という形で受け止めることによって、その教訓が実証主義的なものであると解釈した。[13] 他方、実証主義にとっての難問「観察可能な言明のみが有意味であるならば、数学の言明は無意味なのか」は、数学の論理への還元、そして、論理とはトートロジーの集まりにすぎないという説によって答えることが可能であると考えられた。

要約するならば、論理実証主義の言語哲学を形作るものは、言明の意味とはその検証条件であるとする「意味の検証理論」、ならびに、数学的言明や論理的言明はトートロジーにすぎないとする説である。ところで、これらふたつのアイデアは、どちらも、論理実証主義者の誰かから発するものではなく、かれらのマニフェストに名前の挙がった三人の同時代人のうちの三人目、すなわち、ウィトゲンシュタインに由来する。しかし、トートロジーの概念はともかく、意味の検証理論をウィトゲンシュタインに帰するのには、疑いを抱く向きもあろう。たしかに、前期のウィトゲンシュタインが論理実証主義者のひとりであるかのように読まれた時代は、とうの昔に過ぎ去った。[14] しかしながら、ウィトゲンシュタインのウィーン学団からの独立性を強調するあまり、両者のあいだには、ただ一方的な誤解のみがあったと断言するのも極端にすぎる。よって、われわれは、論理実証主義とウィトゲンシュタインの間の複雑な関係を再構成してみる必要がある。

1・2　ウィトゲンシュタインと論理実証主義

1・2・1　ウィーン学団との関係

ウィトゲンシュタインの『論理哲学論考 *Logisch-philosophische Abhandlung*』が、オストヴァルトの雑誌『自然哲学年報 *Annalen der Naturphilosophie*』の最終巻に発表されたのは、一九二一年のことである（翌年に、その独英対訳版が、*Tractatus Logico-Philosophicus* という、ムーアの発案になるタイトルのもとで出版されたことも、付け加えておこう。なお、以下では、この書名を、『論考』と略する）。一説によると、早くも、その翌年には、ハーンが、同僚のシュリックと幾何学者のライデマイスター（Kurt Reidemeister）が同席したセミナーで、『論考』を取り上げているという[15]。これが、たしかに一九二二年のことであったかは、いくぶん疑わしい点もないわけではないが[16]、一九二四年のクリスマスの日付をもつシュリックのウィトゲンシュタイン宛の最初の手紙は、ウィトゲンシュタインの論文がウィーン学団のメンバーの間で盛んに話題となっていたことを告げている[17]。これをきっかけとして、シュリックとウィトゲンシュタインとの間の手紙のやり取りが始まるが、実際に両者が出会うのは、ウィトゲンシュタインが姉の家の「建築家」になってウィーンに出て来てからのことで、一九二七年の初めである。ウィトゲンシュタインが、シュリックとの会見の翌日、友人のエンゲルマン（Paul Engelmann）に語ったところによれば、「ふたりとも、お互いに、相手のことを狂っていると思った」そうである[18]。

それでも、まもなく、シュリックとウィトゲンシュタインは、お互いに相手を狂っているとも思わずに話ができるようになったようである。ウィトゲンシュタインがウィーン学団の会合（それは、毎週、木曜日に行われていた）に出席することはなかったが、かれは、学団のシュリック以外のメンバーとも会うようになった。ファイグルの回想するところでは、それは、こんな具合いだったという。

［ウィトゲンシュタインは］喫茶店とか、シュリックのアパートとか、当時哲学科の学生だったわたくしの婚約者マリア・カスパーのアパートとかで、時折われわれのうちの何人か（シュリック、ワイスマン、カルナップ、それにわたくし）に会い、自分はもう哲学に興味をもっていない、と強調するのだった。かれは、自分に言えることはすべて『論考』の中で言い尽くしてしまった、と感じていた。その上、われわれは、比較的まれにしか、かれの著書に現れるわけのわからない曖昧な箇所を説明してもらえなかった。むしろ、かれ自身が、第一次大戦中に展開した自分の思想について不明確であるように思われた。……われわれは誰しも、かれの魅力的な人柄に深い感銘をうけた。シュリックはかれを敬慕し、ワイスマンもまったく同じであったが、ワイスマンの場合には、ウィトゲンシュタインのその他の弟子たちと同じように、かれの身振りやものの言い方すら真似するようになったのである。(19)

しかし、一九二八年の三月に、ちょっとした事件が起きる。ファイグルの回想をもう少し見よう。

オランダの数学者ルイツェン・エグベルトゥス・ヤン・ブラウワー（Luitzen Egbertus Jan Brouwer）が数学における直観主義についてウィーンで講演することにきまったとき、ワイスマンとわたくしがウィトゲンシュタインをうまく説得し、すったもんだの末に、やっとその講演にわれわれと一緒に出席させることができたことがある。講演終了後、ウィトゲンシュタインとわれわれが喫茶店に行ったとき、大変な出来事が起こった。突然、きわめて弁舌さわやかに、ウィトゲンシュタインが哲学を語り始めたのである——しかも長時間にわたって。(20)

これがきっかけとなったかどうかは知るよしもないが、翌一九二九年には、ウィトゲンシュタインはケンブリッジ大学に移り、哲学に復帰することになる。ケンブリッジに移ったとはいえ、休暇にはウィーンを訪れるのがウィトゲンシュタインのきまりであったので、ウィーンの哲学者との交流はなおも続けられた。ただし、これ以後、ウィトゲンシュタインが会うのを許した相手は、もっぱらシュリックとワイスマンに限られた。ウィトゲンシュタインにすっかり心酔していたワイスマン（ウィトゲンシュタインの「身振りやものの言い方まで真似するようになった」ワイスマン）は、こうした折りに行われたウィトゲンシュタインとの会話を丹念に記録した。一九二九年の十二月から一九三二年の六月までのものが残されており、現在、『ウィトゲンシュタインとウィーン学団』というタイトルのもとに、まとめられている。これは、ほぼ同時期に執筆されたウィトゲンシュタイン自身の『哲学的考察 *Philosophische Bemerkungen*』とともに、ウィトゲンシュタインと論理実証主義との関係について貴重な光を当てるものである。

この関係が複雑なものとならざるをえなかった理由は、ウィトゲンシュタインがウィーン学団のメンバーの何人かと接触をもった時期が、ウィトゲンシュタイン自身が、『論考』の欠陥に気付いて、新たな道を模索し始めた時期と重なったことにある。したがって、シュリックやワイスマンほど事情に明るくなかったウィーン学団の他のメンバーにとっては、風の便りに聞こえて来るウィトゲンシュタインの最近の発言なるものを、『論考』の延長線上のものと解釈するのは無理なかったと思われる。だが、当然、その前に、『論考』自体が、ウィーン学団においてどう読まれていたかが問題となる。

1・2・2 『論考』の波紋

『論考』が出版された直後にこれを読むということがどういう経験であったのか、現在のわれわれには、もう想像がむずかしい事柄となってしまっている。まず第一に、われわれにとって、その著者は「無名」のだれかにすぎないのではない。それは、二〇世紀最大の哲学者のひとりによって書かれた書物である。第二に、われわれは、ウィトゲンシュタインには「もうひとつの哲学」があることを知っており、それが『論考』に含まれている前提を根本から覆すことによって出てきたものであることをも知っている。それでもなお、『論考』を、初心に帰ったつもりで、「著者序」から始めて一節ずつ読んでみるならば、この書物の初期の読者が経験したはずの興奮と困惑とを、ある程度、追体験することは不可能ではない。

ウィーン学団のメンバーの目をまず惹いたと思われる箇所は、早くも「著者序」の二番目のパラグラフにある。

> 本書は、哲学的問題を扱う。そして、私の信ずるところでは、こうした問題が立てられるということは、われわれの言語の論理を誤解するところに由来するのである。本書の意義の全体は、次のように要約できよう。およそ言いうることは、明瞭に言いうるのであり、語りえない事柄については沈黙すべきなのである。

「およそ言いうることは、明瞭に言いうる Was sich überhaupt sagen läßt, läßt sich klar sagen」は、ウィーン学団のモットーとなる[21]。また、哲学的問題が言語の論理を誤解するところから生ずるというアイデアも、強力かつ新鮮なものと映ったであろう。だが、それにもまして、「著者序」の最後に見られるような断定

> ……ここに述べられた思想の真理は、不可侵かつ決定的であると私には思われる。それゆえ、私は、問題をその本質において最終的に解決したと思うものである。

は、初めこそ尊大に響いたかもしれないが、『論考』本文の主張に共感を覚える者にとっては、やがて、「すべての哲学を終焉させる哲学」が、ここに存在することの証となったであろう。

ともかく、『論考』は、ウィーン学団のメンバーの間で収拾が困難な論争を引き起こすほどのインパクトを与えた。ハーンが一九二七年の秋にメンガーに語ったところを引こう。

学団の中で、この書物についての論争が起こった。また、その細部について、意見の相違があまりに多かったので、混乱を解消するためには、学団の会合を、この書物を一節ずつ読むに十分なだけ続けて宛てるべきだと、カルナップが一年前に提案した。実際、われわれは、この一学年（1926/27）まるまる、このことにかかりきりだった。[22]

たしかに、その細部に関しては、『論考』は、今でも幾多の論争を引き起こす書物である。それゆえ、『論考』を読むということが、現在でも困難に満ち満ちた作業であることは、否定しがたい。『論考』独特のスタイルで配置されているウィトゲンシュタインの「御託宣」を解読することが、未だに、刺激に富んだ知的パズルであり続けているのも、もっともである。

とはいえ、現在のわれわれは、『論考』に至るまでのさまざまな草稿[23]を通じて、ウィトゲンシュタインが、どのような問題と取り組み、どのような過程を経て、『論考』に提示されているような「最終的解決」に行き着いたのか、ある程度の観念をもつことができる。しかしながら、そうした手がかりをもたない者にとって、『論考』を構成している諸テーゼが、互いにどのような論理的関係に立つのか判断することは、困難をきわめる。論理実証主義者が、『論考』の中でもっとも目につきやすいふたつのテーゼを中心として、『論考』を解釈したのも、無理のないことである。そのふたつのテーゼとは、次のものである。

(1)　いかなる命題も、要素命題の真理関数である。

(2) 命題は、事実の像 Bild である。

とりわけ、(1)は、見かけの単純さにもかかわらず、その帰結はきわめて広範囲に及ぶ。だが、そのことを見るためには、その前に、「真理関数」の概念が『論考』の中で果たしている役割について述べておく必要がある。

1・2・3 真理関数と論理の本性

『論考』は、それを形容している「論理‐哲学的」という句が示すように、論理の哲学に属する主題を扱うものである。ウィトゲンシュタインの考察の出発点は、「でない」や「かつ」や「すべて」といった論理語(ラッセルによって「論理定項 logical constant」と呼ばれたもの)が意味をもつのは何によってか、という疑問であった。ラッセルは、かれの素朴な実在論的意味論の精神に違わず、それらが意味をもつのは、何らかの対象(論理的対象)を指すことによる、としていた。[24] しかし、そのように考えることは、論理的命題が、何か時間と空間を超えた世界の消息を伝えるものと考えることにつながる。ウィトゲンシュタインは、このような考え方が、論理的命題を経験的命題から十分に区別するものではないと考える。ラッセル流の考え方によれば、論理的命題を経験的命題から区別するものは、単に、それが何について語っているかの相違でしかない。ウィトゲンシュタインによれば、両者の相違は、ずっと根本的なものである。既に、『論考』以前の資料中もっとも古いもののひとつである、一九一二年六月二十二日という日付をもつラッセル宛の手紙には、こうある。

……論理学はまだ坩堝のなかにありますが、ひとつのことだけは、私にはますます明白となってきました。すなわち、論理学の命題は、ただ見かけ上の変項を含んでいるだけで、この見かけ上の変項の正しい説明がどのようなものになろうとも、その結果は、論理定項なるものは存在しない、ということでなければなりません。

論理学は、どんな科学ともまったく異なった種類のものとならなければなりません。[25]

そして、最終的に、『論考』では、

私の根本思想は、「論理定項」とは何かを代表するvertretenものではない、ということである。事実の論理die *Logik* der Tatsachenは、代表されうるものではない。（『論考』四・〇三一二）

と言われる。[26]このことを示すために、ウィトゲンシュタインによって導入されたものが、「真理関数」の概念であり、また、真理関数を表現するための独自の記号法なのである。

論理学の入門的講義を聞かされる学生は、たいていの場合、まず「命題論理」と呼ばれるものをやらされる。これを初めに教える理由は、その後に来る「述語論理」――ただ「論理」と言うときには、本来、これを指す――を理解しやすくするためのはずなのであるが、こちらの方は、途中で時間切れになって（あるいは、教師が息切れして）しまうことが多いので、「論理」ということで学生の印象に残るのはむしろ命題論理の方だということが往々にしてある。命題論理は、公式的には、単純な文がどのようにしてできているかに立ち入らないで済む限りで、単純な文（単純命題）から複合的な文（複合命題）を構成する操作にかかわる。こうした操作を表現している語は、「命題結合詞」と呼ばれる。命題論理にもさまざまな種類があるが、入門的講義で習う命題論理は、「古典命題論理」と呼ばれるものである。古典命題論理で扱われる命題結合詞の特徴は、そうした語を用いて作られる複合命題の真偽が、複合命題の構成要素となっている単純命題の真偽だけによって決定されることである。このような命題結合詞には、次のものがある。

否定　「――でない」　「⊐」あるいは「～」と書かれる
連言　「――かつ――」　「∧」あるいは「&」
選言　「――あるいは――」　「∨」
条件法　「――ならば――」　「→」あるいは「⊃」
双条件法　「――とき、かつそのときに限り――」　「⇔」あるいは「≡」

真理関数という概念は、今では、こうした命題結合詞の意味を説明する際に持ち出される。そして、論理学の入門的な教科書で、真理関数の概念を説明するために取られる手続きは、「真理表 truth table」と呼ばれるものによるのが通例である。たとえば、選言「∨」の真理表は、次のようになる。[27]

p	q	$p \vee q$
T	T	T
F	T	T
T	F	T
F	F	F

この表は、複合的命題「$p \vee q$」の真偽が、それを構成している命題「p」および「q」の真偽に、どのように依存しているかを示すものである（「T」は真、「F」は偽を表す）。ここで注目すべきことは、その間に真偽の依存関係こ

そあれ、「$p \lor q$」は、「p」や「q」とは独立に存在する命題であることである。ウィトゲンシュタインは、このような扱いでは、「$\lor$」の真理表がなぜこうなっているのかという疑問を招かざるをえないと考える。つまり、「p」と「q」の両方が偽のときに限って「$p \lor q$」が偽となるのは、いったい、なぜだろうか、という疑問である。これは、たしかに、かなり「哲学的」な疑問である。論理学の講義を聞いている学生がこういった疑問を抱くということは、私の経験では、まず、ない。それにもかかわらず、ウィトゲンシュタインによれば、こうした疑問の生ずる余地があるということは、何かが根本的にうまく行っていないということの兆候である。

たとえば、ラッセルのように、「$\lor$」が何らかの論理的対象を指すと考えるならば、「$p \lor q$」の真理表は、「$\lor$」が指す論理的対象の性質を表現していることになろう。だが、そうすると、真理表がこうなるということは、論理的対象$\lor$のもっている性質に由来するということになろう。だが、「p」と「q」の両方が偽のときにだけ「$p \lor q$」が偽になることは、$\lor$についてたまたま成り立つ性質であってはならない。それは、$\lor$のもつ「必然的性質」でなくてはならない。こうした必然性は何に由来するのか。$\lor$のような論理的対象から成る領域においては、経験的対象から成る領域の場合とは異なって、必然性が支配するのだと答えることは、何の助けともならない。なぜならば、そのときには、論理的対象から成る領域において必然性が支配するのはなぜなのか、という更なる問いが出て来るだけだからである。

ウィトゲンシュタインによれば、こうした疑問が生じうる余地を残さないこと、したがって、「論理的対象」といったものを措定する誘惑をきっぱりと断ち切ることは、正しい記号法を採用することによってはじめて可能となる。そうした正しい記号法においては、実は、真理表自体が複合的命題なのである。正しくは、次のように書かれなくてはならない（『論考』四・四二二）。

p	q	
T	T	T
F	T	T
T	F	T
F	F	F

そして、この表自体が、「$p \vee q$」と書かれていた複合的命題を表現するものなのである。「$p \vee q$」と書く代わりに、この表を書くことによって、ある主張がなされる、と考えるのである。つまり、真理表とは、三つの命題、「p」、「q」、「$p \vee q$」の間の関係を表現しているものではなく、複合的命題そのものを表現するものなのであり、このように考えれば、なぜ、「p」「q」の双方が偽のときにのみ、「$p \vee q$」は偽となるのか、といった問いは出てこない。このことは、表の形でなされている主張そのもののなかに、一目瞭然な仕方で含まれているのである。それにもかかわらずこうした問いを問うことは、そう問う者がこの表によってなされている主張をそもそも理解していないということの現れにすぎない。

ただし、真理表は、場所を取るので（もちろん、書くのに、である）、ウィトゲンシュタインは、次のような略記法を提案する。すなわち、真理表の左側に現れる「p」や「q」の真理値の組合せを数え上げる際の順番さえ固定しておけば、真理表の右側を指定するだけで、ひとつの真理表が決まる。よって、ふたつの命題「p」と「q」からできている選言命題「$p \vee q$」は、次のように書かれることになる（『論考』四・四四二）[28]。

(TTTF)(p,q)　　　(＊)

また、先にも述べたように、こうした記号法は、選言記号「∨」に対応する何らかの論理的対象を探し求めようとする誘惑を断ち切るものだとウィトゲンシュタインは考える。かくして、次のように言われる（結局のところ、（＊）は、真理表の略記法であることを念頭におかれたい）。

四・四四一　記号「F」および「T」の複合体に、どのような対象（あるいは、対象の複合体）も対応しないことは明らかである。それは、〔真理表の〕横の罫や縦の罫、あるいは括弧に対応する対象が存在しないのと同様である。——「論理的対象」は存在しない。

当然、「T」と「F」から成る図式が表現するのと同じことを表現する記号すべてについて、同様のことが言える。

たとえば、「~(~p∧~q)」は、その真理表を書いてみれば、「p∨q」の真理表とまったく同一であることがわかる。よって、「~(~p∧~q)」は、ウィトゲンシュタインの記号法で、「(TTTF)(p,q)」と書かれることになり、「p∨q」と同一の命題であることが明瞭となる。普通の記号法では、「~(~p∧~q)」と「p∨q」が、いかなる場合にも同一の真理値を取ることを証明する必要がある。もしも「~」や「∨」や「∧」が、何らかの論理的対象を指しているとするならば、そうした証明は、論理的対象の間に成り立つ事実を確立するものと考えられることになる。これに対して、ウィトゲンシュタイン流の記号法を採用するならば、そもそも、そのような証明が出て来る余地がない。(29)このこともまた、ウィトゲンシュタインにとって、自身の記号法が、論理的対象の非存在を疑いなく立証するものと思えたのであろう。

ところで、日本語の具体的な文を例に挙げて、命題論理の働きを学生に説明するようなとき、現在のわれわれのやり方は、どちらかと言うと、行き当りばったりである。つまり、例として挙げる命題がどのような「単純」命題からできているかについて、われわれは、日本語の文全体に妥当するような基準を持っていて、それを個々の文に適用しているのではない。たとえば、

(ア) 花子は不親切だ。

という文について、それが「不」といった否定的表現を含むから、(ア)は

(イ) 花子は親切だ。

の否定であって複合的な文であると常に考えるかと言うと、そんなことはない。(ア)が(イ)の否定であると考えなければ説明できないような推論を扱うときには、たしかに、(ア)は(イ)から否定によって作られた複合文であるとみなされるが、(ア)を単純な文とみなしても差し支えないような場合には、そのままで済ませてしまうことも許される。

だが、もちろん、ウィトゲンシュタインが、こんないい加減なやり方を認めたはずがない。命題論理が適用できる言語である限りは、その言語に属する文の全体にわたって妥当する「単純—複合」という区別がなければならないとウィトゲンシュタインは考えたはずである。つまり、かれによれば、「単純命題—複合命題」という区別は、説明のコンテキストによって変化するようなものではなく、「絶対的」なものである。ひとつの言語に属するすべての命題が、そこから出発して構成されるような単純命題の集まりが存在しなくてはならない。このような単純命題を、ウィ

トゲンシュタインは、「要素命題 Elementarsatz」と呼ぶ。
要素命題が与えられれば、それから複合的命題を作ることは、要素命題の真偽の組合せにしたがって真偽の指定をすることに他ならない。それは、先の

(T T T F) (p, q)　　　　　　　　（＊）

のような仕方で行えばよい。この際に、ふたつの極端なケースがある（『論考』四・四六）。ひとつは、要素命題の真偽がどうあれ、いかなる場合にも真を指定する場合である。たとえば、

(T T T T) (p, q)

といった場合である。このような命題は、「トートロジー」と呼ばれる。これと対称的に、すべての場合に偽を指定する場合も考えられる。

(F F F F) (p, q)

のように。これは、「矛盾」と呼ばれる。
ここから、論理的命題に関する帰結が引き出される。

六・一　論理学の命題はトートロジーである。

六・一一　それゆえ、論理学の命題は何も語らない。（それらは、分析的命題である。）

ここには、論理実証主義者が飛びついたアイデア、すなわち、トートロジーとしての分析的命題というアイデアの萌芽がある。『算術の基礎』におけるフレーゲの分析的命題の定義は、論理法則と定義だけから証明できる命題というものであった。だが、序章でも触れたように、論理法則が真であるのはなぜかが説明されない限り、この定義は、分析的真理がなぜ必然性をもつのかという認識論的問題を素通りしてしまう結果を招く。トートロジーという概念は、まさに、この認識論的空白を埋めるものであると思われたにちがいない。

六・一一三　論理的命題に関して、それが真であることが、記号のみから認知できるということは、論理的命題の特徴であり、論理の哲学の全体がこの事実のなかに包摂されている。そして、論理的命題ではない命題の真偽が、その命題だけからは認知でき<ruby>ない</ruby>ということも、きわめて重要な事実である。

六・一二　論理学の命題がトートロジーであるということは、言語ならびに世界の形式的――論理的――性質を示す（zeigen）ものである。

この連続しているふたつのアフォリズムのうち、後者は（『論考』における、「示す zeigen」という概念を含む他のアフォリズムと同様に）、論理実証主義者の多くから、たいして重きを置かれないか、さもなければ、完全に無視されたが、前者が与えた影響はきわめて大きなものである。ここから、分析的真理とは、記号使用の規則から生み出される真理であるというアイデアまでは、ほんの一歩である。この一歩が踏み出されたならば、その次に自然に出て来る結論は、記号使用の規則とは、われわれ記号使用者によって制定されるものであるから、結局のところ、分析的真理とは、規約による真理であるというものとなる（ここで強調しておきたいことは、六・一一三から論理実証主義者流の規約主義への距離が「ほんの一歩」であるとしても、両者のあいだには距離が厳然として存在するということである。『論考』は、論理的対象の拒否、トートロジーとしての分析的命題といった主張によって、プラトニズムの呪縛を断ち切り、規約主義が生息できる空間を用意した。しかし、『論考』そのものを「規約主義的」と特徴づけることはできない）。

さらに、もうひとつ重要なことは、六・一一三におけるような命題の分類――論理的命題とそれ以外――が、『論考』においては、必然的命題と偶然的命題の分類とぴったり重なることである。「……論理の外では、すべては偶然である」（六・三）。「ただ論理的必然性のみが存在する」（六・三七）。こうして、二〇世紀前半の哲学を支配した必然性についての教理、すなわち、必然性とはすべて言語（＝記号使用）に由来する必然性である、が生まれる。

ウィトゲンシュタインの「正しい記号法」からのもうひとつの帰結は、論理的推論もまた、極端に簡単化されることである。

……命題「p」の真理根拠のすべてが、命題「q」の真理根拠でもあるとき、命題「p」が真であることは、命題「q」が真であることから帰結する。（五・一二）

たとえば、「$p \lor q$」が、「$p \land q$」から帰結することは、これらの命題をウィトゲンシュタインの記号法で書き直して、

(T T T F) (p, q)

と

$$(\mathrm{T\,F\,F})\,(p, q)$$

とした後で、後者の真理根拠、すなわち、「T」が現れている場所が、前者においても「T」で占められているかを見ればよい。論理的推論の妥当性を、結論が前提に含まれているという比喩で説明することは、常に一定の影響力をもち続けてきたが、いまや、この比喩は、複合命題を真理表として構成するウィトゲンシュタインのやり方によって、実質を与えられたわけである。[30]

五・一二二　p が q から帰結するならば、「p」の意義 Sinn は「q」の意義に含まれている。

ところで、これまでの記述だけでは、否定、連言、選言といった命題論理に属する操作のみが、ウィトゲンシュタイン流の説明を受け付けるように見える。現代の論理学の中核をなす、量化に関しても、同様の説明が可能であるかは、まだ、明らかではない。実際、フレーゲによって論理的真理の範囲が飛躍的に拡大される前ならば、論理的真理を記号法の産物とみなすこともそれほどむずかしいことではなかったはずである。しかしながら、フレーゲによって拡大された論理的真理の範囲の全体にわたって、それが、（ウィトゲンシュタインの言う意味での）トートロジーであるということは、信じがたいように思われる（この主張の信じがたさは、現在では、用語上の理由から倍加されている。というのは、「トートロジー」を、命題論理における妥当な式と定義することが一般化しているためである。だが、以下で明らかとなるように、これは、『論考』における「トートロジー」の意味とは異なる）。

ウィトゲンシュタインは、量化を含む命題も、要素命題の真理関数として表現できることを示そうとして、「$N(\bar{\xi})$」というオペレータを導入する。

五・五　いかなる真理関数も、要素命題に対して、操作

（———T）（ξ, ……）

を、順次、適用した結果である。

この操作は、右側の括弧中のすべての命題を否定するものであり、私は、それを、これらの命題の否定と呼ぶ。

「$\bar{\xi}$」という記号で、命題変数の任意の列を表すことにすると、この操作は、「$N(\bar{\xi})$」と書かれる。よって、「$N(\bar{\xi})$ は、命題変数ξのすべての値の否定である」（五・五〇二）。

五・五の表記法の方が分かりやすいと思うので、まず、それに従って説明しよう。ふたつの命題変数「p」、「q」に関して、ここで問題となっている操作は、次のものである。

（F F F T）(p, q)

ウィトゲンシュタインが真理値の組合せを列挙する仕方を思い出せば、これは、「p」、「q」の双方ともが偽のときに限り、真となる複合命題を表現している。この命題を主張することは、「p」および「q」を共に否定することと同じである。二個以上の命題変数に関しても、同様である。左側の括弧中の一番右側のみに真理値Tが現れているということは、そこで問題となっている命題変数のすべてが偽のときに限り、全体が真となるということである。

二変数の場合に限っても、この操作だけによって、真理関数の全体を表現することができる。このことは、一九一三年にシェファー（H. M. Sheffer）によって証明された（真理関数の全体を表現するに十分であるような単一の二変数の真理関数は、もうひとつある。それは、「シェファー・ストローク Sheffer Stroke」と呼ばれ、「$p|q$」と書かれるものであ

る。これは、「p」と「q」の少なくともひとつが偽であると主張するのと同等である。ウィトゲンシュタイン流の記号法では、「(F T T T)(p, q)」と書くことができる)。したがって、この操作が、命題論理の範囲に対して十分であることは、『論考』以前に証明されていたことである。ウィトゲンシュタインは、この操作を任意個の命題変数にまで拡張することによって、量化を含む文もまた、真理関数的操作によって作れるということを示そうとする。

五・五二　ξの値が、xのすべての値に対して関数fxの取る値の全体であるならば、$N(\bar{\xi}) = \sim(\exists x).fx$となる。

関数fxが与えられているとき、fxの取る値とは、「x」の代わりに名前を代入することによって作られる命題、fa, fb, ……等である。よって、その場合の$N(\bar{\xi})$とは、それらの命題全体の否定である。それは、いわば、無限連言

$$\sim fa \wedge \sim fb \wedge \sim fc \wedge \cdots\cdots$$

と同等である[31]。この「無限連言」は、

$$(x)\sim fx$$

と同値であり、それは、もちろん、

$$\sim(\exists x)fx$$

とも同値である。このようにして、量化を含む文もまた、真理関数的操作$N(\bar{\xi})$によって得ることができることから、ウィトゲンシュタインは、次のように断言することが許されると考えたのであろう。[これを初版では誤りとしたが、むしろ誤りとした方が誤りだった。第2章補註1を見られたい。]

いかなる命題も、要素命題に操作$N(\bar{\xi})$を繰り返し適用した結果である。(六・〇〇一)

1・2・4 『論考』から論理実証主義へ

こうして、ようやく、われわれは、論理実証主義者による『論考』受容の中心となった、ふたつのテーゼのうちの第一のもの(いまや、ずいぶん前の頁になってしまったが、1・2・2節で(1)と番号が振られていたもの)、すなわち、『論考』のナンバリングでは、「五」という重要度の高い番号をもつ命題に戻ることができる。

五　命題は、要素命題の真理関数である。
(要素命題は、それ自体の真理関数である。)

このテーゼを受容することの第一の結果は、命題全体にわたる、ある分類を受け入れることである。ひとつの種類の命題は、トートロジーおよび矛盾であり、もうひとつの種類の命題は、トートロジーでも矛盾でもないが、要素命題の真理関数である命題である(誤解のないように付け加えるが、トートロジーおよび矛盾もまた、要素命題の真理関数であることに変わりはない)。前者は、論理的に正しい命題、および、その否定である。ウィトゲンシュタインに従えば、トートロジーは真ではあるが、内容をもたないものである。[32] 後者、すなわち、トートロジーでも矛盾でもない命題は、要素命題の真理関数である限りは、内容をもつが、その内容は、それを構成している要素命題の全体で尽くされている。要素命題から複合命題を作るために用いられるものは、真理関数的操作にすぎず、そのことによって、何らかの「論理的事実」あるいは「論理的対象」といったものが持ち込まれることはない。最後に、トートロジーでも矛盾でもなく、また、要素命題に分析できないような命題は、そもそも「命題」の名に値しない。そうした「命題」は、命題であるかのような外見をもってはいても、端的に「ナンセンス」なのである。

こうした命題（この場合、『論考』によれば本来「命題」と呼ばれるべきではないもの、すなわち、命題であるかのように装われたナンセンスをも含む）の三種類は、論理実証主義者のもとでは、それぞれ、論理的命題（数学的命題を含む）、経験科学の命題、形而上学に属する命題、に対応づけられる。たとえば、カルナップの論文「古い論理学と新しい論理学」の結論には、こうした分類が含まれている。

> 科学に属する命題はどれも、論理分析によって、有意味であることを証示されねばならない。問題の文が、トートロジーであるか、もしくは、矛盾（トートロジーの否定）であると判明するならば、その言明は、数学を含めた論理の領域に属するものである。他方、その文が事実的内容をもつならば、すなわち、トートロジーでも矛盾でもないならば、それは、経験文である。それは、［経験的］所与に還元されることができ、よって、原則的には、その真偽を見いだすことができる。経験科学に属する（真あるいは偽である）文は、こうした性格のものである。原理的に解答できないような問いは、存在しない。科学と同列であって、それ独自の主題にかかわる文の体系である思弁的哲学といったものは、存在しない。哲学に従事するということは、論理分析によって、科学に属する概念および文を明瞭化すること以外ではありえない。このための道具が、新しい論理学なのである。[33]

これを見るならば、『論考』が、論理実証主義の基本的相貌を用意したことがうなずけよう。それは、(i)形而上学の排斥、(ii)還元主義、(iii)論理学の命題ならびに数学の命題は内容的なものではない、という三つの主張に分解することができよう。

ここで、(iii)の主張が、論理学の命題だけでなく、数学の命題をも包括していることには、説明が必要であろう。『論考』の数学論（六・二一～六・二四一）は、きわめて断片的なものでしかない。それでも、ウィトゲンシュタインの目指している方向は明瞭である。論理学の命題がトートロジーに他ならないように、数学の命題は等式に他ならず、「見せかけの命題 Scheinsatz」にすぎない（六・二）。数学の命題は、論理学の命題と同様に、内容をもたないのである（六・二一「数学の命題は、いかなる思想も表現しない」）。論理実証主義者の間では、ウィトゲンシュタインと同様の態度を数学に対して取る者もいた（ハーン）[34]が、むしろ優勢であったのは、カルナップのように、ラッセルの主張、すなわち、数学は論理学に還元できるという、論理主義の立場を取る方向であった。論理主義のテーゼを「論理的命題＝トートロジー」説とドッキングすることによって、数学の命題もまたトートロジーであるという結論が得られるように見える[35]。ウィトゲンシュタインが前期・後期を通じて論理主義に反対であったことは、強調されねばならない事実であるが、論理実証主義者にとっては、『論考』の数学論に賛成しようが、ラッセル流の論理主義を取ろうが、数学的命題もまた論理的命題と同様に、内容的なものではないという結論に達するのは自然であった[36]。そして、この結論にこそ、経験主義的枠組みの「アキレスの腱」とも言うべき問い、「論理および数学が所有していると思われる必然性は、どう説明できるか」への答があると思われたのである。

残りのふたつの主張、すなわち、形而上学の排斥と還元主義も、実は、有意味な命題はすべて要素命題の真理関数であるというテーゼだけから帰結するものではない。そのためには、このテーゼに加えて、要素命題とはどのような命題であるかについての決定がなされねばならない。

今では広く知られていることであるが、ウィトゲンシュタインは、『論考』において、要素命題が具体的にどのようなものであるか、まったく述べていない。もちろん、要素命題の具体例を『論考』中に探すなどということは、そもそも、できない相談である。ウィトゲンシュタインにとって、要素命題とは、言語の可能性の制約条件として、存在が要請されるものであり、したがって、それは、哲学的議論[37]の結果、その存在だけが言えるものなのである（数学における、純粋な存在定理、すなわち、その条件を満たす対象は見いだされていないが、何らかの対象が条件を満たすということだけが証明されているような場合、と比べることができよう）。

要素命題についての手がかりは、『論考』のもうひとつの柱と論理実証主義者に思われたもの、すなわち、「命題は事実の像である」という説（これは、しばしば、「意味の像理論 picture theory of meaning」と呼ばれる）にあると考えられた。ただし、論理実証主義者は、意味の像理論が前提とする形而上学（論理的原子論）のゆえに、この理論を全体として採用したわけではない。むしろ、この理論からのいくつかの結論を自分たちの目的のために利用したという方が、言い方は悪いが、実状に近いであろう。

『論考』において、「事実」とは、自然科学的探求によって明らかにされるものである。そのことは、次のアフォリズムに明言されている。

四・一一　真である命題の全体は、自然科学の全体（あるいは、諸自然科学の全体）と同一である。

また、『論考』の終わり近く（六・五三）でも、「語られうるもの」は、自然科学の命題と同一視されている（「哲学の正しい方法とは、本来、次のものであろう。語られうるもの以外語らないこと、したがって、自然科学の命題以外語らないこと……」）。「語られうるもの」とは、有意味である命題と同一であるから、結局、有意味である命題とは、（真あるいは偽である）自然科学の命題ということになる。しかしながら、このことをもって、『論考』のウィトゲンシュタインが、論理実証主義者流の科学主義者であるとすることは、完全な誤りである。ウィトゲンシュタインによるならば、「語りえず、ただ示されうるのみ」という領域（そこには、倫理・宗教・芸術が含まれる）についてまでも「語ろう」とすることこそ、科学主義である。『論考』は、ウィトゲンシュタインの意図からすれば、科学主義への批判の書として読まれるべきものでもあったのである。論理実証主義者の『論考』に対する誤解の最大のものは、この点、つまり、『論考』の基本性格を見誤ったところにある。ウィトゲンシュタインを「科学的世界把握の代表者」のひとりとして挙げたところにも、かれらの誤解の根深さを見ることができよう。

「語られうるもの」のこうした画定から、直ちに、哲学に対する帰結が生ずる。実際、四・一一は、『論考』において、哲学とは本来どのようなものでなくてはならないかを論じている部分の最初に位置するアフォリズムである。四・一一に続いて、次のような主張が見いだされる。「哲学は、諸自然科学のうちのひとつなのではない」（四・一一一）。「哲学の目的は、思想の論理的明瞭化にある。哲学とは、教説ではなく、活動である」（四・一一二）。そして、序文で言われたことが、もう一度、繰り返される。「およそ考えうるものは、すべて、明瞭に考えられうる。言い表しうるものは、すべて、明瞭に言い表しうる」（四・一一六）。

こうした哲学像は、過去の哲学に対する手厳しい評価を伴っている。

> 四・〇〇三　哲学的なことがらについて書かれてきた命題や問いの大部分は、偽であるのではなく、ナンセンス unsinnig なのである。したがって、われわれは、この種の問いにおよそ答えることはできず、ただ、それがナンセンスであることを立証できるにすぎない。哲学者の命題や問いの大部分は、われわれが自らの言語の論理を理解していないことに由来するのである。
>
> ……

論理実証主義による形而上学排斥が、多くの哲学者に、いかにも「無礼」なものと映ったのは、論理実証主義者が、形而上学の命題を、ただ誤りとして斥けたのではなく、そもそも正誤の評価以前のもの、すなわち、「無意味＝ナンセンス」と決めつけたせいであろう。[38] そのような決めつけが、そう決めつける者自身の、形而上学的著作に対する感受性なり理解の程度を反映しているにすぎない、という意見も、しばしば、表明された。しかし、少なくとも、論理実証主義者にとっては、形而上学に対する反対は、言語の本質についての洞察、あるいは、ウィトゲンシュタイン流の言い方では、言語の論理の正しい理解、に基づく原理的なものであると思えたのである。

こうして、形而上学の「命題」は、そもそも「命題」と呼ばれる資格のないものとして排除される。論理と数学の命題は、トートロジーあるいはトートロジーに類似したものとして、命題ではあるが、事実的内容をもつものではないとされた。[39]『論考』が有意味な命題として残すものは、自然科学の命題のみである。ただし、「自然科学の命題」を、どう解釈するかは、決まりきったことではない。「自然科学の命題」というレッテルが貼られているだけでは、十分ではない。カルナップからの先の引用にもあるように、「科学に属する命題はどれも、論理分析によって、有意味であることを証示されねばならない」のである。こうした「論理分析」のお手本となったものは、アインシュタインによる同時性概念の分析であった。「絶対時間」や「絶対空間」という概念を含む命題は、自然科学に属する命題であるかのように見えるが、実は、「無意味な」命題であるという主張は、論理実証主義者の著作のなかで、しばしば繰り返されている。

命題の論理分析とは、その命題の意義を明瞭化することであり、「命題とは、その真理条件の表現である Der Satz ist der Ausdruck seiner Wahrheitsbedingungen.」（四・四三一）のであるから、結局、それは、与えられた命題の真理条件を明示的に取り出すことである。ところで、複合命題は要素命題の真理関数であるから、複合命題に関しては、その真理条件は、それを構成している要素命題の真偽の組合せとして、実質的な表現を得ることができる。しかし、単独の要素命題を考えた場合、「命題は、その真理条件の表現である」というテーゼの内容は、真理関数的分析だけでは、ごく希薄なものとなってしまう。[40] たとえば、「$\sim(p \vee \sim q)$」といった複合命題に関しては、「「p」が偽かつ「q」が真のときに真であり、さもなければ偽である」といった形で真理条件を述べることができる。これに対して、要素命題「p」の真理条件はどう述べられるか。「「p」が真のとき真であり、さもなければ偽である」は、たしかに、「p」の真理条件を与える。だが、これは、あまりにも実質を欠いているように見える。論理実証主義者が、要素命題の真理条件に対して、何らかの実質を与える手がかりを『論考』中に求めたのも、無理のないことであったと思われる。かれらは、それを、事実的な内容をもつ命題の真偽が「命題と実在の照合 Vergleichung」によって決定されるという『論考』中の考えに求めた。この考えが『論考』中で現れている箇所をすべて、次に引こう。

二・二二三　像が真であるか偽であるかを知るためには、われわれは、像を実在と照合しなければならない。

三・〇五　思想が真であることをア・プリオリに知りうるのは、思想そのものから（それと照合される対象なしに）その真理性が知られるときのみである。

四・〇五　実在は命題と照合される。

六・二三二一　そして、数学の命題が証明できるということは、その正しさを決定するために、それが表現していることを事実と照合するといったことをしないでも、その正しさを見て取ることができるということに他ならない。

論理学の命題と数学の命題は、実在と照合することなしに、その真偽を決定することができる（数学の命題については、上の引用の最後のものから明瞭である。論理学の命題については、三・〇五を、次と重ねればよい。「論理的命題の際だった特徴は、それが真であることが記号Symbolだけから知られうる、ということである……」（六・一一三））。それ以外の命題はすべて、その真偽を決定するためには、実在と照合される必要がある。命題はすべて、要素命題の真理関数であり、したがって、要素命題の真偽が決定されるならば、それから構成されている複合命題の真偽は決定される。よって、実際のところ、実在との照合が必要となるのは、要素命題の場合だけである。

経験論的枠組みを自覚的に採用した論理実証主義にとって、「実在との照合」を、「経験との照合」と解釈することほど自然なことはあるまい。そのように解釈されるならば、経験との照合の仕方を理解していることこそが、命題を理解するということの本質である。経験との照合は、さらに、何らかの検証手続きによる真偽の決定であると解釈される。こうして、『論考』における「命題の意義＝真理条件」というテーゼは、要素命題の場合の真理条件に実質を与えるために、「命題の意義＝検証条件」という、論理実証主義の悪名高いテーゼへと横すべりすることになる。

真理条件から検証条件への転換は、きわめて重大かつ多岐にわたる帰結をもつものである。[41] だが、そのことが、論理実証主義者にどれだけ意識されていたかは、疑わしい。こうした転換は、まず、いかなる命題も真あるいは偽のいずれかであるという二値性の原則（Principle of Bivalence）に影響を及ぼすはずである。それにもかかわらず、論理実証主義者は、ブラウワー流の直観主義に共感することはなく、古典論理に従って二値性の原則を固持していた。[42] こうした立場が不整合に陥らないためには、次のふたつが必要となると思われる。ひとつは、要素命題以外の命題がすべて要素命題の真理関数として得られるということであり、もうひとつは、要素命題が、決定可能であることである。このふたつの要件を満たしている限り、二値性の原則からの背反は生じない。こうした考慮が実際に働いたかはきわめて疑わしいにせよ、論理実証主義がその初期に要素命題として取ったものは、いわゆる感覚与件命題であり、この選択は、決定可能性という要件を満たすものであると思われる（もちろん、感覚与件命題が本当に決定可能かどうかは、議論しようと思えば、いくらでも議論の余地はある。だが、感覚与件命題が絶対的な確実性を享受するという、初期の論理実証主義において有力であった考え方に基づく限り、感覚与件命題の決定可能性を擁護することは、十分、可能と思われる）。もうひとつの要件、すなわち、要素命題以外の命題がすべて要素命題の真理関数として得られるという要件は、論理実証主義者にとっての『論考』の基本テーゼのひとつに他ならない。

そうすると、事実的命題に関して、論理実証主義が主張するところは、次のものとなる。すなわち、事実的命題は、要素命題の真理関数として分析することができ、要素命題とは、感覚的経験についての命題である。言い換えるならば、事実的命題は、すべて感覚的経験についての命題に還元できる。まさしく、これこそ、還元主義のテーゼであった。

ところで、皮肉なことに、要素命題を、感覚与件命題、あるいは、それと類似の命題と解釈したことによって、論理実証主義は、『論考』の欠陥をウィトゲンシュタイン自身に意識させることになった。それは、『論考』において、要素命題に課せられていた条件のひとつをクローズアップする効果をもったのである。

『論考』において、要素命題は互いに独立であるとされている（「四・二一一　もっとも単純な命題、すなわち、要素命題は、事態 Sachverhalt の成立を主張する」ならびに「二・〇六一　事態は互いに独立である」から明瞭である）。したがって、ひとつの要素命題の真偽から、他のいかなる要素命題の真偽も導くことができない。ウィトゲンシュタインが、要素命題に対してこうした要請を行った理由を理解するためには、真理表による複合命題の説明を思い出せばよい。先に挙げた例をもう一度、ここに掲げよう。

$p \vee q$
T
T
T
F

p	q	
T	T	
F	T	
T	F	
F	F	

ここで、この真理表が、これだけの行数をもっているのはなぜか、すなわち、「p」と「q」に対する真偽の指定の仕方が、ここで示されているように、四通りあるのはなぜかという問いが、生じうる（「何をばかな問いを」と思われるかもしれませんが、もう少し先まで読んで下さい）。たとえば「p」として「これは赤い」を、「q」として「これは青い」を取ってみよう。ここで、「これ」が指すものが、ある時点における視野の中の、同一のある一点であるとしよう。そうするならば、上の表の第一行目にある組合せ（「p」と「q」の双方ともが真である）は、そもそも、不可能である。この場合の真理表は、むしろ、次のように書かれるべきではないだろうか。[43]

p	q	$p \vee q$
~~T~~	~~T~~	~~T~~
F	T	T
T	F	T
F	F	F

だが、この表の先頭の行が「ありえない」場合であるというのは、どういう理由によってなのだろうか。それは、

論理的不可能性なのだろうか。それとも、他の種類の不可能性なのだろうか。先にも触れたように、論理的必然性以外に必然性はない（六・三七）というのが『論考』の立場である。そして、『論考』の枠組みにおいて、論理的必然性を生み出すものは、真理関数的操作によって生ずるトートロジーのみである。そうすると、結論は、右のような変則的な真理表が生ずるのは、そこに現われている「p」や「q」が、要素命題ではないから、ということでなければならない。言い換えれば、要素命題はすべて互いに独立でなければならないのである。

（ふたつの要素命題の論理積が、トートロジーでも矛盾でもありえないことは、明らかである。視野の中のある一点が同時にふたつの異なる色をもつという言明は、矛盾である。）（六・三七五一）

だが、ある時点における視野の中のある一点が、これこれの色をもつ、といった言明は、感覚的経験を報告する感覚与件命題の典型的なものである。さらに、どのような感覚与件命題も、それが成り立つことは、他の何らかの感覚与件命題の成立を排除する。つまり、感覚与件命題は、たがいに独立ではありえず、『論考』の基準にしたがえば、要素命題とはなりえないのである。

問題がこれだけならば、それは、論理実証主義者が『論考』を誤解しただけのことだで済んだであろう。たしかに、『論考』の要素命題は、感覚与件命題のようなものではないであろう。その点で、論理実証主義者が『論考』を誤解したことに、疑いはない。だが、では、要素命題とはどのような命題か、あるいは、そこまで問わなくとも、「これは赤い」といった命題が要素命題でないとすれば、それの要素命題への分析はどのようにして行われるのか、といった問いは、答を必要とする。

哲学に復帰したウィトゲンシュタインが、最初に取り組んだのは、この問題である。まもなく、かれは、「これは赤い」といった命題を、相互に独立である要素命題へと分析することが不可能であることに気付く。[44]『論考』のように緊密に構成された建造物は、その一箇所にでも亀裂が見いだされたならば、全体が音を立てて崩壊しかねない。そして、事実、起こったことは、この通りであったと思われる[45]。こうして、中期から後期へのウィトゲンシュタインの歩みが始まるのであるが、それを追跡することは、本書の範囲外である。ただ、『論考』の体系が崩れた直後、ウィトゲンシュタインが取った検証主義については、それが、主にシュリックを通じて論理実証主義に与えた影響からいって、ここでも取り上げなければならない。

1・3* 意味と検証

「論理実証主義」から連想する語を挙げよ、といった問いをテストに出すとするならば、その結果として、おそらく、もっとも頻繁に出現すると予想される語は、「検証可能性 verifiability」であろう（もちろん、ある程度の哲学的教養の持ち主を対象とするテストでなければ、こうした結果が望めないことは、言うまでもない）。実際、「哲学の革命」としての論理実証主義の最大の武器となったものは、「有意味である命題は、検証可能でなければならない」というテーゼであり、このテーゼの適用によって、過去ならびに同時代の「形而上学」のすべてが「無意味である」と宣告されたのである。

論理実証主義者の間で、「検証」の概念は、ふた通りの使われ方をしている。すなわち、検証概念を含む「強いテーゼ」と「弱いテーゼ」のふたつが、論理実証主義者の著作中には見いだされるのである。前者を「(S)」、後者を「(W)」と名付けることにすれば、それらのテーゼは、次のように表現できよう。

(S) 命題の意味は、その検証方法である。
(W) 命題が有意味であるためには、検証可能でなくてはならない。

(S)は、しばしば、「検証原理 Principle of Verifiability」とも呼ばれるが、この名称では、(S)と(W)のあいだの区別が失われる恐れがある。よって、ここでは、(S)を「意味の検証理論」、(W)を「検証可能性のテーゼ」と呼ぶことにしたい。[46]

明らかに、(W)は、(S)から帰結するが、その逆は成り立たない。つまり、検証可能性のテーゼ(W)を採用したとしても、理論的には、意味の検証理論(S)が主張するように命題の意味をその検証方法と同一視する必要はないのである。しかしながら、(S)のような主張の背景なしに、(W)を主張することは、それだけでは、恣意的であるという非難を免れることができまい。検証可能性が有意味性の必要条件であるのは何によってか、という問いが提起されざるをえないからである。それにもかかわらず、比較的最近まで、論理実証主義が論じられる際に、その焦点となってきたものが、弱いテーゼ、すなわち、検証可能性のテーゼ(W)であることには、理由がある。

二〇世紀中葉以降の科学哲学(科学の哲学[47])の歴史は、もっぱら、論理実証主義からの脱却の歴史であると言っても過言ではない。したがって、議論の戦略から言って、弱いテーゼを批判すれば十分であり、強いテーゼは、それからの帰結が保持されえないものであることが示される限りは、その真偽について、わざわざ論ずるまでもない。こうして、議論の中心は、検証可能性のテーゼ(W)における「検証可能性」の概念を満足の行く形で述べることができるかどうかという問題に絞られることになった。そして、現在、多くの哲学者に共通する見解は、検証可能性のテーゼが要求するような検証基準の満足行く定式化という課題は、何らかの手直しで解決できるようなものではなく、したがって、そうした課題が出て来ること自体が、論理実証主義の科学哲学の根本的欠陥を示すものであるというものであろう。[48] ここでは、こうした結論へ導くとされている一連の議論を紹介することはしない。[49] それは、ひとつには、こうした議論に関する定評ある解説が日本語で読めるからでもあるが、検証基準の満足行く定式化という問題は、そこで議論されている形について言えば、その背景に意味の検証理論(S)を仮定しない限りは、本来、言語哲学に属するよりは、科学哲学に属する問題だからである。というのも、こうした一連の議論の出発点となった、エイヤーの『言語・真理・論理』（特に、第二版）で提出された検証基準の述べられ方からもわかるように、そこでの中心問題は、観察言明という、ある特権的な言明のクラスの存在を仮定したうえで、そうした言明からのコントロールがきく言明のクラスと、そうではないクラスとを区別することにある。検証基準が満たさなければならない条件のひとつは、科学における理論的言明は前者のクラスに属するが、形而上学的言明は後者のクラスに属するという帰結をもつことである。たしかに、この問題は、その構造だけに注目すれば、類似の問題が、他の種類の言明のクラスを特権的言明として取った場合にも生ずることは明らかである。[50]だが、そうした構造を共有する問題の各々について、そこで扱われる範囲の言明において、特権的な言明が存在すると仮定することの是非が、別個に問題とされなければならない。そして、検証基準をめぐって現実に進行して来た議論の検討のためには、科学に属する言明の間で、観察的言明と理論的言明という区別を立てることが、果して妥当であるか、という科学哲学における中心問題のひとつと取り組まねばならず、それは、本書がカバーすることを意図している範囲を大幅に越えるのである。

　これに対して、意味の検証理論(S)は、まさしく、言語哲学に属するテーゼである。したがって、このテーゼの検討は、当然、本書の範囲に属するものである。しかしながら、(S)が、その帰結として、検証可能性のテーゼ(W)をもち、後者が既に破綻したテーゼであるという認識が共通であるとするならば、(S)を、いまさら議論することに何の意義があるのか、と問われるかもしれない。この問いに対するひとつの答え方は、(W)が破綻したということは事実ではない、と主張することであろう。実際、このように答えることは、まったく根拠がないわけではない。[51]だが、そこまで頑張る必要はない。本節のはじめでも述べたように、論理実証主義者のもとで、検証可能性のテーゼ(W)は、もっぱら、科学と非科学とを選別するために用いられた。さらに、その際に論理実証主義者が「直接的に検証可能」であるとした特権的言明のクラスは、科学に対するある特定の見方を前提として選択されたものである。いったん、こうした目的や前提を離れるならば、検証可能性の概念に対して論理実証主義者が与えた解釈が唯一のものではないと判明することは、十分考えられる。それだけではない。意味の検証理論(S)を、それ自体として、いま一度検討することは、現在の言語哲学の中心的論争とも言うべきものに直接かかわる。その論争とは、文の意味がその真理条件によって与えられるべきであると考えるか、それとも、文の意味はその検証条件（あるいは、反証条件）によって与えられるべきであると考えるか、という論争点をめぐるものである。[52] もちろん、半世紀前の理論が、そのまま、現在の論争状況に復活したわけではない。だが、論理実証主義者の取った、意味の検証理論は、未だ荒削りのものであるとはいえ、ひとつの原型として、単なる歴史的興味以上のものをもつものである。

「命題の意味は、その検証方法である」というテーゼのそもそもの起源がウィトゲンシュタインにあることは、現在揃っている証拠から言って、ほぼ疑いの余地がない。第三者による証言は、以前にも存在していた。[53] だが、ウィトゲンシュタインとの会話のワイスマンによる記録『ウィトゲンシュタインとウィーン学団』の公刊（一九六七）が、これを最終的に立証したとみなすことができる。少なくとも一九二九年からその翌年にかけてのウィトゲンシュタインは、意味の検証理論、しかも、その極端とも言える形態のものを採用している。そのことは、『ウィトゲンシュタインとウィーン学団』のみならず、一九二九年からその翌年にかけて執筆された『哲学的考察』の随所、[54] ならびに、この時期のケンブリッジにおけるウィトゲンシュタインの講義の受講者によるノートなどからも、[55] 明瞭である。[56]

命題の意味とはその検証方法に他ならないというテーゼが、ワイスマンやシュリック以外の論理実証主義者にまで広まるのには、ほとんど時間はかからなかったはずである。その際に重要な役割を果たしたと思われるのは、ワイスマンによってまとめられ、論理実証主義者の間で回覧された「テーゼン Thesen」である。これは、現在、『ウィトゲンシュタインとウィーン学団』の巻末に収録されている。[57] これは、そもそも、『論考』への入門としてまとめられたものであるが、そこでは、命題の意味とはその検証方法であるというテーゼが、『論考』の主要なテーゼと共存している。

他方、ワイスマンとシュリックは、意味の検証理論を、自らの論文の中で、採用、あるいは、擁護した。意味の検証理論がはじめて公にされたのは、一九二九年秋のプラハにおける国際会議でのワイスマンの発表においてであるという[58]。だが、もっとも注目されるのは、一九三〇年代に発表されたシュリックの一連の論文である[59]。そこで、シュリックは、ウィトゲンシュタインに負うところの大きいことを認めつつ、意味の検証理論を擁護している。この時期の（何もこの時期に限ったことではない、と言いたいが）ウィトゲンシュタインの手になるものが、どちらかと言うと、断片的であって、その議論の脈絡を追うのが困難であるという理由からも、検討の対象としては、シュリックの議論を選ぶ方が得策であろう。さらに、論理実証主義者による意味の検証理論の擁護の多くが、文の真理条件とその検証条件との間の単純な混同に基づくものでしかないのに対して、シュリックの議論は、両者の間のギャップを埋めようとする意図をもつものとして、貴重なものである。

さて、シュリックが「意味の検証理論[60]」をどのように定式化しているかを見よう。

文の意味を述べるということは、その文が使用される際に従われるべき規則を述べることに帰着する。そして、それは、その文が検証される（あるいは反証される）仕方を述べることと同じである。命題の意味とは、その検証の方法である[61]。

このテーゼを擁護するのにシュリックが用いる議論は、主に、文の理解とは何に存するかの考察によるものである。この議論は、この時期のシュリックの著作の各所に見いだされる[62]。これとは別種の性格をもつ議論が一箇所にだけ見いだされる[63]。それは、伝達（コミュニケーション）の可能性にかかわるものとして、『算術の基礎』二六節におけるフレーゲの議論[64]に始まり、ウィトゲンシュタインの私的言語の議論（private language argument）、さらには、最近の反実在論者のいわゆる「発現の議論 manifestation argument」[65]といった、一連の議論の系譜の中に位置を占めるものであることから言っても、きわめて興味深いものである。しかし、ここでは、前者の議論、すなわち、文の理解とは何に存するかの考察からの議論だけに限定して論ずることにしたい。

シュリックの議論は、おおよそ、次のようにまとめることができよう。

文の理解とは、そこに現れている語の理解を前提とする。よって、文の意味を述べるためには、そこに現れている語の意味を述べることができなくてはならない。ところで、語の意味を述べるとは、その語の用法（use）を定義することであり、それは、その語がどのような状況のもとで使用されるべきかの指示を与えることであり、それはまた、その語が用いられる際に従われるべき規則を与えることでもある。このことは、ひとつには、問題となっている語を他の語で説明するという言語的定義（verbal definition）によってなされる。しかし、そうした説明は、そこで使われる語が既に理解されていてはじめて可能となるものである。他の語の理解を前提としない仕方で語の説明を与える方法としては、直示的定義（ostensive definition）以外にはない。直示的定義のひとつの例は、こどもに「青」という語の意味を教えるために、青い色をしたものを指さしながら、「あお」と言う場合である。言語的定義だけによっては、われわれは、決して、語が言語以外のものと関係することを理解できないであろう。すなわち、「意味の理解というものは、最終的には直示的定義に訴える以外になく、そのことは、明らかに、「経験」あるいは「検証の可能性」に訴えるということを意味する」[66]のである。

この議論の主要なステップはふたつある。(i)ひとつは、語の意味の説明が、言語的定義だけによってなされうるものではなく、究極的には、直示的定義という場面にまで遡る必要がある、という主張である。(ii)もうひとつは、語の意味の説明が究極的には直示的定義に訴える必要があるということが、「文の意味＝検証方法」という結論に導く、という主張である。このどちらのステップに関しても、多くの疑問を提起することができる。[67]

(i) 直示的定義が、語の意味の説明の基礎になければならないという、第一のステップでなされている主張は、しばしば、批判の的となってきた。ウィトゲンシュタインの『哲学探究』を読んだ者(あるいは、読みかけた者)は誰でも、そこでの直示的定義についての議論を覚えているだろう。その議論をここで要約することはしないが、(必ずしもウィトゲンシュタインに忠実であるとは言えない)次のような議論は、現在の哲学の中では「常識」に属する事柄であろう。すなわち、言語的定義はどれも、われわれを、ある語から他の語へと差し向けるだけであるのに対して、直示的定義の場面で、われわれは、語と言語外の実在との直接的結合を手にすることができるかのように思われる。しかしながら、これは、幻想にすぎない。なぜならば、直示的定義が理解されるためには、既に、多くの事柄が知られていなければならず、そうした事柄の中には、言語にかかわる知識も含まれていなければならないからである。たとえば、「青」という語の直示的定義が、相手に理解されるためには、相手は、そのときに示されている対象の、形ではなく、色が問題となっていることを知っていなければならない(相異なる形をもつが、すべて同じ色をもつようなさまざまな対象を続けて見せたとしても、相手が、それらの対象すべてに共通の性質として色以外のものに着目してしまうということは、常に可能である)。さらに、「青」といった語と「ライオン」といった語とは、相互に異なる種類の語である。たとえば、「ライオン」の直示的定義は、必ずしも、実物のライオンを前にして行われる必要はない(子どもが、「ライオン」という語をはじめて耳にするのは、動物園の檻の前であるよりは、絵本を前にしてであろう)。それに対して、「青」の直示的定義は、実物の(?)青を前にしてなされるよりないであろう。つまり、直示的定義が理解できるためには、既に、そこで定義される語が、どのような種類の、どのような使われ方をする語であるのかが、理解されている必要がある。

こうした議論は、少なくとも、次のことを示すものである。すなわち、個々の語の習得が、単独で発せられた語と言語学習者の経験中の要素との対応づけだけによって達成されうるとすることは誤りである、と。だが、このことが、どれだけの含みをもつものであるかは、もう少し慎重に検討してみる必要がある。

経験主義の哲学にとって、言語の習得ならびに理解もまた、われわれの経験中に見いだされる要素だけから由来するものでなくてはならない。こうした立場を取る意味論を、「経験主義的意味論」と名付けることにするならば、そのひとつの形態は、言語の習得とは、学習者が新しく学ぶ語の各々に一定の経験を結び付けることによってなされる、とするものであろう。概念形成についての古典的経験論の教説は、経験主義的意味論のこうした形態として「改釈」されることができる。たとえば、ヒュームにおいては、われわれの観念（idea）はすべて、単純観念とそれらから構成される複合観念のどちらかであり、単純観念は、それに先立つ印象（impression）のコピーであるとされる[68]。この主張を意味論に属するものとみなすことは大きな誤りであろうが、経験主義的意味論のいま問題としている形態は、これと明らかな構造上の類似性をもつ[69]。その特徴は、意味の習得・理解の単位が個々の語に求められていることにある。よって、経験主義的意味論のこうした形態を、「原子論的 atomic」と特徴づけることができよう。直示的定義についての現在「常識」となっている議論の示すところは、直示によって個々の語の意味を与えうるためには、その語を単独で発するだけでは決定的に不十分であること、さらに、直示的定義の成功が、学習者における、既にある程度発達した言語的能力を前提とすること、であった。直示的定義を言語習得・理解の基礎に置こうとするときに出て来るこうした難点は、原子論的な枠組みで考えている限り克服できないものである。だが、言語的理解の単位を語に求めることは、それ自体としても保持できない立場である。言語的理解は、文全体を単位とするものでなくてはならない。語の理解は、それが現れる文の理解から由来すべきものなのである[70]。

言語習得・理解の単位を文に求める経験主義的意味論の形態を考えることができる。それを「分子論的 molecular」と特徴づけることにしよう。分子論的枠組みのもとで直示的定義を考えるならば、それは、定義される語を含む文を、一定の状況のもとで発話することによってなされるということになろう。このとき、直示的定義の理解が言語的にまったく無記の状態の学習者には不可能であることは明らかである。学習者は、およそ原始的なものであっても、何らかの言語的能力をマスターしていなくてはならない。そうした能力には、問題となっている語がどのような種類の語であるかを知っている、あるいは、説明されて知るようになることができること、が含まれる。直示的定義が新たに達成することは、学習者にとっては初めての語の用法を、その語を含む文が正しく使用できるとみなしうる状況と対面させることによって教えることである。直示的定義をこのように考えることは、先に述べられたような直示的定義にまつわる困難を回避することを可能とするだけでなく、シュリックの議論の第二のステップを理解しやすくさせる。

（「分子論的意味論」という名称には、かなりの抵抗が予測される。まず、ありうべき誤解を取り除くことから始めよう。原子論的意味論の「単独の語—対象」という図式を、「単独の文—状況」という図式で置き換えたものが、ここで言う分子論的意味論であるわけではない。個々の文は語から構成されており、それらの語は、他のさまざまな文にも現れる。よって、言語的理解の単位を文に求めるということは、単に、より大きな言語的単位で考えるということではなく、さまざまな文が、そこに共通に現れる語を通じて、複雑多岐な関係に立つという事実を認めることである。[71] つまり、ひとつの文の理解は、必ず、他の多くの文の理解を伴っていなくてはならない。この意味では、ここで考えている言語理解のモデルを「全体論的holistic」と名付けてもよいように思われるかもしれない。それにもかかわらず、「全体論的」という形容をここで拒否することには、（もちろん）理由がある。それは、「全体論」という名称が、本書の第3章で考察するクワインの見解にもっともふさわしいと思われるからである。クワイン流の意味での全体論によれば、言語理解の単位とは、ひとつの言語全体であり、その言語を構成している個々の文は独立した意味をもたない。こうした全体論と原子論という極端なふたつの立場の中間に位置するものという意味あいが、「分子論的意味論」という名称に込められているのである。[72]）

(ii) シュリックの議論の第二のステップは、そのままでは、ほとんど理解に苦しむような飛躍を含んでいるように見える。実際、「意味と検証 Meaning and Verification」（一九三六）では、ただ、次のように言われているだけである。

意味の理解というものは、最終的には直示的定義に訴える以外になく、そのことは、明らかに、「経験」あるいは「検証の可能性」に訴えるということを意味する[73]……

幸いにも、より以前の論文「実証主義と実在論 Positivismus und Realismus」（一九三二）では、言語理解が究極的には直示的定義に依存するという主張から、検証可能性が文の有意味性の条件であるという主張への移行が、ある程度、詳細に議論されている。以下に、その部分を引こう。

したがって、命題の意味を見いだすためには、［言語的］定義を繰り返すことによって、最終的には、それ以上定義されることなく、ただ直接的にその意味が指示されるような語だけを含むように、もとの命題を書き換えなくてはならない。そのとき、命題の真偽の基準は、次のものとなる。すなわち、（諸定義に述べられている）特定の条件のもとで、あるデータが見いだされるか否か、がそれである。いったんこのことが確定されたならば、私は、その命題が語っているすべてを確定したことになり、したがって、その命題の意味を知ることになる。もしもある命題に関して、それを検証することが私に原理的にできないならば、すなわち、その真偽を確かめるために何をしたらよいのか、私にまったく見当がつかないならば、明らかに、私は、その命題が何を実際に言っているのか何の観念ももたない。なぜならば、そのときには、私は、定義を辿ることによって文面から可能なデータへ進むという仕方で、その命題を解釈することができないであろう。というのも、私がこのように進むことができる限りで、まさにその事実によって、私は、［命題の］原理的検証への道を示すことができるからである（実際上の理由から、その道を現実に辿ることが私にはできないということが、しばしばであろうとも）。命題がどのよ

うな状況のもとで真であるかを述べることは、その意味を述べることと同一であり、それ以外のことではない。(74)

もしもこの議論が、文を構成している語の意味はすべて、究極的には経験との対応づけによって与えられるゆえに、文全体の意味もまた、経験との対応づけによって与えられねばならないという主旨のものであるとするならば、それは、フォスターも言うように、(75)原子論的意味論と分子論的意味論の混同に基づくものであろう。まず、文を構成している語のすべてが何らかの経験と対応づけられているとしても、文の意味が、単に、そこに現れている語の意味の「総和」でないことからも明らかであるように、語と結び付けられている経験が与えられるだけでは、文全体の意味がそのことによって与えられるわけではない。したがって、語はすべて一定の経験と対応づけられているべきであると主張することは、語から構成されるどのような文もまた一定の経験と対応づけられるべきであるということを帰結しない。つまり、分子論的意味論は、原子論的意味論から帰結しないのである。逆に、原子論的意味論が分子論的意味論から帰結しないことも明らかであろう。文が有意味であるためには、それが一定の経験と対応している必要がある、というのが、分子論的な枠組みのもとでの経験主義的意味論の主張であった。有意味な文に対応すべき一定の経験とは、その文を検証あるいは反証する経験である。一般に、分子論的意味論においては、語の意味は、それが出現している文全体の意味への寄与に他ならない。(76)これが、経験主義的形態を取るとき、語の意味は、それが出現する文の検証条件（反証条件）への寄与と考えられることになる。このとき、語が有意味であるために、それが単独で何らかの経験と結び付けられている必要がないことは、明らかであろう。

直示的定義とは語をそれ単独で経験と結び付けるものであると考えている限り、シュリックが行っているような議論は、原子論的意味論と分子論的意味論との単純な混同にすぎない。これに対して、直示的定義においても、経験と対応させられるべきものは、単独の語ではなく、その用法が固定されるべき語を含む文全体であるとするならば、シュリックの議論は、もう少し好意的に解釈できよう。そのとき、シュリックの議論は、(a)言語習得・理解にとって、ある一群の文（＝直示的定義に際して用いられる文）の習得・理解が基礎的であることを主張し、そのうえで、(b)そうした一群の文が所有している性質から出発して、文一般の意味がどのように与えられるべきか（つまり、文の意味はその検証条件でなくてはならないということ）を導くものとなろう。

ここで、(a)における、直示的定義に際して用いられる文が言語習得・理解にとって基礎的であるという主張の、「基礎的」という形容の意味が問題となる。シュリックからの上の引用で見る限り、それは、いかなる文に関しても、それを分析するならば、すなわち、そこに現れている語に関して、言語的定義が可能なもののすべてを定義によって他の表現に置き換えるならば、もとの文は、直示的定義の際に用いられる文だけから構成された形の文に変形できるという意味であると思われる。言語的定義が利用できる手段が真理関数による構成に限られているならば、(a)における主張は、すべての文が、直示的定義に用いられうる文の真理関数であるという主張と等しい。シュリックが『論考』の基本テーゼのひとつ、すなわち、いかなる命題も要素命題の真理関数である、を受け入れていることから言って、(a)のこうした解釈には、いちおうの信憑性があると考えられる。さらに、シュリックにおいて「要素命題」の役割を果たす言明（かれが「Konstatierungen」と呼ぶもの）について、そうした言明が「その文法からいって、定義を介するものではなく、直示という行為を必要とする」[77]と言われていることも、こうした解釈を支持する。

もしも(a)のこのような解釈が正しいとすれば、(b)でなされている主張は、結局、有意味である文がいずれも、直示的定義において用いられうる文から、真理関数的操作によって構成されるのであるならば、文の意味は一般にその検証条件によって与えられる、というものとなろう。この主張は、妥当だろうか。

これが正しいためには、直示的定義において用いられる文が、検証条件によって意味を与えられるものである、という仮定が必要である。この仮定のもとでのみ、複雑な文の意味は、真理関数的操作を通じて、検証条件のセットとして与えられうるからである。だが、直示的定義が必要とする言語的手段が、単独で発せられる語ではなく、完全な文であるならば、直示的定義を理解する者は、すでに、ある程度豊富な言語的資源を利用できる段階に達していなくてはならない。そうした言語的資源を用いて構成される文がすべて検証可能であるということは、どのようにすれば、示されるだろうか。

自然な反応は、次のように論ずることであろう。直示的定義を示される学習者にとって、その理解のために動員できるものは、与えられた文、および、その文の聴取と同時的な学習者自身の経験だけである。したがって、発せられた文に対して学習者が何らかの意味を結び付けることが可能であるためには、そうした意味は、文の聴取と同時的な学習者自身の経験に属する何らかの要素でなければならない。つまり、そうした文に、必ず一定の経験が、その文の検証条件として結び付けられるのでなければ、言語の習得は不可能となる。

この論法に対する強力な反論のひとつは、クレイグのものである[78]。直示的定義の理解にとって決定的な役割を果たすものは、学習者の経験ではなく、学習者の信念である。たとえば、家事というものにまったくうとい誰かに「冷蔵庫」の直示的定義を与えるとする。このとき、たまたま、その学習者が、目の前に示されたものは、自動的に皿を洗う機械であるという信念をもっているとすれば、実物の冷蔵庫を前にしていようが、「れいぞうこ」という語は、自動皿洗い機を指すものとして理解されることになろう。つまり、直示的定義の理解は、示された対象に関してひとがもつ経験によってと言うよりは、その対象についてひとがもつ信念によって決定されるのである。たしかに、多くの場合には、示された対象に関しての経験がその対象についての信念を決定するとしても、両者が乖離する可能性を無視することはできない。この比較的単純な論点を、クレイグは次のように拡張する。すなわち、いまもし、学習者の信念の中に、可能な経験を越えるようなものが含まれているとしたならば、学習者が直示的定義によって理解する文の中には、学習者のそうした信念を介して理解されることによって、その意味が、可能な検証を越え出るようなものが存在しうる。問題は、こうした場合が生じないことを、どうやって言えるかである。

単に、こうした場合は生じない、と言うことは、文の意味はその検証条件によって与えられると仮定することと等しい。実際、直示的定義に際して用いられるべき言語的資源がある程度の豊富さをもつものでなくてはならない、という上の指摘からも、この言語的資源が、検証の可能性を越え出るような文を構成するに足りるということは、十分に考えられるように見える。ここでも、その言語的資源に対して、論点先取に陥ることなく、何らかの制限を加えることは、どのようにすれば可能だろうか。

クレイグの議論に答えるひとつの道は、直示的定義の際に決定的な役割を果たすとされる学習者の信念がどのように獲得されたのか、と問うことから始めることであろう。このような信念は、それを表現するための言語的手段を学習者がもっているかどうかとは、まったく独立に獲得できるとしてよいだろうか。もしもこの問いに対して否定的に答えることができれば、学習者のもつ信念は、かれがそれを表現するために利用できる言語的手段と切り離して考えることはできないことになる。そして、とりわけ、直示的定義に用いられる文を理解するために必要な言語的資源は、直示的定義の了解にかかわる学習者の信念を表現できるだけの豊富さをもっていなくてはならない。次の段階は、このような言語的資源が学習者のもつ経験と何らかの緊密な関連性をもたなければ、その習得は不可能であると論ずることであろう。おそらく、その際に必要となることは、言語的表現を用いて何かをするという行動様式を身につけるということのなかに、学習者の経験と言語的資源とのあいだの関連を見いだすことであろう。問題は、ここで見いだされる関連が、検証主義を擁護するに必要なだけの「緊密性」をもつ、と結論できるかどうかである。

このような議論によって首尾よく結論まで持ち込むために越えなければならないハードルは数多く、しかも、そのどのひとつを取っても、容易に越えられるようなものではない。いずれにせよ、シュリックの議論の不完全さは明らかである。しかしながら、シュリックの議論を何らかの形で補完できないかは、探求すべき課題である。また、もちろん、シュリックのこうした議論とは別のルートから、「文の意味＝検証条件」という結論に至ることの不可能性が立証されたわけでもない。そうしたルートの探索は、現在の言語哲学の中でも、もっともエキサイティングな事業のひとつである。これを論理実証主義の遺産のひとつに数え入れることは、検証条件によって文の意味を与えようというアイデアそのものがウィトゲンシュタインに由来するという事実はあるにせよ、まったく不当であるというわけで

はあるまい。[補註2]

（1）以下の叙述は、主として、次による。Karl Menger, "Introduction" to H. Hahn, *Empiricism, Logic, and Mathematics.* (Vienna Circle Collection 13) 1980, D. Reidel. また、次も参考にした。John Passmore, "Logical positivism" in P. Edwards (ed.), *The Encyclopedia of Philosophy.* 1967, Macmillan. Vol. 5. pp. 52-57.

（2）Rudolf Carnap, "Intellectual autobiography" in P. A. Schilpp (ed.), *The Philosophy of Rudolf Carnap.* 1963, Open Court. pp. 4-6. カルナップがフレーゲの講義にはじめて出席したとき（一九一〇年秋）の印象は、次のようなものだったという。「フレーゲは実際の年よりもずっとふけて見えた。かれは、小柄で、人見知りをする風で、極端に内向的な人柄だった。かれは、ほとんど学生の方を見なかった。通常、われわれ学生には、かれの背しか見えず、その間、かれは、かれ自身の記号法からの馴染みのない記号を黒板に書いては、説明を与えるのだった。質問をしたり何かを言ったりする学生はひとりとしていず、それは、講義中でも講義の後でも同様だった。議論をするなどということはまったく考えられないことのように見えた」。こうしたあまり励みとはならない出だしにもかかわらず、カルナップは、続けてフレーゲの講義に出るうちに、もう少し打ち解けた話ができるようになったそうである。［一九一〇年から一九一四年にかけてカルナップはフレーゲの講義に三回出席して、その詳細なノートを残している。速記で書かれたこのノートは、Gottfried Gabriel によって編集されて、一九九六年に雑誌 *History and Philosophy of Logic* に掲載された後、その英訳が、*Frege's Lectures on Logic: Carnap's Student Notes 1910-1914* (translated and edited by Erich H. Reck and Steve Awodey, 2004, Open Court) として出版されている。］

（3）ミュンヘン革命におけるノイラートの役割については、次を参照。Otto Neurath, *Empiricism and Sociology.* (Vienna Circle Collection 1) 1973, D. Reidel. pp. 18-28.

（4）このパンフレットの執筆者が誰であるのかを確定することは、むずかしい問題らしい。ノイラート、カルナップ、ハーンの三人の署名があるが、執筆の過程を実際に見守ることができたというメンガーの証言（Menger, *Op. cit.* p. xiv）によれば、それは、主としてノイラートによって書かれ、カルナップもそれにある程度参与し、最終稿がハーンに渡されたのであり、ハーンは実際の執筆には関与していないという（勝手な推測だが、たぶん、ノイラートは、政治的パンフレットを書くのに慣れていたのだろう）。したがって、これが正しければ、このパンフレットの英訳が、現在、ノイラートの選集（O.

Neurath, *Empiricism and Sociology*. pp. 299-318）に収められているのは、もっともであると思われる。しかし、他方、最近の調査では、ノイラートが起草したものをカルナップが拒否し、結局、カルナップが中心となって事を運んだと言う（R. Haller, "Was Wittgenstein a neopositivist?" in S. Shanker（ed.）, *Ludwig Wittgenstein: Critical Assessments*. Vol. I. 1986, Croom Helm. p. 267）。

（5）カイラの学生のひとりが、フォン・ウリクト［（「フォン・ライト」とも表記される）］（Georg Henrik von Wright 1916–2003）である。かれがウィトゲンシュタインのもっとも親密な弟子のひとりであったことは、よく知られている（ウリクトは、一九五一年にウィトゲンシュタインの後任としてケンブリッジの教授に任命されたが、その後しばらくして、故国に戻り、ヘルシンキ大学の教授となった）。

（6）両大戦間のポーランドの哲学および論理学が豊かな実りを結んだことは、二〇世紀初頭にまでさかのぼるポーランド哲学の伝統に裏付けられている。したがって、この時期のポーランドの哲学を、論理実証主義の一部とすることはできない。二〇世紀のポーランド哲学の概観を得るためには、次のものがよい。H. Skolimowski, *Polish Analytical Philosophy*. 1967, Routledge & Kegan Paul.

（7）ふたりとも、最近著した自伝の中で、ウィーン訪問の回想を残している（ラッセル以後、哲学者が自伝を書くのが流行しているのだろうかと考えないでもないが、当事者の手になる歴史が残ることはよいことなのだろう）。A. J. Ayer, *Part of My Life*. 1977, William Collins. pp. 127–138.; W. V. O. Quine, *The Time of My Life*. 1985, MIT Press. pp. 92–108.

（8）とはいえ、この書物の第二版（一九四六）が出るまでの十年間には、「哲学書が売れるわけはない」という出版者の悲観的な予想のせいで、五百部（！）ずつ四刷出ただけであったと言う。A. J. Ayer, "Reflections on *Language, Truth and Logic*" in B. Gower（ed.）, *Logical Positivism in Perspective*. 1987, Croom Helm. pp. 23f.

（9）A. J. Ayer, "Editor's introduction" to A. J. Ayer（ed.）, *Logical Positivism*. 1959, The Free Press. pp. 6-7.

（10）ウィーン学団の国外離散については、次に、ファイグルによる記述がある。『知識人の大移動(3)人文科学者・芸術家』一九七三、みすず書房。

（11）O. Neurath, *Empiricism and Sociology*. p. 318.

（12）『認識』の第１号に収められたカルナップの論文のタイトルは、「古い論理学と新しい論理学」というものであった。R. Carnap, "Die alte und die neue Logik" *Erkenntnis* 1（1930–1）（英訳 "The old and the new logic" in A. J. Ayer（ed.）, *Logi-*

cal Positivism. pp. 133-145).

（13）論理実証主義の歴史を考える際に、物理科学との関係、特に、相対性理論との関係を無視するわけに行かないことは、当然である。相対性理論と論理実証主義との間の緊密な関係については、M. Friedman, *Foundations of Space-Time Theories*. 1983, Princeton University Press（特に、pp. 3-31）を見られたい。ここには、論理実証主義による相対性理論の解釈に関して、現在の科学哲学が到達した地点からの、哲学的含蓄に富んだ評価が見いだされる。より一般的に、一九世紀末から二〇世紀初頭にかけての物理科学と実証主義との関係については、次が、ある展望を与えてくれよう。M. Hesse, "Ayer and the philosophy of science" in B. Gower (ed.), *Logical Positivism in Perspective*. pp. 69-88.

（14）論理実証主義の全盛期には、ウィトゲンシュタインが実在の人物であるかどうかさえ疑われたそうである。シュリックの学生であったナイダー（Heinrich Neider）の伝えるところでは、プラハでの国際会議（一九二九年）での討論の際に、「ウィトゲンシュタインというのは、ウィーン学団が自分たちの主張を広めるためにでっちあげた架空の人物だろう」という疑いが表明されたという。O. Neurath, *Empiricism and Sociology*. p. 47.

（15）B. McGuinness, "Editor's preface" to F. Waismann, *Ludwig Wittgenstein and the Vienna Circle*. 1979, Basil Blackwell. p. 13.

（16）メンガーが、一九二七年の秋に、ハーンから聞いた話として述べているものによれば、ハーンにとっての『論考』の第一印象は、「真面目に取るべきではないもの」といったもので、読んだのは初めの数頁を越えなかったという。そして、その全体を読む気になったのは、三年前（ということは、一九二四年であろう）にライデマイスターが『論考』についての報告をした後であるという（K. Menger, *Op. cit.* p. xii. ライデマイスターの報告は、シュリックのウィトゲンシュタイン宛の最初の手紙でも言及されている）。さらに、ライデマイスターがウィーンに着任したのは、一九二三年である（*Op. cit.* p. x.）ことから考えても、かれも出席したセミナーが一九二二年にもたれたというのは、いくぶん疑わしいのではないだろうか。

（17）B. McGuiness, *Op. cit.* p. 13.

（18）B. McGuiness, *Op. cit.* pp. 13-15; P. Engelmann, *Letters from Ludwig Wittgenstein with a Memoir*. 1967, Basil Blackwell. p. 118.

（19）H・ファイグル（藤本隆志訳）「アメリカのウィーン学団」（『知識人の大移動(3)人文科学者・芸術家』所収）一三一頁。

カルナップがウィトゲンシュタインから受けた印象については、R. Carnap, "Intellectual autobiography" pp. 25–27 を見られたい。次は、そのハイライト。「人や問題に対するかれの観点・態度は、それが理論的問題に対するものであってさえ、科学者のそれというよりは、創造的芸術家の観点・態度に似ていた。あるいは、宗教的な予言者や見者の観点・態度に似ていたとまで言えるかもしれない。かれが何か特定の哲学的問題に関する自身の考えをまとめようとしているとき、われわれは、しばしば、その瞬間かれの中で内的な戦いが起こっていることを感じたものである。そうした戦いによって、かれは、暗闇から光明へと到達しようとしており、その際の激しくかつ苦痛に満ちた緊張は、かれのきわめて表情豊かな顔にありありと見えさえした。時には、長い努力の末であったりもするが、最終的に答がかれの口から出て来るとき、その答は、いままさに生み出されたばかりの芸術作品、または、神的な啓示であるかのように、われわれの前に屹立するのであった」。カルナップとウィトゲンシュタインほど互いにその気質を異にする哲学者のペアも珍しいが、そのカルナップでさえ、これほど感銘を受けたのであるから、ウィーン学団の他のメンバーについては、推して知るべしであろう(ただし、ファイグルもカルナップも、後には、ウィトゲンシュタインとの会話への参加を許されなくなったことは、本文にも述べる通りである)。

(20) 同書 二二三頁。このときのブラウワーの講演は、次のものである。L. E. J. Brouwer, "Mathematik, Wissenschaft, Sprache" *Monatshefte für Mathematik und Physik* 36 (1929) 153–164. (Reprinted in L. E. J. Brouwer, *Collected Works*, Vol. 1. 1975, North-Holland. pp. 417–428.) ブラウワーの講演が、ウィトゲンシュタインの後期への転換に果たした役割に関しては、さまざまな推測が可能であろうが、確定的なことを言うのはむずかしい。そのことを如実に示している例は、P. M. S. Hacker, *Insight and Illusion*. Clarendon Press の第一版(一九七二)の pp. 98–104 と第二版(一九八六)pp. 120–128 との間の劇的な相違である。第一版でハッカーは、ブラウワーからの影響が後期ウィトゲンシュタイン哲学の出発に決定的であったと論じたが、第二版では、この主張はほぼ全面的に撤回された。ただし、ハッカーのこうした転回は、新たな「事実的」証拠に基づいてなされたというよりは、この書物の第一版で顕著であったダメットからの影響を払拭するためのものと思われる。実際、この書物の第一版と第二版とは、ほとんど別の書物とも言うべきもので、ごく最近になってようやく第二版に目を通した私は、しばしば、自分の目を疑った(だが、私の憶測であるが、第二版しか知らない読者が、第一版を目にするときの経験の方が、より強烈であろう)。[ブラウワーの講演とウィトゲンシュタイン哲学との関係については、拙著『ウィトゲンシュタイン 言語の限界』(一九九七、講談社)第九章3節「ブラウワー講演」も参照されたい。]

(21) 事実、これは、「科学的世界把握、ウィーン学団」で明示的に引用されている(O. Neurath, *Empiricism and Sociology*.

p. 304.)。原文の後半（「語りえない事柄については沈黙すべきなのである」）が、引用の対象とならなかったことは、興味深い。

(22) H. Hahn, *Empiricism, Logic, and Mathematics*. p. xii.

(23) *Notebooks 1914-16*. 1961, Basil Blackwell.; *Prototractatus*. 1971, Cornell University Press.

(24) ラッセルの素朴な実在論的意味論については、第I巻『論理と言語』第3章を見られたい。また、論理定項が何かを「指す」ことは、フレーゲにおいても変わらない。論理語もまた、イミ Bedeutung と意義 Sinn をもつのである。

(25) *Notebooks 1914-16*. p. 119.

(26)『論考』が、それ以前にウィトゲンシュタインのノートに書きためられた章句を、一定の仕方で配列することによってできたことは、よく知られている。ここに引いた部分は、一九一四・一一・二五という日付をもつものである。*Notebooks 1914-16*. p. 37.

(27) 実は、論理学の教科書に、通常、見いだされる真理表は、些細な点ではあるが、本文におけるものとは異なる。その相違とは、「p」および「q」の真理値の組合せの順番にある。「p」の真理値は、上から順番に「TTFF」と書かれ、「q」の真理値は、同様に上から「TFTF」と書かれるのが普通である。本文で、オーソドックスとは言えない形の真理表を掲げざるをえなかったのは、『論考』での真理表がこのような形で書かれているからである（『論考』四・三一）。

(28) ただし、『論考』のこの箇所で例に取られているものは、選言命題ではなくて、「$p \rightarrow q$」という形の命題である。

(29) だが、記号法に対するウィトゲンシュタインのこうした要求は、あまりに過酷である。ウィトゲンシュタインの記号法では、論理的に同値である命題はすべてただひとつの表現しかもたないことになる。こうした観点からは、われわれが行う証明が現に有している認識的価値はまったく説明できないことになる。この点については、本書第3章註76を参照のこと［第2章補註1も参照］。

(30) しかし、前註におけると同様の抗議をここでも繰り返さなければならない。推論についての『論考』のような考え方は、われわれの推論の実際をまったく無視して初めて可能となるものである。

(31)『論考』における量化の取り扱いは、『論考』解釈の中でも議論の絶えない部分のひとつである。とりわけ、本文でのように、無限連言の概念を持ち出すことは、『論考』五・五二一「フレーゲとラッセルは、一般性を、論理積（＝連言）および論理和（＝選言）と関連させて導入した。その結果、両者の観念が内蔵されている、命題「$(\exists x).fx$」と「$(x).fx$」の理解が困難となった」と、どう斉合するのか、と問われよう（だが、これは、『哲学的文法』からの次のような箇所とも考え合わせられるべきである。ここで、ウィトゲンシュタインは、過去においてかれが量化に関して取った観点がどのようなものであったかを述べている。「一般的命題についての私の見方は、$(\exists x).\phi x$ は論理和であり、その項はここで数え上げられてはいないが、（言語の辞書と文法とから）数え上げることが可能である、というものであった。……もちろん、$(\exists x).\phi x$ を論理和、$(x).\phi x$ を論理積と説明することは、擁護できるものではない。」L. Wittgenstein, *Philosophical Grammar*. 1974, Basil Blackwell. Part II-8.)。『論考』解釈のデリケートな問題には立ち入らないという（私の勝手な）方針に従い、次に含まれている、『論考』における量化の問題に関する明快な解説に、読者の注意を喚起するにとどめる。R. J. Fogelin, *Wittgenstein*. 1976 (2nd edition, 1987), Routledge & Kegan Paul. Chap. V. "Generality". ただし、フォグリンがここで明らかにしている『論考』の論理の思いがけない限界については、触れないでおくわけには行かない。それについては、第2章註14にまわす。［第2章補註1も参照。］

(32)「論理学の命題に内容がある（gehaltvoll）かのように見せかける理論は、どれも誤っている」（『論考』六・一一一）。［『論考』における「トートロジー」という概念については、拙著『ウィトゲンシュタイン　言語の限界』巻末の「キーワード解説」の「トートロジー」の項を見られたい。］

(33) R. Carnap, "The old and the new logic" (in A. J. Ayer (ed.), *Logical Positivism.*) p. 145.

(34) H. Hahn, "Logic, mathematics and knowledge of nature" (in A. J. Ayer (ed.), *Op. cit.*) pp. 158–159.

(35) 論理実証主義者は、こうして、数学の命題は分析的であるという結論に達した。興味深いことに、この結論は、一時期のラッセルが論理主義のテーゼから引き出したものと正反対である。「カントは数学の命題が綜合的であることを一瞬として疑わなかった。その後明らかになってきたことは、論理もまた他の種類の真理とまったく同様に綜合的であるということである」(B. Russell, *The Principles of mathematics*. §434.)。ラッセルは、論理学から数学が導出でき、数学的命題が綜合的であるのだから、論理的命題もまた綜合的であると推論したようである。

(36) このことが、論理実証主義者が考えたほど簡単なものではないことについては、本書2・2・1節で触れる。

(37) この議論を『論考』から再構成することは、『論考』解釈の中でも、もっともエキサイティングな部分に属する（前節五五頁で触れたような考え――コンテキストに依存するのではなく、言語全体にわたって妥当するような「単純命題―複合命題」の区別の必要性――が、問題の議論であるわけではない）。

(38) 論理実証主義者による形而上学攻撃の中でも、とりわけ多くの哲学者の憤激を買ったと思われるものは、具体的なテキストを取り上げて、その「無意味性」を立証しようとした、ふたつの試みであろう。ひとつは、ハイデッガーのテキストを取り上げたカルナップのものであり、もうひとつは、ヘーゲルの『歴史哲学』の有名な文句を取り上げたライヘンバッハのものである。R. Carnap, "Überwindung der Metaphysik durch logische Analyse der Sprache" *Erkenntnis* 2 (1932) [英訳が次に収められている。A. J. Ayer (ed.), *Logical Positivism*. pp. 60-81]; H. Reichenbach, *The Rise of Scientific Philosophy*. 1951, The University of California Press. pp. 3-4, 11, 70 (邦訳：ハンス・ライヘンバッハ『科学哲学の形成』市井三郎訳、一九五四、みすず書房)。

(39) 実は、『論考』では、トートロジーならびに矛盾を、そもそも「命題」と呼んでよいかについて、相反するふたつの考えが同居している。一方で、トートロジーも矛盾も、要素命題の真理関数として得られるものであるから、それらも命題でなくてはならない。他方、命題が事実の像であるという説は、すべての命題が、真偽両方の可能性をもつことを要請する。そうすると、トートロジーと矛盾は、本来の意味での命題とは言えないことになる。こうした苦境を打開するために、ウィトゲンシュタインは、トートロジーと矛盾を、「意義を欠く sinnlos」が、「ナンセンス Unsinn」ではない(四・四六一〜四・四六一一)と特徴づける羽目に陥ったのであろう。

(40) 『論考』四・四三一に現れる「命題とは、その真理条件の表現である」が妥当するのは、複合命題に限られる、という解釈もあるかもしれないが、ここでは、取らない。四・四三一でも、それが関係している四・四でも、命題一般が問題となっていると思われるし、何よりも、「要素命題は、それ自体の真理関数である」(五)のである(最近、ハッカーは、「要素命題が真理条件をもつとすることは、アナクロニスティックであるだけでなく、完全に誤りである」という主張を展開している。P. M. S. Hacker, *Insight and Illusion*. Revised Edition. 1986. pp. 61-62, 138, 325. この主張を『論考』に即して詳細に検討することは、哲学的にも重要な論点とかかわる興味深い事業であろうが、ここでは、そうするゆとりはない)。

(41) この問題は、次節でも検討するが、実は、予定している続巻『真理と意味』の中心主題となるはずである。[残念ながら、この約束は果たされなかった。本章の補註2で少し触れるが、より実質的な議論は、第Ⅳ巻への増補のなかで行うつもりである。]

(42) 二値性の原則については、第Ⅰ巻『論理と言語』九六〜九九頁を参照されたい。一言だけ付け加えておきたいが、二値性の原則を否定することは、必ずしも、真偽以外の第三(第四、第五、……)の値を認めることではない。直観主義者は、二値性の原則を拒否するが、命題が真偽以外の第三の値をもつことを主張するわけではない。

(43) Cf. L. Wittgenstein, "Some remarks on logical form" *Proceedings of the Aristotelian Society*, Supplementary Volume 9 (1929) 162-171. Reprinted in I. M. Copi & R. W. Beard (eds.), *Essays on Wittgenstein's Tractatus*. 1966, Routledge & Kegan Paul. pp. 31-37.

(44) "Some remarks on logical form"; *Philosophische Bemerkungen*. Ch. VIII.

(45)『論考』の解体過程については、P. M. S. Hacker, *Insight and Illusion*. Ch. IV (Ch. V in Revised Edition) を見られたい。[拙著『ウィトゲンシュタイン 言語の限界』第一一章「現象言語」をも参照されたい。]

(46) シュリックは、「命題の意味は、その検証方法である」というテーゼは、何らかの理論の一部ではありえないと言う。その理由は、それが、そもそも、言明が意味をもつということ自体にかかわるゆえに、すべての理論に先立つものでなくてはならないからだとされる (M. Schlick, *Philosophical Papers*. Volume II. 1979, D. Reidel. pp. 264f.; p. 311; pp. 458f.)。シュリックのこうした主張は、「意味の理論」といったものが一般的にありえないものであるという(ウィトゲンシュタイン的)観点に由来する。私は、こうした一般的観点が正しいとは思わない。

(47) わが国では、未だに、「科学哲学」という語に関する混乱が見受けられる。私の用法では、「科学哲学」とは、英語の「philosophy of science」と同義である。したがって、それは、哲学上の流派(もしもそんなものがあるとしたら)を指すものではなく、ある特定の主題、すなわち、科学をめぐる哲学的問題を扱う哲学の一分野を指すものである。

(48) しかし、(哲学においては当り前のことであるから、言うまでもないかもしれないが) この見解は、すべての哲学者が取るものではない。検証基準の定式化が、現在でも、有意義な企てであることを、次の論文は、説得的に論じている。C. Wright, "Scientific realism, observation and the verification principle" in G. Macdonald & C. Wright (eds.), *Fact, Science & Morality*. 1986, Basil Blackwell. pp. 247-274.

(49) カール・G・ヘンペル「意味の経験論的基準における問題と変遷」(坂本百大編『現代哲学基本論文集I』一九八六、勁草書房、所収)。原論文は、次のものである。C. G. Hempel, "Problems and changes in the empiricist criterion of meaning" *Revue International de Philosophie* 4 (1950) 41-63. この論文が扱っているよりも後のいくつかの試み(それに加えるに、もうひとつの提案)については、C. Wright, *op. cit.* pp. 263-269 を見られたい。

(50) Crispin Wright が指摘しているように。C. Wright, *op. cit.* pp. 248f.

（51）註48を見よ。

（52）註41でも断わったように、これは、続巻の中心テーマとなるはずである。[註41における補足を見られたい。]

（53）カルナップは、一九五九年に出版されたアンソロジーに再録された自身の論文へ新たに付した註の中で、「検証原理は、ウィトゲンシュタインによって、はじめて述べられた」と証言している（A. J. Ayer (ed.), *Logical Positivism*. p. 146.）。また、次をも参照。R. Carnap, "Intellectual autobiography" pp. 45 & 57. ここで、カルナップは、検証原理を「ウィトゲンシュタインの検証原理 Wittgenstein's principle of verifiability」と呼んでいる。

（54）*Philosophische Bemerkungen*. §§27, 34, 43, 59, 75, 150, 166, 225, 228, 232.

（55）G. E. Moore, "Wittgenstein's lectures in 1930–33" in G. E. Moore, *Philosophical Papers*. 1959, George Allen & Unwin. p. 266; D. Lee (ed.), *Wittgenstein's Lectures, Cambridge 1930–32*. 1980, Basil Blackwell. pp. 5, 16, 66, 110f.

（56）「検証主義者」としてのウィトゲンシュタインについては、ハッカーの新旧ふたつの記述をも参照されたい。P. M. S. Hacker, *Insight and Illusion*. First Edition, pp. 104–111; Revised Edition, pp. 134–145. ウィトゲンシュタインの「検証主義」の起源に関する興味深い推測としては、M. Wrigley, "Some remarks on the origins of Wittgenstein's verificationism" in W. Leinfellner & F. M. Wuketits (eds.), *The Tasks of Contemporary Philosophy. Proceedings of the 10th International Wittgenstein Symposium*（1986, Hölder-Pichler-Tempsky）pp. 448–450 がある。

　後期ウィトゲンシュタイン哲学の形成過程についての決定的研究となると期待されたS. Stephen Hilmy, *The Later Wittgenstein*（1987, Basil Blackwell）は、残念ながら、少なくともこの時期（一九二九年からその翌年）のウィトゲンシュタインに関しては、その期待に答えていないと言わざるをえない。不可解なのは、一章が、ウィトゲンシュタインとウィーン学団との関係を論ずるために割かれているにもかかわらず、『哲学的考察』（一九二九年からその翌年にかけて執筆）への言及がごくわずかしかなく、『ウィトゲンシュタインとウィーン学団』に至っては、まったく触れられてもいないことである（後者に関しては、それが、ウィトゲンシュタイン自身の手になるものではなく、間接的な記録にすぎない、という理由で参照されていないのかもしれないが、一九三〇年から一九三三年にかけてのウィトゲンシュタインの講義の、ムーアによるノートが、何度か参照されていることから言っても、不思議な感じがする）。

（57）ワイスマンの「テーゼン」の由来については、B. McGuiness, "Editor's preface" to *Ludwig Wittgenstein and the Vienna Circle*, p. 22 ならびに G. Baker, "Verehrung und Verkehrung: Waismann and Wittgenstein" in C. G. Luckhardt (ed.), *Witt-*

genstein: Sources and Perspectives. 1979, Cornell University Press. pp. 243–285を参照されたい。［拙著『ウィトゲンシュタイン 言語の限界』第一二章「意味と検証」も参照されたい。］

（58）これは、後に、『認識』誌上に掲載された。F. Waismann, “Logische Analyse des Wahrsheinlichkeitsbegriffs” *Erkenntnis* 1（1930–31）228–248. 英訳が次に収められている。F. Waismann, *Philosophical Papers.*（Vienna Circle Collection 8）1977, D. Reidel.

（59）以下のものが挙げられる。“Positivismus und Realismus” *Erkenntnis* 3（1932）1–31; *Form and Content. An Introduction to Philosophical Thinking.* Three Lectures, London 1932; “Über das Fundament der Erkenntnis” *Erkenntnis* 4（1934）79–99; “Meaning and verification” *The Philosophical Review* 45（1936）339–369. これらは、すべて（原文がドイツ語のものは、その英訳が）M. Schlick, *Philosophical Papers.* Volume II に収められている。シュリックからの引用は、すべて、この書物からのものである。

（60）この名称が、シュリックからの原理的反対を招くものであることについては、註46を見よ。

（61）Schlick, *Philosophical Papers.* Volume II. p. 458.

（62）*Ibid.* p. 264, pp. 310f., pp. 457f.

（63）*Ibid.* pp. 269–271.

（64）第I巻『論理と言語』七二〜七四頁を参照。

（65）この議論は、予定している続巻で扱う予定であるが、とりあえず、何らかの観念を得たい読者は、次を見られたい（この著者のものとしては、比較的読みやすい方であるが、それでも、かなりしんどいかもしれない）。C. Wright, *Realism, Meaning & Truth.* 1987, Basil Blackwell. pp. 13–23.［これについても、註41への補足を見られたい。］

（66）Schlick, *Philosophical Papers.* Volume II. p. 458. このパラグラフの議論は、主に、この引用がそこから取られた論文「意味と検証」（一九三六）、および、ロンドンでの講演「形式と内容」（一九三二）から再構成したものである。「実証主義と実在論」（一九三二）にも、同様の議論が見いだされるが、そこにはまだ、「用法」あるいは「言語規則」といった概念は見られない。

（67）以下の議論は、J. Foster, *Ayer.* 1985, Routledge & Kegan Paul. pp. 32–38に負うところが大きい。シュリックの議論の検討としては、次も興味深い。E. Craig, “Meaning, use and privacy” *Mind* 91（1982）541–564.

(68) D. Hume, *A Treatise on Human Nature*. Book I, Part I, Section I.

(69) Cf. J. Foster, *Ayer*. p. 38. 古典的経験論の主張を「言語的」に改釈することの危険性については、I. Hacking, *Why Does Language Matter to Philosophy?* 1975, Cambridge University Press. Part A（邦訳：I・ハッキング『言語はなぜ哲学の問題になるのか』伊藤邦武訳、一九八九、勁草書房）を見られたい。

(70) 第I巻『論理と言語』2・2節「文脈原理と合成原理」を参照されたい。

(71) これは、つまり、文脈原理と合成原理とが協同して働くということである。前註参照。

(72)「またか」と言われるだろうが、「分子論的意味論」という名称はダメットに由来する。M. Dummett, *Truth and Other Enigmas*. 1978, Harvard University Press. pp. 222ff.（邦訳：M・ダメット『真理という謎』藤田晋吾訳、一九八六、勁草書房、二二三頁以下）。

(73) Schlick, *Philosophical Papers*. Vol. II. p. 458. これは、註66に対する本文で引用したものと同一である。

(74) *Ibid*. p. 264. [ ] は、私の補足。強調は、シュリックのもの。この引用は、ワイスマンの「テーゼン」中の次のような部分と比較されるべきである（*Ludwig Wittgenstein and the Vienna Circle*. p. 247）。

「定義は、記号の意味を他の記号によって説明する。このようにして、ひとつの記号は他の記号へ向かい、それが今度はまた別の記号へ、といった具合いに。記号はある順序で並べられる。

記号は、それを定義する記号の全体を介して、指示を行う。

言明に現れている記号を定義によって他の記号に置き換え、そうした定義に現れている記号をもまた別の記号で置き換えるという具合いに、分析を行うならば、検証の道（verification-path）は段階的に見えて来る。

定義は、道しるべである。それらは、検証へと至る道を示す。

命題はその検証方法を含んでいるとわれわれは言っていた。これが正しいのは、命題が、それを構成している記号の定義を含み、かつ、命題の検証においてわれわれを導くものがそれらの定義であるという意味においてである。」

(75) Foster, *Ayer*. pp. 34f.

(76) これは、フレーゲの文脈原理の内容の一部であった。第I巻『論理と言語』2・2節を参照。

(77) Schlick, *Philosophical Papers*. Vol. II. p. 413. また、註74で引用した箇所を、同じくワイスマンの「テーゼン」中の次のような箇所とも比較されたい（*Ludwig Wittgenstein and the Vienna Circle*. p. 250）。

「要素命題に現れる記号は、原始記号（要素記号）と呼ばれる。

原始記号は、定義によって分析されない。

原始記号の意味は、ただ、指すことによってのみ示しうる。

直接的に指示を行う記号が、原始記号である。他の記号は、原始記号を介して、間接的に指示を行う。

原始記号は、定義の限界を画する。

こうした限界が存在することは、検証の道に限界［終点］があるという事実によって証明される。そうした限界は、原始記号において、明らかとなる。」


ここでも、要素命題は直示的定義と関連づけられている。

（78）E. Craig, "Meaning, use and privacy" p. 543.

第2章　規約による真理

2・1　必然性の源泉としての規約

序章でも述べたように、経験主義にとってのもっとも切実な問題は、論理学および数学に属する命題のもつ必然性をどう説明するか、であった。近代の物理科学とともに出現した経験論の哲学は、一九世紀後半における自然科学の発達、それにもまして、それを基にした科学技術の、日毎に増す重要性を背景として、「実証主義」という名のもと、科学主義的イデオロギーとなった。そうした実証主義者にとって、数学がもつと思われる必然性は、大きな当惑の種であった。古くさい形而上学の擁護者が、形而上学的命題に関して、どれほどその「必然性」を言い立てようとも、それは、そもそも自然科学の中に位置を占めるものでないと考えられる限り、実証主義者にとっては、ひたすら「全面的除去」の対象でしかない。それに対して、数学は、自然科学にとって是非ともなくてはならないものであり、論理もまた、科学理論の構成にとって不可欠である以上、あっさりと「除去」してしまうわけには行かない。それにもかかわらず、次のように考えることは、避けられないように思われる。

こう結論せざるをえないように思われる。すなわち、論理学と数学の命題が、絶対的な普遍妥当性をもち、不可疑的な確実性をもつこと、また、そうした命題が主張することに関しては、そうあることが必然であって、そうでないことが不可能であること、こうした理由から、これらの命題が経験に由来することはありえない、と。[1]

論理学と数学の命題のもつ必然性は、経験主義が誤りであることを一点の曇りもなく立証するように思われる。経験主義のこうした苦境に救いの手をさしのべて、「整合的経験論[2]」を実現可能にすると論理実証主義者達に思われたのは、ホワイトヘッド＝ラッセルの『数学原理』における、数学は論理に還元できるという主張であり、それにもまして、『論考』における「論理的真理＝トートロジー」説であった。

論理実証主義者による、論理学および数学に属する命題の必然性の説明は、ほぼ、次のような一連の主張で与えられる。

(i) 論理学の命題および数学の命題は、分析的命題である。
(ii) 分析的命題は、トートロジーである。
(iii) トートロジーが真であるのは、そこに現れている語の意味による。
(iv) 語の意味とは、その語の適用を支配する規則によって与えられる。
(v) 語の適用の規則は、規約によって定められる。

(i)から(iii)までの主張の結論として得られるものは、

(vi) 論理学の命題および数学の命題が真であるのは、そこに現れている語の意味による。

という主張であり、(i)から(v)までの、すべての主張の帰結は、

(vii) 論理学の命題および数学の命題は、規約によって真である命題である。

となる。

エイヤーの『言語・真理・論理』からの次のような一節には、こうした思考の筋道が明瞭に現れている。

〔分析的命題〕は、語をある仕方で用いるというわれわれの決定を記録するものにすぎない。そうした命題を否定することは、そう否定すること自体が前提する規約に違反せざるをえず、よって、自己矛盾に陥らざるをえない。そして、これこそが、分析的命題のもつ必然性の唯一の根拠なのである。……現に用いられているものとは異なる言語的規約をわれわれが用いていたかもしれないということは、確かに、考えられる。しかし、こうした規約がどのようなものであろうとも、そうした規約を記録しているトートロジーは、常に必然的である。なぜならば、そうしたトートロジーを否定することは、どの場合でも、自家撞着を招くからである。

こうして、論理学と数学がもつ不可疑的な確実性に、何ら神秘的なものがないことが分かる。どんな観察も命題「7＋5＝12」を反証しえないというわれわれの知識は、単に、記号的表現「7＋5」が「12」と同義であるという事実に基づくものにすぎず、それは、眼科医（oculist）は皆、目医者（eye-doctor）でもある、というわれわれの知識が、記号「目医者」が「眼科医」と同義であるという事実に基づくのと、まったく同じである。そして、同じ説明が、ア・プリオリである真理のいずれについても当てはまるのである。(3)

論理学および数学に対するこうした見方は、そこに現れる命題の所有している必然性の源泉をわれわれの言語活動に求め、さらに、そうした必然性が、われわれ自身によって取り決められるものであるとすることによって、知識一般についての経験論的枠組みと共存できるものである。それだけではない。この見方は、経験論的枠組みを離れても、一般に、必然性をめぐる哲学的問題への解答として、きわめて魅力的なものである。ダメットも言うように、必然性についての哲学的問題は、二重である。「必然性の源泉は何か？　われわれは、どのようにして必然性を認識するのか？」[4]。

たとえば、いわゆる「プラトニズム」を考えてみよう。ここで言う「プラトニズム」とは、われわれが経験するような対象から成る世界とは異なり、また、それから独立に存在する「数学的対象」あるいは「論理的対象」から成る世界が存在するといった主張によって特徴づけられる立場を指す。こうした超経験的対象から成る領域において成り立つ真理として、数学的真理や論理的真理を考えることは、先のふたつの問いのどちらに対しても、満足な答を与えることを不可能にする。第一の問い「必然性の源泉は何か？」に対して、こうしたプラトニズムは、われわれの経験を超えて、経験的対象とは独立に存在する対象領域を指し示す。しかし、そうした答は、数学的真理や論理的真理の必然性を何ら説明しない。数学的対象や論理的対象が住まうとされる世界が、われわれ自身が住まうこの世界と本質的に異なるとしても、われわれの世界において成り立つ法則が別様にもありえたと同様に、超経験的対象から成る世界において別様の法則が成り立ちえたのではないか。そこでは別様の法則が成り立ちえないとするならば、なぜ、そうなのか。さらに言えば、なぜ、そのような領域においては、そうした法則が必然的なのか。つまり、こうしたプラトニズムは、必然性の説明をまったく与えないのである[5]。第二の問い「われわれはどのようにして必然性を認識するのか？」に対しても、こうした立場から満足な答を期待できないことは、第一の問いの場合よりもさらに明瞭であろう。別世界への通路は、どのようにして、われわれに与えられるのか。経験的世界の認識と類比的な能力を仮定することは、問題の解決ではなく、謎をさらに深める結果となるだけであろう[(6)]。

これに対して、必然性の源泉を、われわれの言語活動、われわれ自身によってなされる取り決め（規約）に求めることは、必然性にまつわる神秘を取り除く。「数学的知識は、……1ヤードは3フィートであるという「偉大な真理」とまったく同じ性質のものであるということになる」（ラッセル）[(7)]。また、われわれが必然性を認識できるのは、そうした必然性が、まさに、われわれ自身によって「作られた」からである。したがって、数学的必然性あるいは論理的必然性の知識とは、「われわれが、自身の意図についてもつ知識の特殊な場合にすぎなくなる」[(8)]。

では、ここに、必然性をめぐる謎の解答があるのだろうか。答は、残念ながら、「否」である。必然性のうちのあるもの（たとえば、「水曜日の次の日は木曜日である」）は、規約によって説明できるかもしれない。しかし、もっとも重要な種類の必然性、すなわち、数学的必然性ならびに論理的必然性は、どちらも、規約によって説明し尽くされはしない。必然性についての論理実証主義者の教説は、その魅力にもかかわらず、かれらの抱いた他の教説と同様の運命を辿らざるをえない。だが、このことをもって論理実証主義を非難することは当たらない。困難の所在を明確に指摘できるような理論を提出することの方が、どのような批判に対しても常にお誂え向きの説明が用意されている体系のなかに安住することに比べて、はるかに好ましい哲学のあり方であることは、わざわざ言うまでもあるまい。

2・2　数学的真理は規約によって真であるか

2・2・1　論理主義と論理実証主義

数学的真理が規約によって真であるという結論を導き出すために論理実証主義者が取った方法は、前節でも述べたように、「数学の命題はトートロジーである」という主張（前節の(i)「論理学の命題および数学の命題は、分析的命題である」と(ii)「分析的命題は、トートロジーである」からの中間的結論）を経由するものであった。ただし、論理実証主義者の著作の中には、この結論を導くためのふたつの相異なる戦略が見られる。ひとつは、(a)数学的真理が論理的真理に還元されることを認めはしないが、前者も後者と同様な性格をもつゆえに「トートロジー」と考えてよいと論ずるものであり、もうひとつは、(b)数学的真理は、論理的真理に還元できる(論理主義)がゆえにトートロジーであると主張するものである。

(a) 数学的真理は、論理的真理に還元されるものではないが、論理的真理と同じく「トートロジー」であるという主張の源は、『論考』六・二一〜六・二四一にある。そこで、数学の命題は、トートロジーであるとは言われていないが、論理の命題とほとんど同じ性格のものであると特徴づけられている。

六・二　数学は論理的方法のひとつである。
数学の命題は等式であり、それゆえ、見せかけの命題である。

六・二一　数学の命題はいかなる思想をも表現しない。

六・二二　世界の論理は、論理の命題がトートロジーにおいて示すものであるが、数学はそれを等式において示す。

ウィトゲンシュタインの意味深長なアフォリズムは、論理実証主義者の手にかかると、より平板ではあるが、はるかにわかりやすい散文に置き換えられる。

数学の命題は論理の命題とまったく同じ種類のものである。そうした命題はトートロガス(同語反復的)であり、われわれの話題の対象について何かを言うものでは決してなく、ただ、われわれの語り方にかかわるのみである。

2＋3＝5という命題の普遍的妥当性を不可疑的に主張できる理由、また、いかなる観察を待たずとも、2＋3＝7となることは決してない、と全き確実性をもって主張できる理由は、「2＋3」ということでわれわれは「5」と同じことを意味しているからである。

……われわれが「2＋3」によって「5」と同じことを意味していることは、「2」、「3」、「5」、「＋」の意味にさかのぼって、「2＋3」が「5」と同じ意味であることがわかるまで、トートロジカルな変形を行うことによって、明らかとなる。「計算」ということで意味されているのは、こうしたトートロジカルな変形の繰り返しである。

……どのような数学的証明も、一連のこうしたトートロジカルな変形に他ならない。(9)

『論考』の数学論の不十分さは、既にそれが出版された直後から始まって、たびたび指摘されてきた点である。(10) たとえば、『論考』におけるような考え方が解析学に対してどう適用されるのか、考えるだけでも無駄であろう。つい今しがた引用した文章は、数学者であったハーンによるものであるが、かれは、こうした観点を、自然数の算術を越えてどのように拡張できると考えていたのだろうか。いくらかでも有望であると思われる方向は、数学的命題を表現する文に現れる語の意味は公理によって「暗に定義される」として、数学的証明を公理のトートロジカルな変形から成り立つものと考えることであろう。こうしたアイデアの是非を検討することは、後にまわそう。

(b) 数学の命題がトートロジーであることを主張するための、もうひとつの道は、数学の命題は論理学の命題に還元できるというラッセル流の論理主義のテーゼを受け入れることである。論理実証主義者の中では、カルナップが、もっとも明確にこの方針を打ち出している。

……既にフレーゲは、数学を論理の一分野とみなすべきであるという結論に達していた。この観点は、論理を基礎としての数学の体系の構築を完遂したホワイトヘッドとラッセルによって、確かめられた。

……

……論理学の文のすべて、よって、ここで擁護された観点に従えば、数学の文のすべてがトートロジーであることが、示しうる。

……

数学もまた、論理の一分野として、トートロジカルである。カントの用語を用いるならば、数学の文は分析的である。それらは綜合的ア・プリオリなのではない。こうして、アプリオリズムは、そのもっとも強力な議論を失うのである。経験論は、綜合的でア・プリオリな知識は存在しないとする観点であるが、それは、常に、数学を解釈する点に最大の困難を覚えてきた。その困難を克服することにミルは成功しなかった。この困難は、数学の文が、経験的でも綜合的ア・プリオリでもなく、分析的であるという事実によって、取り除かれるのである。[11]

この引用にもいくぶん現れていることであるが、カルナップをはじめとして、多くの論理実証主義者は、

『数学原理』＋『論考』＝数学的真理はトートロジーである

といった等式が成立するかのように考えている。だが、もちろん、こんな等式は成り立たないだけでなく、そもそも、それが有意味であるかも疑わしい。

数学は論理学に還元できるという論理主義のテーゼには、現在、ふたつの解釈が可能である。ふたつの解釈が出て来る最大の理由は、論理主義のテーゼがいくらかでも説得力をもちうるためには、数学がそこに還元されるべき「論

理」が、現在、通常「論理」と呼ばれているものよりも豊富でなくてはならないということにある。現在ただ「論理」と言うとき、それは普通、個体への量化を許すだけの「一階述語論理 first-order predicate logic」を指す。個体以外の存在者への量化を許すような理論を果たして「論理」と呼んでよいものかについては、意見が分かれる。一方には、一階述語論理のみが論理であり、個体以外の存在者への量化を含むような「論理」は、実は、偽装された集合論（の部分系）であると主張する哲学者がいるかと思えば[12]、他方では、一階述語論理のみを「論理」と呼ぶことこそ諸悪の根元であるかのように主張する哲学者がいる[13]、といった具合いである。一階述語論理のみが「論理」であるとすれば、数学は論理に還元できるものではなくなる。それでもなお、論理主義の「精神」は、数学の全体がある特定の数学理論――集合論――に還元されるという主張に生きることになろう。したがって、論理主義のテーゼは、次のふた通りに解釈できる。

(b) 1　数学の全体は、論理学（タイプ理論、高階論理、等）に還元できる。
(b) 2　数学の全体は、集合論に還元できる。

そして、このふたつの解釈に応じて、数学的真理が規約によって真であることを示すために進むべき道は異なる。前者の解釈を取った場合には、数学的真理がそこに還元される論理的真理（それは、一階述語論理で論理的真理とされるものよりもはるかに豊富なものでなくてはならない）が規約によって真であることが示されねばならない。他方、後者の解釈を取る場合には、集合論を構成する命題が規約によって真であることを示す必要がある（この場合、集合論のなかでの演繹自体が規約によって正しいと考えるかどうかによって、ふたつの立場が可能である。必然性はすべて規約に由来すると考えるのであれば、集合論のなかでの演繹もまた規約によって正しいと考えなければならない。したがって、このときには、集合論を構成する命題が規約によって真であることを示すこととは別に、集合論の展開のために用いられる論理のもつ必然性を規約によって説明するという、もうひとつの課題が課されることになる)。

したがって、『論考』における「論理的真理＝トートロジー」説は、論理実証主義者が考えたこととは違って、数学的真理の全体が規約によって真であるという結論を得るためには、決定的に不十分である。(b)2に関して言うならば、『論考』の時期に限らず、ウィトゲンシュタインは集合論そのものに対して終始反対であったことを思い出すだけで十分であろう。『論考』では、集合論は、「数学において、集合論はまったく必要ない」(六・〇〇一)の一言で片付けられている。(b)1に関しても、『論考』は、タイプ理論あるいは高階論理を認めない(三・三三一〜三・三三三)。『論考』が論理的真理として認めるものは、一階述語論理の範囲を越えないと思われる。さらに、『論考』の「論理的真理＝トートロジー」説は、実は、一階述語論理の範囲すら覆えないと考えるべきだとする議論がある。このことは、「トートロジー」とは命題論理の範囲で論理的真理とされるもののみを指すのであるから自明であるという具合いに考えられてはならない。すでに1・2・3節で見たように、『論考』における真理関数の概念は、現在の慣用とは異なり、命題論理の範囲にとどまるものではなく、量化を含む文にまで適用されている。しかしながら、論理学の哲学への貢献として見られた場合の『論考』の基本的欠陥は、論理の本性を真理関数の概念に求めるという、その基本テーゼ(「いかなる命題も、要素命題に操作$N(\bar{\xi})$を繰り返し適用した結果である」(六・〇〇一))が、述語論理のある部分に関しては成り立つとしても、その全体については成り立たないというのである。[補註1] これがなぜであるかは、註にまわすことにしよう。(14)

2・2・2* 規約と構造

いずれにせよ、論理的真理の全体がトートロジーであるか否かは、「規約による真理」というアイデアを論理的真理にまで及ぼすときに生ずる原理的困難から言って、問題の核心とは無関係である。こうした原理的困難については、2・3節で論ずることにするが、そこでの結論を先取りすれば、(b)1の立場、および、(b)2で集合論のなかでの演繹もまた規約によって正しいとする立場については、論理的真理を規約によって説明しようとするときに生ずる困難と独立に論じても無駄であるということになる。したがって、本節の残りでは、数学的真理の真理性のみを規約によって説明する立場について、検討しよう。このような立場は、論理的真理のもつ必然性の資格を放置するという点で、すべての必然性を規約に求めるといった「純粋な規約主義」からは、ほど遠い。しかしながら、ここで検討しようとする立場は、数学的真理の真理性を規約によって説明するものとして、現在でもしばしば出会うだけでなく、数学者のあいだでも一定の影響力をもっているものである。

その立場とは、おおよそ、次のようなものである。数学は、定義と証明という形で進行する。しかしながら、循環に陥ることなしには、ある数学的理論で用いられるすべての用語を定義することはできないし、また、その理論に属するすべての命題を証明することもできない。したがって、数学的理論においては、一方で、それ以上他の用語によっては定義できない用語、他方では、それ以上他の命題によっては証明できない命題がなくてはならない。前者は「原始名辞 primitive term, undefined term」と呼ばれ、後者は「公理」と呼ばれる。公理に現れる用語がすべて原始名辞のみであるようにすることは、定義を繰り返し適用することによって、常に可能である。したがって、公理に現れている語は、(論理的語彙を除けば) すべて原始名辞であると考えてよい。数学における規約主義のもっともポピュラーな形は、こうした公理を、そこに現れている原始名辞の用法 (=意味) についての規約である、と考えるものである。数学者の仕事は、こうした規約からの帰結を引き出し、それを定理として登録することにある。(15)

数学に対するこうした見方は、しばしば、数学的探究の対象が何であるかについての次のような観点によって補強される。その観点によるならば、数学的探究とは、さまざまな現象 (主として自然的現象、最近では、社会的現象も取り上げられる) が共通にもつ「抽象的」構造の探究である。どのような構造が研究に値する重要性をもつかは、そのような構造を具体化している現象の重要性から由来することも多いが、それだけではない。何が「興味ある」構造であるかは、かなりの程度まで、個々の数学者 (最終的には、数学者社会) の判断に委ねられる。もちろん、研究対象として選ばれた構造にどのような名前を与えるかは、まったく、数学者の裁量に任されている。抽象的構造は、公理によって規定されるものであり、それらの公理も、また、そこで用いられる語句も、数学者が導入するものである。したがって、そうした語句の意味は、それを導入する数学者によって与えられると考えられる。ただし、特定の抽象的構造についての理論が、一般に受け入れられるようになり、そこで用いられる語句が数学用語として確立するようになるためには、明示的なものではなくとも、数学者社会における何らかの合意を必要とする。こうして、たとえば、「群（group）は、結合法則を満足する」といった命題は、「群」という言葉をどのように用いるかについての、数学者の間での合意、あるいは、取り決めの結果として、規約によって真であると説明することができる。数学者の仕事は、公理によって特徴づけられる構造について、それが、公理において明示的に述べられている以上のどのような性質をもつかを探究することである。この探究は、まさに、与えられた公理から演繹的推論によってさまざまな定理を引き出すこと、つまり、定理の証明に他ならない。そうすると、数学的真理の全体が規約によって真であることは、次のようにして示すことができる。

(i) 数学的真理は、何らかの数学的理論の公理であるか、それとも、定理であるかのいずれかである。
(ii) 数学的理論の公理は、規約によって真である。
(iii) 数学的理論の定理は、公理からの論理的帰結である。
(iv) 一般に、命題Aが命題の集合Γからの論理的帰結であり、集合Γに属する命題のすべてが規約によって真であるならば、命題Aも規約によって真である（あるいは、規約によって真である命題から論理的に帰結する命題もまた、規約によって真である）。
(v) (i)〜(iv)により、数学的真理はすべて、規約によって真である。

数学に対するこうした観点のもつ利点として、少なくとも、ふたつを挙げることができよう。第一に、数学を、さまざまな現象に共通に見られる構造の探究であると考えるならば、数学の探究対象として何か特別の数学的対象の存在を想定する必要がなくなる。第二に、数学が、さまざまな分野に（しかも、しばしば、互いにかけ離れた複数の分野にまたがって）応用できるという事実を、この考え方は無理なく説明することができる（素朴な数学的プラトニズムにとっては、数学の応用可能性もまた、謎でしかありえない。超経験的世界で成り立つ事柄が、経験的世界とどのような関係をもちうるというのか）。しかも、数学的真理が単に経験からの一般化として帰納的な確実性しかもたないのではなく、必然性を有していることも、次のようにして説明できる。すなわち、どのような構造が数学的探究の対象として選ばれるかは、経験的に見いだされる構造のヴァラエティにある程度依存するとしても、数学的探究それ自体は、規約的に採用された公理からの論理的帰結を発見することにある。したがって、数学的真理とは、公理とともに数学者が導入する語の意味のみから由来する真理、すなわち、必然的真理である、と。

こうした利点は大きなものであるが、この観点にまったく難点がないわけではない。この観点に対してまず提起される疑問は、次のものであろう。すなわち、実際の数学的探究の中心であり続けて来た構造が、数学的探究とは独立に見いだされる現象に由来すると言えるだろうか。そのような構造とは、自然数、実数、集合の三つの体系において見いだされるものである。これら三つの構造が、それぞれ、異なる種類の無限性を所有していることは偶然ではない。無限的構造を数学外に求めることは、不可能であると言わないまでも、困難である。[16] これらの「純粋に数学的な構造」は、数学的探究において出現しうる無限性の三通りのあり方の原型を提供していると考えられる。これは重要なポイントであるが、この点と密接に関連しているもうひとつの問題を先に論ずる方が得策であろう。

それは、これら三つの構造が、（集合の全体が作りあげる累積構造に関しては異論があるかもしれないが）、群や環のような抽象的構造とは異なり、単一の確定した体系と緊密に結び付いている構造であると考えられていることから生ずる問題である。互いに同型でないさまざまな群が存在しうるだけではない。互いに同型であるような群であっても、それらは、まったく異なる要素から成っていてよい。つまり、群や環といった概念は、いわば、さまざまな例化（instances）を離れては存在しないのである。これに対して、自然数という概念についてはどうであろうか。数学者の大部分をも含めて多くの人々の自然な反応は、自然数の全体は複数個あるわけではなく、「自然数の全体」と言うとき、われわれは、単一の体系を指しているのだ、というものであろう。同じことは、実数についても当てはまる。たとえば、群の公理がその存在を主張している単位元eについて、何がeであるのかは、異なる群に応じて、いくらでも変化しうる。だが、自然数1は、異なる自然数の体系に応じてさまざまであるなどと言えるだろうか。また、実数πについてはどうか。集合の累積構造（空集合のみから出発する純粋に集合的なもの）については、ためらいが残るかもしれないが、空集合∅とはただひとつだけ存在するのか、それとも、さまざまな空集合が、異なる集合論的体系に応じて存在するのか、と問うてみればよい。つまり、われわれの自然な反応は、自然数・実数・集合が、そのさまざまな例化を通じてのみ存在するものではなく、それ自体、単一の確定した体系であるとするものなのである。いくぶんおおげさな言い方をするならば、「群」「環」といった語が指すものと、「自然数」「実数」「集合」が指すものとは、存在論的身分を異にするのである。後者が指しているものは、単一の確定した「体系 system」であるのに対して、前者が指すもの、いわゆる「構造 structure」は、さまざまな体系が共通にもつある特徴（feature）の束を指すに過ぎない。この区別は、定評ある数学書のなかでさえ曖昧にされたりしている[17]が、哲学に毒されていない（？）数学者の素朴な反応のなかには、こうした区別が厳然としてあるはずである。

だが、こうした反応がいかに「自然な」ものであろうとも、ここにプラトニズムの危険を嗅ぎ取ることは容易であろう。外界に対してわれわれが自然に取る態度が素朴実在論のそれであるように、数学の場面では、われわれは誰もがプラトニストになりがちなのである。プラトニズムへの誘惑を断固として拒否しようとする者は、こうした「自然性」に、たいして重きをおかないであろう。そのようなアンチ・プラトニストは、次のような論法を援用することができる[18]。

たとえば、自然数を取ってみよう。自然数に関して重要なのは、個々の数がそれぞれ「本当は」何であるのかではなく、自然数全体が作り上げる構造に他ならない。算術において問題となる個々の自然数の性質（たとえば、「素数である」、「これこれの方程式の根である」、等々）とは、自然数全体の系列のなかでそれが他の自然数とどのような関係に立つかだけから由来するものである。したがって、算術も、実は、抽象代数と変わりなく、ある性質を満足する系列のすべてに共有される構造の探究であると考えられるはずである。それだけではなく、そう考えざるをえないとする理由を見いだすことさえできる。それは、自然数を集合論のなかで構成する方法の多種多様さである。たとえば、ツェルメロ流のやり方では、3は集合$\{\{\{\emptyset\}\}\}$と同一視されるが、フォン・ノイマン流のやり方では、3は別の集合$\{\emptyset, \{\emptyset\}, \{\emptyset, \{\emptyset\}\}\}$と同一視される。このとき、「3は本当は何であるのか」と問うことは、意味をなさない。重要なことは、唯一、ツェルメロ流のやり方で構成された自然数列も、フォン・ノイマン流のやり方で構成された自然数列も、同一の抽象的構造（「ω列 ω-sequence」と呼ばれる）の具現例であるということに尽きる。まったく同様の議論が、実数に関してもできるであろう。デーデキント流の切断を用いるか、それとも、カントール流のコーシー列を用いるかは、まったく便宜上の問題にすぎない。どちらで定義されたπが本当のπであるかと問うことは、ばかげている。

しかし、集合そのものはどうなるのか、と問われよう。実際、数学的探究を抽象的構造の探究であるとする見方は、構造の概念を前提しており、この概念は、通常、集合論の用語によって定義されている。集合論の言語のなかでさまざまな抽象的構造を定義し、それらの性質を探究するというのが、現在もっともポピュラーな数学観であるとさえ言える。これが集合の存在についての素朴なプラトニズムでないとすれば、どのような解釈が可能だろうか。ひとつの解釈は、集合の作り上げる体系もまた、さまざまな具現例に共通する構造を指すのであって、そのような構造は集合論の公理によって特徴づけられる、とすることであろう。ここで、どのような構造を「集合論的構造」とするかは、何か特定の体系（「本当の」集合から成る体系）から見て取られるものではない。集合論的構造も、群や環と同様、その構造を具現化している諸例を離れて存在するものではない。したがって、たとえば、「空集合$\emptyset$は本当は何か」と問うことが意味をなさないのは、群の場合に「単位元eは本当は何か」と問うことが意味をなさないのと同様である。[19]

こうして、規約主義者は、自然数・実数・集合についても、それらを単一の確定した体系であるとみなす必要はない。それらもまた、さまざまなものから構成されている体系に共通な構造を指すものなのであり、そうした共通の構造を公理によって特徴づけるものが、自然数論や実数論や集合論なのであると考えるのである。ところで、このような数学観に対して常に持ち出される反論がある。それは、数学基礎論のなかで得られたふたつの結果を引き合いに出してなされる。ひとつは、非標準モデル（non-standard model）[20]の存在を示す定理であり、もうひとつはゲーデルの不完全性定理である。

自然数列をひとつの抽象的構造であると考えるならば、この構造を具現化している要素について特に考慮する必要はない。たとえば、3は、$\{\{\{\emptyset\}\}\}$なのか、それとも、$\{\emptyset,\{\emptyset\},\{\emptyset,\{\emptyset\}\}\}$なのか、について決定を下す必要はない。しかしながら、他方で、探究の対象である構造（ω列）は、公理によって規約的に特徴づけられると主張しようとするならば、自然数論の公理は、少なくとも次のことを達成できなくてはならない。すなわち、そうした公理の全体を満足する構造はすべて同一の構造であること、言い換えれば、自然数論のモデルはすべて同型（isomorphic）でなくてはならない。こうした要請が出て来るのは、次のような理由による。

現在考察しているような観点は、次のふたつを主張することを含んでいる。

(1) 自然数論の探究対象は、自然数論の公理によって規約的に規定される。したがって、それは、自然数論の公理によって規定される以上の性質をもつものではない。

(2) 自然数論は、ω列と呼ばれる構造を探究するものである。

(1)は、規約主義の主張から由来するものであり、(2)は、それを補強するために持ち出された「構造の探究」としての数学観から由来するものである。いまもし、自然数論の公理系を満足するもので、「$\emptyset, \{\emptyset\}, \{\{\emptyset\}\}, \ldots\ldots$」のようなω列と同型ではないような構造$S$が存在するとする（要するに、$S$はω列ではない）。そうすると、この構造$S$は、(1)によるならば、当然、自然数論の探究対象として認められなければならない。だが、他方、(2)が、自然数論の探究対象をω列に限定している以上、Sを自然数論の探究対象として認めることはできない。これは、矛盾である。よって、(1)・(2)をともに満足するためには、自然数論のモデルはすべて互いに同型でなくてはならないことになる。

この「形式的な」議論の背景には、次のような事情がある。たしかに、自然数論が「唯一の」自然数体系の記述であるというプラトニスト的観点を捨てて、その探究対象がある抽象的構造（ω列）であるという立場を取るならば、そのような抽象的構造を構成している要素が何であるかに頭を悩ます必要はない。それは、群論において、群の単位元eが本当は何であるかについて頭を悩ます必要がないのと同様である。しかしながら、このように考えられた場合でも、自然数論（実数論、集合論も同じく）は、次の点において、同様に抽象的構造の探究である群論や環論とは異なる。すなわち、群や環の概念は、もともと、互いに同型でないような構造にも共通に適用しうるものとして導入されたものである（無限群もあれば、有限群もある）。

ここで考えているような観点によれば、数学の探究対象は、個別的対象から成る体系ではなく、ある種の体系が共有している特徴（＝「構造」）であり、かつ、このような特徴は言語的規約によって取り出される。ところが、実際に数学の研究対象とされてきた数学的構造には二通りのものがある。ひとつは、群のように、互いに同型でない体系であっても共通に「群」と呼ばれうるものであり、もうひとつは、「ω列」のように、そう呼ばれうる体系はいずれも互いに同型でなくてはならないものである。

素朴なプラトニスト的反応は、自然数の各々が、ある決まった個別的対象であるとするものであった。これに対してなされた主張、すなわち、自然数に関して重要なこととは、個々の数が何であるかではなく、自然数とされるものの全体が相互にもっている関係の総体であるという主張は、自然数論の探究対象は「ω列」と呼ばれる構造であるという結論へと導いた。だが、この構造（ω列）が、群のような構造とは異なる種類のものであるという事実は、数学的構造はすべて言語的規約によって取り出されるものであるとする規約主義の主張にとって致命的であるように見えるのである。

だが、先を急いだようである。数学における言語的規約として考えられているものは公理であるから、ここで、数学的公理がその扱う対象をどの程度まで特徴づけることができるかを考えてみる必要がある。まず第一に指摘できることは、たがいに同型であるような体系を数学的公理によって区別することはできない、ということである。なぜならば、ある一群の公理がある体系を正しく記述しているとするならば、それは、その体系と同型であるような体系をも記述しているからである（同型である体系はまったく同一の文の集まりを真とする――言い換えるならば、たがいに同型である体系を数学的言語は区別できない[21]）。よって、自然数とは自然数論の公理によって規約的に規定されるとする立場が、自然数論の研究対象をある決まった対象から成る体系とはみなさず、ある種の構造であるとするのには、もっともな理由がある。だが、自然数論の対象が構造であるとしても、それはω列であり、それを「具体化」している体系はすべてたがいに同型であるような種類の構造である。したがって、もしも自然数は自然数論の公理によって規約的に規定される以上の性質をもつものではないとするならば、そうした公理は、最低限、それを満足する体系がすべてたがいに同型であることを保証できなくてはならない。つまり、自然数論を抽象的構造の探究であると解釈することが、いくらかでも説得力をもちうるためには、そこで探究されるべき構造は、少なくとも、すべてたがいに同型であるものとして特徴づけられる必要がある（この要請は、「公理の範疇性 categoricity への要請」という名称で知られている[22]）。

ところが、自然数論を公理的に展開するのに用いられるもっとも普通の言語は、一階述語論理の言語である（そうした言語のなかで展開される自然数論は「一階の自然数論 first-order arithmetic」と呼ばれる)。そして、そこでは、どのような公理を採用しようが、もともと意図されていたモデル (intended model)、すなわち自然数列、とは同型でない非標準モデルが存在することが証明できる。たとえば、「普通の自然数」1、2、3、……のいずれよりも大きな「数」無限大が存在するような構造もまた、一階の自然数論のモデルとなるのである。「自然数論」のこうした非標準モデルにおいては、すべての数が1から始めて順次「次の数」という操作によって得られるということが成り立たない。自然数論もまた抽象的構造の探究であるとしても、こうした非標準モデルを構成する構造とω列との区別をわれわれは認知できる(「だが、どのようにして」と問われよう——この問題については後述)のであるから、ω列だけをそのモデルとするような公理を採用することができなければ、規約だけによっては自然数のもつ構造を特徴づけられないということになろう。これに対して、群とは、ある一連の公理によって特徴づけられる構造にすぎないと考えるならば、「群である」という述語が、群の公理という言語的規約によって採用されると言うこともできよう。しかしながら、(一階の言語を用いている限りは) ω列を公理的に特徴づけることは不可能である。つまり、「ω列である」という述語に関しては、そもそもそれを規定するだけの言語的手段がないのであるから、この述語を言語的規約によって導入することはできるわけがない、ということになる。そして、同じことが、一階の実数論についても言える。

自然数論の非標準モデルの存在といった結果は、自然数論だけを孤立して考えるから出て来るので、集合論のなかで自然数論を展開すればそうはならない、と言われるかもしれない。実際、通常採用される自然数論の公理は「ペアノの公理」と呼ばれるものであるが、集合論のなかでペアノの公理が自然数列を特徴づける(ペアノの公理を満足する構造はすべてたがいに同型である) ことは、すでに一九世紀にデーデキントが証明したことである[23]。だが、集合論に設定を変えても事態は好転しない。というのは、公理的集合論もまた、非標準モデルをもつからである。つまり、数学的探究の対象である構造が、公理によって規約的に規定される以上の性質をもたないとすることは、根本的に不十分である。そのような観点に固執するならば、自然数列のような、数学にとって基本的な構造すら扱えないという結果になる。

　ある解釈に従えば、ゲーデルの不完全性定理から得られる教訓も同様なものである。この定理によれば、最低限の自然数論を展開できるような公理的理論はどれも、自然数に関する命題で、その理論のなかでは証明も反証もできないものを含んでいる。それにもかかわらず、このような命題が真であることをわれわれは認識できる。この不思議な事態は、しばしば、モデルの概念を用いて次のように説明される。こうした公理的理論のひとつをTとしよう。Tにおいて証明も反証もできない命題があるということは、その命題が、Tのすべてのモデルにおいて真ではないということである。それにもかかわらず、このTにおいて決定不可能な命題をわれわれが真であると認識できるのは、この命題がTの意図されたモデルにおいて真であることをわれわれが認識できる（ここでも、「どのようにして」という問いが、答を切実に要求している）からである、と。そうすると、規約として採用される公理からの論理的帰結だけでは説明できない、数学的真理の概念をわれわれは所有しているということになろう。つまり、ここでも問題の元凶は、公理による特徴づけでは、意図されたモデル（標準モデル）と同型の構造だけを取り出すことができないということにある。[24]

　「数学的結果」によって何らかの哲学的立場を擁護したり攻撃したりすることは、常に、多くの危険を伴う。しばしば、そうすることは、問題の核心とは無関係な誤解や拡大解釈をまきちらすだけの結果になりかねない。しかしながら、ここで提起された類の議論は、数学を、公理によって規約的に規定される構造の探究とみなす立場に立つ者には避けて通れないものである。実際、この立場とある共通点をもつ立場を一時期擁護していたパトナムは、こうした反論に対して答えることを試みている。[25] ただし、パトナムの名誉のために付け加えておかなければならないが、かれが擁護したのは、数学が、公理からの論理的演繹によって、公理が規定する構造の性質を探究する営みであるという観点であり、数学的真理が規約によって真であるという主張ではない。[26] 一時期のパトナムの立場と、数学的真理が規約によって真であるとする立場との相違は、次のようにも述べられよう。すなわち、「Ax」を、何らかの数学的理論の公理の全体から成る連言、「F」をその理論における定理であるとするならば、パトナムが数学的真理として認めるものは、「$Ax \to F$」であり、その真理性はまったく論理的真理のそれである（「$Ax \to F$」は論理的真理である）。それに対して、ここで考察している数学的真理についての規約主義は、「Ax」が規約によって真であり、かつ、「$Ax \to F$」が論理的真理であるから、「F」もまた規約によって真であると主張するものである。つまり、パトナムの立場では、数学的理論に現れる文はどれも、それ単独では真偽が言えないのであり、真偽が言えるのは、「もしAxならばF」という形の文だけなのである。このような立場を、ここでは、「演繹主義」（パトナム自身は「もし―ならば主義 If-thenism」と呼んでいる）と呼んで、数学的理論に現れる文のいずれについても、それ単独で真偽を付与できるとする規約主義からは区別することにしよう。[27]

パトナムがまず指摘するのは、標準モデルの概念に関して、数学において必要なものは「絶対的な」ものではなく、あくまでも何らかの公理的理論と結び付けられた「相対的な」ものにすぎない、ということである。ここで考察している反論はどちらも、モデル論（model theory）のなかで得られる結果をもとにしている。だが、モデル論もまた数学の理論であるのだから、それもまた、公理的に編成されるもののはずである。いったんモデル論を公理的理論の形に整備するならば、それは公理的集合論の一分野となる。いまMをモデル論の公理を満足する構造であるとするならば、標準モデルならびに非標準モデルの概念はすべて、構造Mと相対的にのみ定義される。たとえば、「これこれの構造Sが自然数論の標準モデルである」という言明は、次のように解釈される。[28]

もしMが公理的モデル論のモデルであるならば、Mにおけるこれこれの構造Sはペアノの公理のモデルであり、かつ、このモデルSはMと相対的に標準的である。

「標準モデル」の概念についてパトナムの与える説明は、標準モデルというものが、決して完全に記述し尽くすことができず、何か神秘的な直観を介してのみ把握されるしかない、といった誤った考え方[29]に対する解毒剤としても有効であろう。モデルとは、あくまでも記述によって与えられるものであり、モデルを与えるために記述以外の何か特別の方法があるわけではない。パトナムが次のように言うとき、かれはまったく正しい。

実際、自然数論のあるモデルが非標準的であることをわれわれが知りうる**唯一**の道は、そのモデルが、それと**相対的**に定義された集合論のモデルと相対的に非標準的であることを示すことである[30]。

数学的真理を規約によって説明しようとする者が、こうしたパトナムの議論をどう援用するかは、明らかであろう。すなわち、かれは、「標準モデル」という概念もまた、規約的に定められたモデル論の公理と相対的にのみ意味をもちうるのだ、と主張することができる。かれは、「理論Tのモデルである」、「理論Tの標準／非標準モデルである」といった述語はすべて、公理的モデル論のなかで定義されるのであり、モデル論の公理によって規定される以上の内容をこれらの述語に帰することはできない、と主張するであろう。また、ゲーデルの不完全性定理を引き合いに出す反論についても、かれは、反論者に次のように問い返すことができる[31]。すなわち、「証明も反証もされないが真である命題が存在すると言うが、きみは、その命題が真であるということをどのようにして示すのか」と。もしも反論者が、先に言及された標準モデルに準拠する類の数学的議論を持ち出すならば、反論者は、問題の文が真であることをある数学的前提から引き出していることになる。そのような数学的前提を明示的に取り出せば、反論者の議論もまた、何らかの数学的理論のなかでの演繹であることがわかるはずである。他方、反論者が、数学的議論ではなく、数学的理論によっては汲み尽くせない「直観」を持ち出すような場合には、そうした反論にはつきあう義務はないと答えることが許されよう。

2・2・3* 規約の限界：無矛盾性と無限的構造の可能性

さて、ここまでの議論の歩みを振り返っておこう。数学を規約的真理の体系とみなすもっとも有力な立場は、数学を、規約として立てられる公理から出発して、その論理的帰結を引き出す営みであると考えるものである。この営みが単なるゲーム以上のものでありうるのは、それが、同時に、公理によって特徴づけられる構造の探究だからである。ある構造についての数学的理論は、それと同一の構造が見いだされるところではどこでも適用できるのであり、それが、時にはきわめて不思議とも思われる数学の有用性を説明するのである。このような数学観がどの辺に由来するかは、実は、明らかであろう。こうした数学観は、抽象代数や位相空間論などのような数学的理論を、数学的理論の典型と考えて、それを数学一般にまで拡張したものである。したがって、その最大の問題点は、抽象代数のような理論とは性格を異にすると一般に考えられている数学的理論についても同様な見方が可能であるかにある。自然数論、実数論（解析学）、集合論という、いずれも数学のなかで中心的位置を占める三つの理論に対する素朴な反応は、これらの理論が、さまざまな仕方で実現されうる抽象的構造を扱うものではなく、それぞれ、自然数、実数、集合という単一の体系を扱うというものである。この素朴な反応は、退けることができると思われた。たとえば、自然数論が扱う対象は、何かひとつしかない自然数体系といったものではなく、ω列といった抽象的構造であると考えることができる。こうした手法に対して提起された反論は、自然数論を抽象的構造の探究であると考えようとしても、公理的規定のみでは、標準モデルと同型でない構造（＝非標準モデル）を排除できない、というものであった。この反論に対しては、標準モデルという概念をわれわれが理解するのはどのようにしてかを考慮する必要が指摘される。この概念もまた、数学理論（＝モデル論）のなかでしか意味をもらえないはずである。そして、モデル論もまた、数学理論である以上、他の数学理論と同様、公理によって特徴づけられた構造を探究するものである。こうしたモデル論の公理を満足する構造と相対的に「標準モデル」・「非標準モデル」は定義されるのであり、何か絶対的な意味での標準モデルといったものを考えることは誤りである。

こうして、数学とは、「もしもこれこれの公理を満足する構造が存在するならば、その構造はしかじかの性質をもつ」ということを確立する営みであると考えることができ、そのように考えるならば、(1)数学的命題が真であるために、何らかの数学的対象が存在しなければならない（プラトニズム）と考える必要はない[32]し、また、(2)数学的真理の必然性は、(2a)公理が規約によって真であること、と(2b)公理からの帰結は論理的帰結であること、のふたつから説明することができる。

これで話が終われば簡単であるが、哲学の常として、そうは問屋が卸さない。たしかに、「もしもこれこれの公理を満足する構造が存在するならば、その構造はしかじかの性質をもつ」という言明は、そのような構造が実際に存在するかどうかとは無関係に真でありうる。しかし、もしも公理を満足する構造が存在しないならば、先の形の言明は、前件が偽であるから、全体として真である、と答えて澄ました顔をしていて良いものだろうか。こうした答え方にそれなりの魅力があることは否定できないが、残念ながら、そのような答が不十分であることは、次のような考察から明らかとなる。いま、ある数学的理論の公理が全体として矛盾しているとする。そうすると、（通常の論理を仮定している限り、）矛盾を含む命題の集合からはいかなる命題も帰結するのであるから、いったん矛盾が見つかったならば、その理論に属するいかなる命題に対しても適用できる万能な証明法が見つかったことになる。すなわち、公理の連言「Ax」から矛盾命題「$\bot$」までの証明のあとに、任意の命題Bを付け加えれば、それがBの証明である。これは、数学的活動をまったくトリビアルなものとしてしまうことである。あるいは、別の観点から言うならば、矛盾を含む理論は、モデルをもたない。したがって、公理に矛盾が含まれているならば、そうした公理が規定する構造とは空集合に他ならない。そうすると、ふたつの理論があって、それらが一見いかに異なった理論であるように見えようとも、両者がともに矛盾を含む理論であるならば、それらは、まったく同一の構造（＝空集合）を扱う理論であることになってしまう。「数学の深さと多様性とを説明するためには、……数学的理論の大多数が無矛盾であることを仮定しなくてはならない」[33]。こうして、公理の無矛盾性をどのようにして保証できるかという問題が大きく立ち現れて来る。

まず考えられる答は、公理で言われているような性質をもつ構造の具体例が実在するということをもって、公理の無矛盾性を保証するというものであろう。だが、この答ではたいして遠くまで行けないことも明らかである。実際の数学的活動のなかで重要な役割を演じている理論の多くは、無限的構造のみがその理論の公理を満足するという性格をもっている。自然数論、実数論、集合論のいずれもが、そのような理論である。われわれは無限的構造の具体例を所有しているだろうか。この問いに対するひとつの伝統的な解答（たとえば、カント）は、われわれはそれを時間および空間の構造において所有しているというものであった。こうした解答は、（集合論に現れるような「巨大な」無限をどうするかという問題を脇にのけても、）アインシュタイン以来の物理学の革命の後では、説得力をもちえない。時空の構造はア・プリオリに与えられているものではなく、経験的探究の対象なのであり、時空は無限でも連続でもないという結論が出されることは十分に可能であると思われる[34]。

ところで、そもそも、このような考察をするまでもなく、公理を満足する構造の実在をもって、公理の無矛盾性を保証しようとすることは、公理が規約によって真であるとする立場と相容れないと言われるかもしれない。つまり、公理を満足する構造の実在を持ち出すことは、規約主義者には許されていないとする反応である。だが、こうした反応は間違っている。いま問題となっているのは、規約そのものの真理性ではなく、特定の規約を採用することにどのような意義がありうるのか、である。「規約による真理」という考え方は、規約はわれわれがそう決めたから真なのだということに尽きるのであって、規約の真理性をわれわれとは独立の何らかの事実に基づけようとするものではない。規約に関して唯一問題となるのは、個々の規約に関して、それを採用することにわれわれが意義を認める必要がどこにあるのか、だけである。そして、多くの場合、規約の意義は、われわれが恣意的に取り決めることができないような事実に依存している。たとえば、「火曜日の次の日は水曜日である」という規約は、太陽の出入りが規則的に繰り返されるといった事実がなければ、その意義を失う。だが、この事実が、火曜日の次の日を水曜日にするわけではない。

数学の場合に指摘されたことは、公理が規約的に取り決められたとしても、それらの公理が矛盾を含んでいるならば、そのような規約を採用することに意義を見いだすことができないということであった。数学的理論の無矛盾性を保証する必要は、その理論の公理の真理性を説明するためのものではなく（それは「規約によって」と説明される）、そのような公理を規約として採用することの意義を与えるためのものである。数学的理論の無矛盾性を保証するために、その公理を満足するような具体例を探そうとしても、それが見つかるのは、ごく限られた種類の理論でしかないという事実は、次のような困難を示しているように思われる。すなわち、数学が規約から成り立っているとしても、そのような規約がわれわれにとって意義をもちうるためには、無限的構造の存在（の可能性）が確立されねばならない。しかしながら、無限的構造の存在（の可能性）を確立するために数学以外の手段があるとは思えないのである。

同様の結論は、規約主義の次のような弁護がなぜ不十分であるのかを考察することからも引き出される。——実在の構造を引き合いに出すことによっては数学的理論の無矛盾性を示せないとしても、数学的理論が特徴づけるような構造が可能であることさえ言えれば、無矛盾性の立証には十分である。したがって、数学的理論の意義を保証するために必要なのは、その理論の公理を満足する構造の実在ではなく、ただ、その「可能性」だけである。

こうした議論は、ここで問題となる「可能性」がどのようなものであるかが説明されない限り、まだ、内容が与えられているものとみなすことはできない。だが、考えられうる種類の可能性のいずれについても、可能的構造を持ち出すことは、規約主義者にとって、数学的理論の無矛盾性を保証するだけの力をもたないか、あるいは、悪循環に陥るだけである。もしも「可能性」が物理的可能性と解釈されるならば、それが数学的理論の無矛盾性を保証するだけの力をもたないことは、時空の構造を持ち出すことが実数論の無矛盾性の保証とならないことからも明らかである。ことによると、物理的可能性の観点からは、無限的構造の存在は「不可能」であるという結論すら出て来かねない。

「可能性」を論理的可能性と考える場合には、「論理的」の範囲をどう取るかによって、ある程度のマヌーバーの余地があるとはいえ[35]、通常の一階述語論理の範囲で考える限り、無限的構造の可能的存在が論理的に保証されるものでないことは、有限的構造だけが存在するとしても何が論理的真理であるかにまったく影響を与えないことからも見て取れる。たしかに、論理は、無限的構造が不可能であることを示しもしないが、必要なのは、無限的構造の存在可能性が偶然に左右されるものではなく論理的に保証されること（「可能的存在の必然性」）なのであり、論理はこの保証を与える力をもたないのである。もしも無限的構造の存在可能性そのものは必然的でないとするならば、無限的構造が存在不可能であるような世界があることになる。無限的構造が存在不可能であるということは、無限的構造のみがモデルとなるような数学的理論がその世界ではモデルをもたない、すなわち、矛盾を含むということである。ということは、無限的構造が存在不可能であるような世界においては、こうした数学理論の無矛盾性が失われるということである。つまり、無限的構造の存在可能性自体が、必然的でなく、世界がどうあるかに左右されるものであるならば、数学的理論の無矛盾性そのものが、世界がどうあるかに依存して決まるということになる。この世界のあり方に応じて、算術が矛盾を含んだり含まなかったりするということになる[36]。

最後に考えられるのは、「数学的可能性」である。数学的真理を規約によって説明できるためには、数学において立てられるとされる規約が意義をもちうることが証示されなければならない。そのために不可欠なのが、数学的理論の無矛盾性の保証であった。その保証を「数学的可能性」の概念によって取り付けようとすることは、有望そうに見えて、実は、規約主義を擁護する材料とはなりえない。数学的真理の真理性がすべて規約に源をもつとされている以上、数学的可能性の主張自体もその正誤を規約に負うはずである。どのような構造が数学的に可能であるかを決定する、こうした規約とは、当の構造を扱う数学的理論以外ではありえない。ある規約を採用することが一定の意義をもちうることの説明として、別の規約の存在を持ち出すことは、必ずしも、常に循環に陥るわけではない。だが、ある公理を規約として採用することの意義の説明が、まったく同じ公理を規約として採用することに求められるならば、それが何ら説明となっていないことは、明らかである。

2・3　論理的真理は規約によって真であるか

数学は全体として論理に還元できるという論理主義の主張をとりあえず度外視して、数学的真理と論理的真理とを、ごく表面的な仕方で比較してみるならば、両者のあいだの相違は歴然としている。

第一に、数学は、存在主張に満ちている。「10より大きく20より小さい素数は四つある」といったものから、「自然数は無限個存在する」といったものまで、数学的対象の存在を主張する定理を欠いては、数学は成り立たない。こうした定理における存在主張を額面通りに受け取るべきかどうかは、哲学者のあいだでの論争の種であるとしても、少なくとも、通常われわれが論理とみなしている一階述語論理には存在主張が含まれていない(37)ことと比較するとき、ここに、数学と論理とのあいだの大きな相違を見ることは許されよう。数学的真理の由来を規約に求めようとすることは、少なくとも外見的には存在主張と見えるものまでをも規約によって真であると説得しなければならないのであるから、それほど簡単にはすまないだろうということは、実は、最初から予想がついていたことである。

第二に、規約によって説明されるべき真理があるとするならば、そうした真理は、われわれの言語的活動ときわめて密接な関係にあるはずのものである。とりわけ、ここでは、必然性の源を言語的規約に求めようとするのであるから、規約によって説明されるべき真理は、その真理と必然性とをわれわれの言語的活動から汲み取ってくるものでなくてはならない。たしかに、数学的活動は、記号言語の利用なしには、ほとんど進行できないであろう。だが、数学的活動のあるところ必ず言語的活動がある（かつ、その逆も成り立つ）と言い切ることには、ためらいがあって当然である。これに対して、論理と言語とが、相互に本質的と言える関係に立つことを否定するひとはいまい。論理を欠いては言語は成り立たないであろうし、逆に、言語のないところに論理はありえない。

このように見てくるならば、規約による真理という考えが何かを達成できるとするならば、それこそ、論理的真理の真理性の由来の説明をおいては他にないとまで思われても自然である。だが、まさに、この場面で規約は無力なのである。それは、皮肉にも、規約による説明がこの場面においてこそもっとも有望であると思われた理由とまったく同一の理由からである。すなわち、論理と言語との関係はあまりにも密接であるので、言語的規約が論理に先立つことは、そもそも、不可能なのである。パトナムも言うように、「規約が論理に先立つとするには、論理の住まう場所は、(規約の住まう場所と比較するならば) あまりにも深い」[38]のである。

クワインの論文「規約による真理 Truth by Convention」[39]の数頁には、このことを立証するだけの力をもつ議論が含まれている。もしも、このことが明瞭に自覚されたならば、それは、経験主義のディレンマの解決のために必然性の源を言語的規約に求めた論理実証主義に、大きな打撃を与えるはずのものであった。しかし、科学の歴史においてしばしばそうであると同様、哲学の場合でも、決定的と思われる反論が浸透するまでには、繰り返しの打撃と一定の時間とを必要とする。そして、皮肉なことには、こうした議論を提出したクワイン自身も、その例外ではなかったと思われる節がある。[40] クワイン自身の場合は問わないとしても、クワインのこの論文が発表された一九三六年は、エイヤーの『言語・真理・論理』の初版が出た年でもあることを銘記すべきである。必然性の源泉をすべて言語的規約に求めること、また、それと表裏一体である分析的真理の教説とに対する懐疑が一般化するのは、同じくクワインの手になる「経験主義のふたつのドグマ Two Dogmas of Empiricism」が発表される一九五一年以降のことである。「おそらく、ここ半世紀のあいだに書かれたもっとも重要な哲学論文」(ダメット)[41]である「経験主義のふたつのドグマ」については、次章で詳しく論じなければならないが、それに先だって、クワインの哲学的経歴のごく初期に属する「規約による真理」をここで取り上げるのは、そこに含まれている議論から引き出すことができると思われる教訓、すなわち、必然性の源泉をすべて規約に求めることは不可能であるという教訓のためである(「規約による真理」におけるクワインが、自身の議論から、こうした教訓を引き出しているかは、最近の歴史的研究[42]からいって、かなり疑わしいものであるが）。

「規約による真理」は、決して読みやすい論文ではない（「では、クワインの論文で読みやすいものがあるか」と真顔で問い返されると、ちょっと困ることは事実であるが、少なくとも、「経験主義のふたつのドグマ」と比較するならばの話である）。しかしながら、そこに萌芽的に含まれており、規約による真理という観念の解体過程において決定的な役割を果たすことになる議論は、ていねいに説明されるならば、それほど分かりにくいものではない。以下では、クワイン自身がこの論文で用いている例にはとらわれずに、また、クワイン自身がそこで明示的に引き出している結論よりもさらに先まで進んで、議論を追いかけてみることにしよう（ただし、ていねいさを心がけたあまりに、逆にくどすぎるという印象を与えるかもしれないが）。

論理的真理の全体が規約によって真であることを具体的に示そうとする試みは、論理的真理の全体を少数の公理ならびに推論規則から出発して体系的に提示するという、フレーゲ以来の現代論理学の手続きに習おうとする。どのような公理や推論規則を出発点として取るかは、ひとつに決まることではなく、さまざまでありうるが、結果として得られる論理的真理の範囲に関して一致している限り、最初の選択はたいして重要な事柄ではない。したがって、いま、論理的真理のある体系化を固定して、その公理のひとつに次のものが含まれているとしよう（実際には、論理的真理の体系化は、自然言語を対象としてなされるものではなく、自然言語と一定の対応関係をもつと考えられる人工言語を対象としてなされるものであるが、ここでは、できるだけ自然言語に近い形で議論する方が理解しやすいであろう。したがって、ここで対象とする言語は、自然言語（＝日本語）そのものではないが、自然言語をある人工的な仕方で単純化した言語であるとする）。[43]

（I）「*A*か、あるいは、*A*でない」という形の文はすべて、真である。

もちろん、論理的真理の全体を尽くすためには、この他にも、いくつかの公理と推論規則とを最初に設定する必要がある。論理的真理が規約によって真であるという主張の具体的な実質は、次のようなものとなる。すなわち、(I)のような公理の役割は、ある形の文を、真である文として約定する(stipulate)ところにある(推論規則に関しては、その役割は、ある形の推論を論理的に正しい推論として約定するものである、となる)。「Aか、あるいは、Aでない」という形の文が論理的に正しいとされるのは、われわれが、(I)という規約を採用することによって、「Aか、あるいは、Aでない」という形の文を常に真であるとみなそうと決定したからである。どのような経験をわれわれが所有することになっても、「Aか、あるいは、Aでない」という形の文を偽とするような結果に至ることは決してない、とわれわれが考えるのも、それは、論理的真理がわれわれの経験を超えるような特別の真理性を所有しているからではなく、単に、われわれが、この形の文が真であることを将来どのような場合にも主張するという決定を下したというだけのことである。

まったく同様の説明を、われわれがある形の推論を論理的に正しい推論であると確信しているのはなぜであるかという問いに対しても、適用することができる。たとえば、いま問題としている論理の体系化が次のふたつの規則を推論規則としてもっているとする。

(＊)　AならばB

$$\frac{A}{B}$$

（＊＊）　すべてFである
aはFである

これらは、明示的には、次のように書かれる必要がある。

(Ⅱ)　AならばB
A
B

という形の推論はすべて、正しい推論である。

(Ⅲ)　すべてFである
aはFである

という形の推論はすべて、正しい推論である。

そうすると、（＊）や（＊＊）の形をもつ推論が論理的に正しいとされるのは、そうした推論が常に前提の真理性を結論に伝えるという事実が「発見された」ということによるのではなく、(Ⅱ)・(Ⅲ)といった規約をわれわれが採用したから、というだけのこととなる。

(Ⅰ)のような公理、ならびに、(Ⅱ)や(Ⅲ)のような推論規則から出発して、すべての論理的真理を導き出すことが可能であることは、論理的真理の全体が一階述語論理の範囲に尽きると考える限りは、一九三〇年（ゲーデルの完全性定理）以来、論理学者にはよく知られていたことである。論理的真理の真理性を規約に求めようとする哲学者たちは、この事実を利用して、次のように言う。――論理の体系化によって、われわれは論理的真理の範囲がどれだけであるかを正確に述べることができるようになった。ただ、論理学者たちによる論理の体系化が、論理的真理の範囲を「正しく」確定しているかどうかという疑念が残るかもしれない。たしかに、「あるいは」とか「ならば」とか「すべて」という語には、論理の体系化以前からの用法が存在している。そうした用法にある程度忠実であるべきことは、われわれも認める。そして、幸いなことに、論理学者たちによる論理の体系化は、そうした用法からそれほど外れることなしに達成された(44)。したがって、われわれは、論理学者の得た結果を安心して用いることができる。しかしながら、ここで、論理の体系化の出発点である公理や推論規則がどのような性格のものであるかについて、思い違いをしてはならない。公理や推論規則が正しいのは、われわれの取り決めによるものである。どのような文が決して偽となることなく常に真であるのか、また、どのような推論が論理的に正しいものであるのかは、われわれが約定することであって、われわれのあいだでの取り決めとは別のところに理由を求めてはならない。つまり、公理や推論規則は規約によって正しいのであり、他の論理的真理もまた、そうした規約からの帰結として、間接的に規約によって正しいのである。

こうして論理的真理の全体が規約によって正しいと主張することは、現代の論理学の成果を取り込み、しかも、論理的真理の必然性を何か神秘的なものとする必要がないのであるから、きわめて「科学的な」考えであるように思われる。しかしながら、この説は、規約から帰結を引き出すことがどのようにして正当化されるかという問いに直面するならば、もろくも瓦解するのである。

(I)から(III)といった、これまで出された規約の例はどれも、ある形の文がすべて真である、とか、ある形の推論がすべて正しい、という仕方で述べられている。つまり、これらは、単一の事例に適用されるものではなく、多数の事例

に対して適用されるべき一般的規約なのである。だが、個別の文、たとえば、

(1) 太郎の所持金は五千円以上であるか、あるいは、太郎の所持金は五千円以上ではない

が論理的に正しいことは、どのようにして示されるのか。論理的真理の真理性を規約によって説明しようとする者の意図は明らかである。(1)は、一般的規約(I)からの帰結として、それ自体が、規約なのである。ただし、(1)は、一般的規約ではなくて、個別的規約である。したがって、論理的に正しいとされる個々の文が規約によって正しいと言えるためには、そうした文は、一般的規約の個別的事例への適用として、明示的に立てられた規約からの帰結であるということが示されなければならない。

規約から帰結を引き出すことが必要となるのは、一般的規約から個別的規約を引き出す場合だけに限らない。一般的規約から別の一般的規約を引き出す必要もある。それは、少数の公理と推論規則から論理的真理の全体を引き出すという、論理の体系化にとって本質的である。たとえば、

(#) FはすべてGである
aはFである
―――――――
aはGである

といった形の推論が正しいことを示すためには、もしも論理の体系化のために最初に設定された推論規則がこの形の推論について明示的に言及していないとすれば、(#)の形の推論の論理的正しさが、明示的に採用された規約である公理と推論規則とから帰結することが示されなければならない。つまり、(#)という形の推論がすべて論理的に

正しいという一般的規約は、(II)や(III)といった他の一般的規約からの帰結でなくてはならない。

こうして、規約によって論理的真理を説明するためには、ある規約が別の規約からの帰結であることを確立することが不可欠である。だが、このことはどのようにしてなされるのか。それは、論理的推論による以外にはない。そして、このことは、無限背進に導くのである。(45)

このことを、(1)のような個別的な文の論理的真理の真理性を規約によって示そうとする場合に関して見ておこう。示されなければならないことは、次のことである。

(2)　(1)は真である。

(2)の根拠は当然、先の規約、

(I)　「Aか、あるいは、Aでない」という形の文はすべて、真である。

に求められるべきであろう。だが、この規約を適用して、(2)に至るには、次のような推論を行わなければならない。まず、

(3)　(1)は、「Aか、あるいは、Aでない」という形の文である。

が確立される必要がある。これは、(1)を検討することで、正しいと認められるとしよう。そうすると、(I)と(3)とから、(2)を推論することができる。つまり、(2)は、次の推論によって得られる結論である。

（%）　(I)「Aか、あるいは、Aでない」という形の文はすべて、真である。
(3)　(1)は、「Aか、あるいは、Aでない」という形の文である。

(2)　(1)は真である。

だが、この推論の正しさは何によるのか。それは、先に出てきた推論パターン

（#）　FはすべてGである
aはFである

aはGである

に、(I)と(3)から(2)への推論（%）が合致しているということによるであろう。だが、(I)と(3)から(2)への推論が、（#）のパターンに合致しているから、正しい推論であると言うのには、「から」が示すように、ある推論が隠されている。それは、明示的に述べれば、次のような推論である。

（%%）　（#）という形の推論はすべて正しい
推論（%）は（#）という形の推論である

推論（%）は正しい

では、この推論（%%）が正しいことは何によるのか。それは、結局、（%%）が（#）の形の推論であるから、と

いうことである。そして、ここにも、さっきと同様の推論、すなわち、

（%%%）（#）という形の推論はすべて正しい

推論（%%）は（#）という形の推論である

推論（%%）は正しい

が隠されている。そして、今度は、この（%%%）について、まったく同様の問題が生じ、以下、無限に続く。(46)

この無限背進は、決して、無害なものではない。(1)が真であることは、規約によって明示的に述べられていることではないのであるから、そのこと（=(2)）は、明示的に述べられた規約から導き出されなければならない。それは、(2)を結論としてもつ推論（%）によるものである。だが、この推論（%）が正しいこともまた規約によって明示的に述べられていることではない（それは、この場合は、（%）が個別的な推論であることから、明らかである――規約として明示的に採用されているものは、個別的推論に関するものではなく、ある共通の形をもつ推論一般に適用されるべきものである）。したがって、推論（%）の正しさを、明示的に述べられている規約から導き出す必要がある。よって、「推論（%）が正しい」を結論とする別の推論（%%）が必要となる。ところが、この推論（%%）も、一段階前の推論（%）と同じく、その正しさが規約によって明示的に登録されているわけではない。こうして、次には、「推論（%%）が正しい」を結論とする、また別の推論（%%%）が必要となるが、ここまで来れば、どのようにしても、明示的に登録されている規約に行き着くことが不可能であることは明らかである。すなわち、ここに生じた無限背進が示すことは、個別的規約は一般的規約からの帰結であると言われていても、個別的規約が一般的規約からの帰結であることをわれわれが認知することは不可能である、ということである。(補註2)

これは、一般的規約から個別的規約を導き出そうとする際に陥る無限背進の例であるが、一般的規約から別の一般

的規約を導き出そうとする（たとえば、（＃）の形の推論がすべて正しいことを、(II)や(III)から導き出そうとする）場合にも、同様に、無限背進に陥る[47]。では、このような事態から引き出される教訓は何だろうか。クワインは次のように言う。

一言で言えば、困難はこうである。論理が規約を介して進行するものであるとするならば、規約から論理を引き出すために論理が必要となるのである[48]。

これは、たしかに、われわれが受け取るべき教訓の一部である。しかし、これまでの議論からの教訓は、これに尽きるものではない。そのことを見るためには、規約による真理という観念の背景をいま一度おさらいしておく必要がある。

ある種の命題は、われわれがどのような経験に出会おうとも決して偽とされることがないと確言できるという意味での必然性を所有している。こうした必然性の由来を経験に求めることができないとみえる以上、われわれの認識の全体が最終的には経験にのみ根拠をもつとする経験主義の立場は、はじめから破産していると言ってよいように思われる。ところが、ここに、経験主義の窮境を救うと思える展開が生じた。それは、われわれの認識における言語の役割に焦点を合わせることである。その結果は、次のような考え方が出て来たことである。――言語は、認識にとって、単に外在的なものではない。言語を欠いては、そもそも、認識は成り立ちえない。それだけではない。ときには、言語をマスターしている、言語的活動に従事できる、というそのことだけで、認識を生み出すに十分である。そして、「必然的真理」と呼ばれるものは、まさに、こうした、われわれが言語的活動に従事しているということ、ただそのことから由来する真理なのである。

必然性の源泉がわれわれの言語的活動にあるという考えは、二〇世紀前半には、必然的真理の全体を「分析的真理」と特徴づける立場に結晶した。分析的真理とは、基本的には、われわれが言語を用いることによってコミットする言語的規則から由来する真理であると考えられた。そして、この考えに具体的な実質を与えたのが、「規約による真理」という観念である。われわれは、言語を用いる際にある一定の規則にコミットする。こうした規則は、われわれが共通の言語を所有することを保証するための取り決め、あるいは、規約と考えられた。分析的真理の真理性は、こうした規約から流れ出るものなのである。

ところで、分析的真理としてわれわれが認めるものは、原理的に無限個ある。したがって、無限個ある分析的真理のひとつひとつについて、それが真であると明示的に取り決めることはできない。よって、われわれは、いくつかの明示的な規約を設定して、残りは、そのような明示的に立てられた規約からの帰結として処理することで満足しなくてはならない。それでも、分析的真理の全体は、明示的に立てられた規約、ならびに、そうした規約からの帰結によって尽くされることになる。

ざっとこんなところが、「規約による真理」という観念の背景を構成するものである。クワインの議論を、こうした背景のもとで、できるだけ一般的に述べ直してみるならば、そこから得るべき教訓はおのずから明らかとなる。[49]

いまAが明示的に規約として登録されていない分析的真理であるならば、Aが真であることは、明示的に立てられた規約からの帰結でなくてはならない。決定的な問いは、次の問いである。

Aが真であることが明示的に立てられた規約からの帰結であることは、必然的であるか？

この問いに対して「否」と答えることは不可能であるように思われる。言語的活動に従事することが一定の規則にコミットすることを含むと考えている限り、規則の一定性は、最初に認めた規約に従うことを要求するのであり、その場その場でどちらにでも決定できることではない[50]。

だが、この問いへの答が肯定であるならば、規約による真理という考えはまったく適用不可能なものであることが明らかとなる。それを立証する議論が、先に出て来た無限背進の議論である。

明示的に立てられた規約全体の集合を$\varGamma$とする。$\varGamma$に含まれることによって直接「真である」と宣言されるのではなく、$\varGamma$からの帰結としてのみ、その真理性が確立されるような分析的命題は、必ず存在する。そうした命題のひとつをAとしよう。Aが分析的命題であることをわれわれが認知するためには、Aが真であることが$\varGamma$からの帰結であることを認知できなくてはならない。つまり、われわれは、

（＋）　Aが真であることは$\varGamma$からの帰結である

を確立する必要がある。ところが、（＋）は、真であるならば必然的に真でなくてはならない（規約からの帰結関係は必然的であることを、われわれは先に認めたのであるから）。必然性はすべて規約に由来すると考えているのであるから、（＋）が真であることを確立するためには、それを真とする規約を参照しなくてはならない。明らかに、（＋）が真であることは、明示的規約$\varGamma$が直接宣言するものではないから、（＋）は、$\varGamma$からの帰結としてのみ、規約的に真であると言える。そうすると、われわれが示す必要があるのは、

（＋＋）　（＋）は$\varGamma$からの帰結である

である。いまとまったく同様の議論から、われわれは、次をも示す必要があることがわかる。

（＋＋＋）（＋＋）はΓからの帰結である

以下も同様であるから、結局、明示的に規約として登録されていない分析的真理に関しては、その真理性を認識するために、われわれは、（＋）、（＋＋）、……という無限個の帰結関係を認知する必要があることになる。[51]だが、このことは、われわれにとって明らかに不可能である。

この議論は、次のことを疑いの余地なく証明するものである。すなわち、すべての必然性を規約によって説明することは、その説明が、(1)明示的に立てられる一般的規約と、そのような規約からの帰結という仕方での分類を含み、(2)規約からの帰結は規約から必然的に帰結すると認める限り、不可能である。そして、この事実を認めることこそが、クワインの議論からわれわれが受け取るべき教訓の最大のものであると思われる。

だが、この教訓をどう生かすかは、また別の問題である。その際に、とりわけ興味深いのは、ふたつの対照的な道を辿ったふたつの哲学である。ひとつは、後期のウィトゲンシュタインが、主に数学に関する考察の随所で示唆しているような考え方であり、もうひとつは、もちろん、論文「規約による真理」以後のクワインの展開である。後者は、次章の主題そのものであるから、ここでは、前者についてだけ、ごく簡単に述べるにとどめよう。

ダメットは、その影響力ある論文「ウィトゲンシュタインの数学の哲学 Wittgenstein's Philosophy of Mathematics」（一九五九）のなかで、必然性に関するウィトゲンシュタインの立場を、次のように特徴づけている。

ウィトゲンシュタインの立場は、まじりけのない純粋な規約主義である。かれにとっては、どのような言明の論理的必然性も、常に、言語的規約の直接的表現である。ある言明が必然的であるとは、常に、われわれが当の言明を不可侵のものとして扱うように明示的に決めた、ということである。言明が必然的であるのは、その言明を必然的なものとして扱うべきことがその内に含まれていると判明するような、何か他の規約を採用したから、ということではありえない(52)。

こうした立場に対しては、たしかに、「規約による真理」におけるクワインの議論は適用できない。この立場では、規約が帰結をもつとしても、そうした帰結が規約から出て来ることは、そのたびごとに、新たな規約を採用することによって決められる、ということになるからである。だが、この「根元的(過激な?)規約主義 radical conventionalism」は、果たして、了解可能な立場だろうか。それによるならば、ある規約を立てたとしても、その規約に「従う」ことは、まったく任意であることになる。しかし、そもそも、規約を立てるということは、行動におけるある種の一致を確保するためのものではないか。

必然性に関するウィトゲンシュタインの立場が、ダメットが言うようなものであるかについては、多くの異論が存在する。だが、これほど極端な立場ではなくとも、必然性一般に対するウィトゲンシュタインの考え方が、ある種の規約主義であることは、ほぼ確かであろう。クワインの議論を退けることができ、しかも、根元的規約主義のような立場に追い込まれることのないような規約主義の形態が可能だろうか(補註3)。この興味深い問題を探究することは、残念ながら、別の機会に譲らなければならない(53)。

(1) H. Hahn, "Logic, mathematics and knowledge of nature" in A. J. Ayer (ed.), *Logical Positivism*. p. 149.

(2) この呼称は、シュリックおよびハーンによって、「論理実証主義」あるいは「論理的経験主義」といった呼称よりも好まれたものである。M. Schlick, *Philosophical Papers*. Volume II. p. 283; H. Hahn, *Empiricism, Logic, and Mathematics*. p. 21.

(3) A. J. Ayer, *Language, Truth and Logic*. 1936 (2nd ed. 1946). Victor Gollancz. pp. 84f. [邦訳:A・J・エイヤー『言語・真理・論理』吉田夏彦訳、二〇二二、ちくま学芸文庫、一〇五～一〇七頁]。ついでに、ここに引用した部分で、エイヤーが、「必然性」、「確実性」、「ア・プリオリ」を、相互に交換可能な表現として無差別に用いていることに注目されたい。

（4）M. Dummett, "Wittgenstein's philosophy of mathematics" in his *Truth and Other Enigmas*. 1978, Harvard University Press. p. 169（邦訳：M・ダメット『真理という謎』藤田晋吾訳、一九八六、勁草書房、一三三頁）。

（5）以上の議論は、次から拝借したものである。A. O'Hear, "Ayer on logic and mathematics" in B. Gower（ed.）, *Logical Positivism in Perspective*. pp. 122f. 同様の議論は、次にも見いだされる。G. P. Baker & P. M. S. Hacker, *Wittgenstein: Rules, Grammar and Necessity*. 1985, Basil Blackwell. p. 275.

（6）ただし、プラトニズム、特に、数学におけるプラトニズムのアピールは、こう、あっさりと片付けるわけには行かない。この点に関する多くの示唆に富む議論として、次を見られたい。M. Dummett, "Platonism" in his *Truth and Other Enigmas*. pp. 202-214（邦訳：ダメット、前掲書、一九〇頁以下）。

（7）B. Russell, *History of Western Philosophy*. 1946（2nd ed. 1961）, George Allen & Unwin. p. 786. ここで、ラッセルは、こうした観点を皮肉っているのではない。容易には信じがたい気がするが、これは、この時期のラッセル自身の考えを表明したものである。一九五〇年代の初めに書かれたと推測されている次の論文をも参照。"Is mathematics purely linguistic?" in D. Lackey（ed.）, *Essays in Analysis*. 1973, Allen & Unwin. pp. 295-306.

（8）註4と同じ箇所から引用。

（9）H. Hahn, "Logic, mathematics and knowledge of nature" p. 158.

（10）たとえば、ラムジーは、『論考』の書評の中で次のように述べている。「［ウィトゲンシュタインの数学に対する観点］は、明らかに、ばかばかしいほど狭く、単純な算術のみに限定されている……」（F. Ramsey, *The Foundations of Mathematics and Other Logical Essays*. 1931, Routledge & Kegan Paul. p. 17）。最近の注釈家からも引いておこう。「六・二～六・二四における数学と論理についての議論は、原始帰納算術（primitive recursive arithmetic）だけに数学を限定するという見方を強く示唆している」（M. Friedman, "Logical truth and analyticity in Carnap's *Logical Syntax of Language*" in W. Aspray & P. Kitcher（eds.）, *History and Philosophy of Modern Mathematics*. 1988, University of Minnesota Press. pp. 82-94. at note 13, p. 94）。

（11）R. Carnap, "The old and the new logic" in A. J. Ayer（ed.）, *Logical Positivism*. pp. 141, 142, 143. ここでカルナップがフレーゲについて述べていることは、必ずしも正しくない。たしかに、晩年の一時期を除いて、フレーゲは、算術（それは、自然数論のみならず、実数論、したがって解析学をも含む）が論理の一分野であると考えていたが、幾何学に関しては、カントと同じく、それが綜合的でア・プリオリな命題から成るものとみなしていた。フレーゲの「論理主義」のこうした特異性については、拙著『フレーゲと分析的存在命題の謎』（準備中）で論ずる。［これは未だに「準備中」である。］

(12) その代表は、クワインである。たとえば、次を見られたい。W. V. O. Quine, *Philosophy of Logic*. 1970, Prentice-Hall; Revised ed. 1986, Harvard University Press（邦訳：W・V・クワイン『論理学の哲学』山下正男訳、一九七二、培風館）。

(13) Cf. J. Barwise, "Model-theoretic logics: Background and aims" in J. Barwise & S. Feferman (eds.), *Model-Theoretic Logics*. 1984, Springer, pp. 3-23.

(14)［この註で述べたことは、現在では、誤りとして撤回すべきであると考えている。その理由については、本章の補註1を見られたい。］『論考』の量化理論が誤っているにちがいないということは、多くの哲学者が漠然と感じていたはずである。それにもかかわらず、その誤りが正確にどこにあるかを指摘したのは、私の知る限り、R. J. Fogelin, *Wittgenstein* (1976, Routledge & Kegan Paul), pp. 70-75が最初であろう。以下に、その議論の要点を紹介しよう。

1・2・3節で説明したように、『論考』の真理関数論における基本的操作$N(\bar{\xi})$は、「AでもBでもない」を、任意の個数のアーギュメントを取れるように拡張したものである。この操作によって、たとえば、否定および連言という真理関数を構成することができる。また、存在量化子の働きを$N(\bar{\xi})$に負わせることもできる。否定、連言、存在量化子が備わっていれば、一階述語論理に属する言明をすべて構成できるのであるから、$N(\bar{\xi})$は、一階述語論理の全体を表現するに十分であると思われよう。しかし、この見かけはまやかしである。

量化理論にとっての試金石は、多重量化（特に、異なる種類の量化子を含むような多重量化）が扱えるか否かである。$N(\bar{\xi})$を用いて多重量化を含む命題を構成することを考える。このことは、「$(x)(y)Fxy$」あるいは「$(\exists x)(\exists y)Fxy$」といった命題については可能である。たとえば、後者について言えば、ξが取る項を、変項「x」および「y」のすべてについて関数Fxyが取る値とすれば、そのとき、$N(\bar{\xi})$は、「無限連言」

$$\sim Faa \wedge \sim Fab \wedge \sim Fba \wedge \sim Fac \wedge \cdots\cdots$$

と同等であり、これは、「$(x)(y)\sim Fxy$」と同値であり、よって、「$\sim(\exists x)(\exists y)Fxy$」とも同値である。したがって、この命題に対して否定操作（それは、操作$N(\bar{\xi})$の特殊例にすぎない）を施せば、目的であった命題「$(\exists x)(\exists y)Fxy$」が得られる。

このように同種類の量化子のみ（全称量化子ならば全称量化子だけ、存在量化子ならば存在量化子だけ）が現れている命題は、基本操作$N(\bar{\xi})$だけから構成されうる。この点で、しばしば誤解されているのとは違って、『論考』の論理は命題論理の範囲を越えるものである。しかしながら、それは、残念ながら、命題論理の範囲を大幅に越えるものではない。異なる種類の量化子を含む命題、たとえば、「$(x)(\exists y)Fxy$」といった命題のところで既に、『論考』の論理の限界は露になる。

基本操作$N(\bar{\xi})$によってこうした命題を構成しようとするならば、その際、取りうる方法は、次のようなものとなろう。われわれは、

$$Fay, Fby, Fcy, \ldots$$

といった、変項のひとつが定項に置き換えられた一変項の関数の系列から出発する。そして、それらの関数の各々に基本操作$N(\bar{\xi})$を施すことによって、

$$\sim(\exists y)Fay,\ \sim(\exists y)Fby,\ \sim(\exists y)Fcy,\ \ldots\ldots$$

といった命題を構成する。たとえば、「$\sim(\exists y)Fay$」は、

$$N(Faa, Fab, Fac, \ldots)$$

によって得られる。

次に、こうして得られた命題の全体に対して、基本操作$N(\bar{\xi})$を施す。すなわち、

$$N(\sim(\exists y)Fay,\ \sim(\exists y)Fby,\ \sim(\exists y)Fcy,\ \ldots)$$

を得る。これは、「$(x)(\exists y)Fxy$」と同値である。

基本操作$N(\bar{\xi})$によって「$(x)(\exists y)Fxy$」を構成しようとするならば、このような方法以外に道はないと思われる。だが、この方法は、可能な定項が有限個に限られる（よって、対象の総数は必然的に有限である）といった仮定を設けない限り、基本操作$N(\bar{\xi})$を無限回適用することを含まざるをえない。対象の総数が必然的に有限であるという仮定は、『論考』中のいくつかの主張（たとえば、論理的空間の無限性――四・四六三）と相容れない。他方、操作$N(\bar{\xi})$を無限回適用する可能性は、「すべての真理関数は、要素命題に対して真理操作［＝操作$N(\bar{\xi})$］を有限回繰り返し適用することによって得られる」（五・三二、強調は引用者）によって、『論考』中で明らかに否定されているものである。

こうして、「いかなる命題も、要素命題に操作$N(\bar{\xi})$を繰り返し適用した結果である」（六・〇〇一）という『論考』の主張をそのまま受け取るならば、『論考』の論理は、述語論理のごく基本的な領域をも覆えないという結論に達せざるをえないのである。

『論考』の論理がかくも根本的に不十分であるというフォグリンの結論は、もちろん、異論なしには済まされないであろう。事実、少なくともふたりの哲学者が、『論考』をフォグリンの批判から救おうとした（P. T. Geach, "Wittgenstein's operator N" *Analysis* 41 (1981) 168-171; S. Soames, "Generality, truth functions, and expressive capacity in the *Tractatus*" *Philosophical Review* 92 (1983) 573-589）。これらの試みに対するフォグリンの反論は、かれの書物の第二版（一九八七）に収められている。この論争は、テクニカルにも興味ある論点を多く含んでいるが、ここで詳論する余裕はない。ただ、私自身の見るところ、『論考』そのものの解釈（これが怪しげな概念であることを否定はしないが）としては、フォグリンの方に軍配が上がるのではないかと思われる。私がこう考える最大の理由は、『論考』五・三二における「有限回」という限定を無視してもよいと言いくるめることは、どのようにしても不可能だということにある。

(15) Cf. M. Dummett, "Wittgenstein's philosophy of mathematics" pp. 169f.（邦訳一三四頁）。ただし、数学者の仕事が公理からの帰結を引き出すことに尽きると言うことはできない。まず第一に、公理を設定することも、数学者の仕事の（ごく重要な）一部であろうし、第二に、公理からの論理的帰結でさえあれば、どのような命題でも、それを「定理として登録する」ことが許されているかと言えば、そんなことはないからである。第一の点については、説明は不要であろう。第二の点に関して言えば、「Ax」がある数学的理論の公理であるとするとき、その理論の言語に属する任意の文Sについて、「$Ax \vee S$」が「Ax」からの論理的帰結であることに注意すればよい。どれほど無能な数学者でも（「証明する」コンピュータは別だろうが)、「$Ax \vee S$」という形の文を麗々しく「定理」と称したりはすまい。

(16) これでもまだ、言いすぎと思われるかもしれない。集合の場合はおくとしても、自然数と実数に関しては、各々、「数える」ことと「測る」ことといった経験的操作をぬきにしては考えられないのではないか、また、実数論が整備されるに至ったそもそものきっかけは、近代の物理学（ニュートン、ライプニッツ）にあるのではないかと反論されよう。たしかに、こうした点は慎重な考慮に値する。ここでは、ひとつの論点を挙げるだけにとどめよう（もちろん、それがこうした反論にどこまで答えることになるかを見極めることは、ここで取り組むには不適当であろう）。経験的世界において、われわれが「無限」に出会うとは思えない。数学的構造において現れるような無限性は、経験にきっかけをもつとしても、常に何らかの「理想化」を必要とすると思われる。そして、この「理想化」とは、結局のところ、数学的思考の別名でしかありえまい。

(17) Cf. J. Corcoran, "Categoricity" *History and Philosophy of Logic* 1 (1980) 187–207. 本節で、「体系」という語は、「構造」と対比されるものとして用いられる。これを「形式的体系 formal system」と混同しないように注意されたい。本節の用語法では、たとえば、自然数という体系を公理的に特徴づけようとしたものが一階の自然数論という形式的体系である、ということになる。おおざっぱに言って、体系は「実在」の側にあり、形式的体系は言語の側にある。

(18) Cf. P. Benacerraf, "What numbers could not be" *The Philosophical Review* 74 (1965) 47–73. Reprinted in P. Benacerraf & H. Putnam (eds.), *Philosophy of Mathematics: Selected Readings*. 2nd ed. 1983, Cambridge University Press. pp. 272–294.

(19) 「本当の」集合から成る体系といったものの存在を認めず、一定の公理によって特徴づけられるものとして集合論的構造を考えるならば、何を集合論的構造とみなすか（どのような命題を集合論の公理として採用するか）には、ある程度の選択の自由が出て来るように思われる。だが、それでも、集合論の公理としてどのような命題を取るかは、まったくの恣意だというわけではあるまい。そのなかで「興味深い」構造を定義することができるだけの豊富さをもつ必要、既に数学的探究の対象としての地位を確立しているような構造をそのなかで再現できる必要などが、集合論の公理の選択がまったくの恣意に委ねられることから救うことになろう。

　クワインは、何を集合論的構造とみなすかには、（自然数体系や実数体系の場合とは異なり）ある程度の選択の自由があるとし、そこに規約の必要性を見る。「集合論のゆえだけだとしても、規約主義は、数学の哲学のなかで真剣な考慮に値する」(W. V. O. Quine, "Carnap and logical truth" in *The Ways of Paradox and Other Essays*. Revised ed. 1976, Harvard

University Press. p. 115)。

しかしながら、現在のところ、（少なくとも集合論学者のあいだでは）いわゆる「集合の累積構造 iterative structure of sets」を特徴づけることが集合論の目標であるとする合意が成立しているとみえる。こうした観点のもとでは、ツェルメロ＝フレンケルの集合論（ZF集合論）、あるいは、その拡張となっている理論のみが、集合論であるとみなされることになる。そして、比喩的に言えば、この累積構造が、どこまで高く伸びるのか、ならびに、どれだけ横に広がるのかの二点に関しては、さまざまな新しい公理が提案されていることからもわかるように、集合論学者のあいだでの合意はできていないが、それが「規約によって」決定されると考える学者は、むしろ少数派のように見える（だが、これは、集合論学者のあいだでゲーデルがもっている権威のせいだという、いささかうがった観測も可能かもしれない）。集合論学者のあいだで有力であり続けているＩＣ（iterative conception of sets）については、戸田山和久「〈つくられたもの〉としての集合」（『哲学』第5号、一九八八年冬、四九～六四頁）を参照されたい。ＩＣにかげりが見えないわけではない。ごく最近、P. Aczel が提出した Anti-Foundation Axiom（ＡＦＡ）などは、その一例であろう。P. Aczel, *Non-Well-Founded Sets*. CSLI Lecture Notes No. 14 (1988).

（20）“non-standard model”という語は、しばしば「超準モデル」とも訳される。

（21）だが、たがいに同型である体系が「数学的対象」から成る体系ではない限りは、それらのあいだの区別をつけることは、数学外の語彙を用いれば容易である。たとえば、物理現象における群と、親族関係における群（レヴィ＝ストロース！）とは、たがいに同型である限り、数学の言語のなかでは区別できないとしても、それぞれ必要な語彙を導入するならば、誰も、一方を他方と取り違えたりはするまい。

（22）範疇性（categoricity）という概念の歴史については、J. Corcoran, “Categoricity”の§1に詳しい。興味深いことに、この名称はデューイの発案であると言う。

（23）R. Dedekind, *Was Sind und Was Sollen die Zahlen?* (1888) §10（邦訳：デーデキント『数について』河野伊三郎訳、一九六一、岩波文庫、一一四～一一八頁。[デデキント『数とは何かそして何であるべきか』渕野昌訳、二〇一三、ちくま学芸文庫、一一二～一一六頁]）。実数体系（連続体）、空集合から出発して形成される集合の累積構造のある切片（κを到達不能基数として、$V\kappa$と同型であるようなもの）についても、同様の結果を得ることができる。前者についての証明はカントールにまで遡る。後者は、ツェルメロの一九三〇年の論文（E. Zermelo, “Über Grenzzahlen und Mengenbereiche” *Fun-*

damenta Mathematicae 16（1930）29-47）に由来する。

　ところで、これらの結果は、一階論理を論理として採用するならば集合論のなかで得られる結果であるが、論理として二階論理を採用するときには、論理だけで十分である（つまり、こうした公理系の範疇性は、二階論理のなかで証明できる——たとえば、S. Shapiro, "Second-order languages and mathematical practice," *The Journal of Symbolic Logic* 50（1985）714-742を参照）。したがって、規約主義の擁護のために、論理とは二階論理（あるいは、必要ならば、さらに高階の論理）のことであるというテーゼを用いることも考えられよう。本節で考察されているような反論に関しては、この路線で答えることも十分可能であると思われるが、規約主義を取っている限りは、論理を高階にまで拡張したとしても、次節で問題とする反論（数学的公理の無矛盾性の保証）については対処できるはずがないと思われる。本章註35参照。

(24) もちろん、ゲーデルの不完全性定理の含みは、ここで言及されたような比較的単純な論点に尽きるものではない。プラトニズムとの関係については、S. G. Shanker (ed.), *Gödel's Theorem in Focus*（1988, Croom Helm）に収められている諸論文を、ヒルベルトのプログラムとの関係については、M. Detlefsen, *Hilbert's Program*（1986, D. Reidel）を、機械論との関係については、J. Webb, *Mechanism, Mentalism, and Metamathematics*（1980, D. Reidel）を、それぞれ参照せよ。ただし、いずれも、事柄の性質上、いくぶんテクニカルな議論をもまきこまざるをえないことを覚悟する必要がある。

(25) H. Putnam, "The thesis that mathematics is logic," in R. Schoenman (ed.), *Bertrand Russell, Philosopher of the Century.* 1967, George Allen & Unwin. Reprinted in H. Putnam, *Mathematics, Matter and Method: Philosophical Papers. Volume 1.* 1975（2nd. ed. 1979）, Cambridge University Press. pp. 12-42.

(26) パトナムの哲学を論ずる場合、こうした限定が常に必要となるのは、ラッセルの場合と同様である。ローティがパトナムを評して、「現存の哲学者のなかでもっともよくラッセルと比べられる」と言うとき、私もそれにまったく同感である（もちろん、私は、そして、おそらくはローティも、この点だけにパトナムとラッセルとの間の類似を見るわけではない）。

(27) ここでとりわけ注意を促したいのは、「形式主義」という語が引き起こしているさまざまな混乱に関してである。「形式主義」という語で指されている立場には、少なくとも四つを区別することができる。

（i）数学とは、単に、ある規則に従って記号を変形する営みであり、そこに現れる記号が何を意味するかを考察する必要はない。——こうした立場の不条理は明らかであろう。この「古くさい形式主義」は、フレーゲの辛辣な批判以来、まともに取り上げる必要がなくなっていると考えてよかろう。

(ii) 数学は、すべて公理的集合論のなかで展開できる。——こうした立場が「形式主義」と呼ばれるのは不思議であるが、事実であるのだから仕方あるまい。現在、(数学基礎論に関心をもつ人々を別として) 数学者が「形式主義」という名称を用いるとき、その指すものは、この立場であるように思われる。そして、そうした数学者の多くは、公理的集合論が「記述」するような集合論的構造の存在を、信じていると明言はしなくとも、疑ってはいないと思われる。この立場は、したがって、むしろ「プラトニズム」の一種である。

(iii) (ii)と同様に、数学が公理的集合論のなかで展開できることを認めても、集合論的構造の存在を積極的に認めることをためらうならば、ひとは、本文で考察されているような、「演繹主義」あるいは「規約主義」を採用することができる。このような立場も、ときに、「形式主義」と呼ばれる。

だが、本来、「形式主義」と呼ばれるべきものは、(i)〜(iii)のいずれでもなく、ヒルベルトによってその輪郭が与えられた、次の(iv)であろう。

(iv) 数学を構成する命題はふたつの種類に分けることができる。ひとつは、具体的な記号操作に関連する命題であり、もうひとつは、それ以外の命題(ヒルベルトが「理念的命題」と呼ぶもの)である。形式主義の立場によれば、われわれにとって直接意味をもちうるものは前者に限られ、後者は、前者に属する命題の真偽を確立するための演繹の補助手段としてのみ意味をもつ。形式主義のプログラム(=ヒルベルトのプログラム)の目標は、後者(=理念的命題)が演繹の補助手段として信頼できること(=前者に属するゆえに直接意味をもつ真である命題から、理念的命題を経由して、ふたたび直接意味をもつ命題を導くとき、導かれた命題もまた真であること)を示すことにある。ヒルベルトの大きな独創は、この課題が、形式的体系の無矛盾性の証明と合致することを発見したことにある。こうして、証明論という現代の数学基礎論の大きな分野が生まれたのである(ヒルベルトの形式主義についてのこうした解釈は、次に負うところが大きい。G. Kreisel, "Hilbert's programme" in P. Benacerraf & H. Putnam (eds.), *Philosophy of Mathematics: Selected Readings.* 2nd ed. 1983, pp. 207–238)。

私は、「形式主義」という名称は、ヒルベルトの意味、つまり(iv)の意味だけで用いられるべきであると考える。この名称に関連してかくも大きな混乱が生じたことの原因のひとつは、『幾何学基礎論 *Grundlagen der Geometrie*』(初版、一八八九)でのヒルベルトの立場が(iii)と親近性をもつことにあると思われる(ついでに言えば、この書物が出た直後(一九〇〇〜一九〇三)にヒルベルトとフレーゲの間でなされた論争に関して、幾何学の命題が綜合的ア・プリオリであるとみなすようなフレーゲの「古くささ」とかれのヒルベルトに対する無理解をもって、その勝敗は自明であると考える傾向があるようだが、両者の間の論争点を検討する限り、全体として、フレーゲの方に分があると言わざるをえない。とりわけ、公理が「定義」であるというヒルベルトの主張に当惑したフレーゲが達した結論、「もしもそうした公理が定義であるとするならば、それは、「第二階の概念」を定義するものでなければならない」は、「公理はある種の構造を規定する」ということに他ならず、フレーゲがこうした立場に同情を寄せていないとしても、かれは、ヒルベルトよりも、はるかに良く事態を見抜いていたと言えよう）。数学基礎論に専心するようになった時期のヒルベルト（一九二六年の論文「無限について Über das Unendliche」を代表とする）の立場は、もちろん、はっきりと(iv)の立場である。混乱のもうひとつの原因は、公理的集合論を数学的探究あるいは叙述の枠組みとして受け入れる数学者が、(ii)と(iii)とを明瞭に区別する必要を認めないことにもあろう。

(28) H. Putnam, *Mathematics, Matter and Method*. p. 22.

(29) こうした考え方に対する批判については、次をも参照。M. Dummett, "The philosophical significance of Gödel's theorem" in *Truth and Other Enigmas*（邦訳：ダメット『真理という謎』一六四頁～一八九頁）。

(30) H. Putnam, *Mathematics, Matter and Method*. p. 23.

(31) M. D. Resnik, *Frege and the Philosophy of Mathematics*. 1980, Cornell University Press. p. 125. この書物の第三章には、ここで議論しているような立場についての明快な解説と評価が見いだされる。

(32)「構造そのものは抽象的対象ではないのか」という反論が考えられよう。たしかに、集合論的枠組みのなかでの抽象的構造の探究という、ごくポピュラーである数学観のもとでは、構造はある種の集合と同一視される。しかし、集合論についても、それをある種の構造の探究であるとする立場では、構造は、もはや対象とは考えられず、さまざまな「現象」において共有される特徴の束であると考えられる。ここで「特徴 feature」は、伝統的な意味での普遍者（universal）に分類されるであろう。普遍者を抽象的対象と考えるならば、構造は抽象的対象になる。しかし、大事な点は、この場合でも、「特徴」といった普遍者は、数学だけに特有の存在者——数学的対象——ではないことである。

(33) M. D. Resnik, *Op. cit.* p. 119.

(34) Cf. H. Putnam, *Mathematics, Matter and Method*. pp. 24f.

(35) 少なくともふたつの道が考えられる。ひとつは、「論理」のなかに高階論理までをも含めることであり、もうひとつは、論理とはそもそも様相論理でなくてはならないとすることである。（通常の）高階論理が無限的構造の存在にコミットしていることから言っても、前者は、「数学的可能性」を持ち出すことと本質的に変わらない。後者の道の方がまだ有望であると思われるが、「可能的に」や「必然的に」をプリミティブとする様相論理から出発することは、すべての可能性・必然性を言語的規約に還元しようとする、規約主義の根本的動機と相容れるものではない。パトナムは、一時期の演繹主義から、数学を様相論理と考える立場に移行したが、かれには、もともと、規約主義的な発想はなかった。H. Putnam, "Mathematics without foundations" *The Journal of Philosophy* 64 (1967) 5-22. Reprinted in H. Putnam, *Mathematics, Matter and Method*. pp. 43-59. 規約主義の枠内で唯一考えられる方向は、「様相論理そのものが規約によって真である——「可能的に」「必然的に」を含む命題の真偽は規約によって定まる」とすることであろうが、これは、次節の最後に登場する「根元的規約主義」への道を歩むこととなろう。

(36) このへんの議論は、本書の第二部になって初めて説明されるはずの概念をつい用いてしまっているが、行きがかり上、次のことも付け加えておこう。要するに、数学的理論の無矛盾性を無限的構造の存在可能性によって保証するためには、「◇無限的構造は存在する」だけでは不十分であり、「□◇無限的構造は存在する」が必要なのである（「◇」は可能性のオペレータであり、「□」は必然性のオペレータである）。

(37) ただし、一階述語論理の多くの体系においては、「$\exists x[Fx \vee \sim Fx]$」といった式が論理的真理となる。これは、そうした体系においては、量化の変域が空でないことが仮定されているためである。つまり、少なくともひとつは個体が存在することが、こうした体系では仮定されているのである。だが、これは、もっぱら形式的処理をスムースにするための便宜的仮定にすぎず、そのような仮定を設けない体系も容易に構成することができる。この問題については、次を参照。W. V. O. Quine, "Meaning and existential inference" §1 in W. V. O. Quine, *From a Logical Point of View*. 1953 (2nd ed. 1961), Harvard University Press [邦訳：W・V・O・クワイン『論理的観点から』飯田隆訳、一九九二、勁草書房、二五三〜二五六頁]。第I巻『論理と言語』末尾の文献案内で紹介したW. Hodges, *Logic*. 1977, Penguin Books は、入門書にしては珍しく、このような存在仮定をもたない体系を用いている。「多くの論理学者は、量化の変域はどれも少なくともひとつの対象を含むという趣旨の推論規則を付け加える。われわれの観点からすれば、これは誤りとなる。量化の変域が空であることは十分ありうることである——他の惑星における知的生命を論ずることに話が及ぶようになった場合のように」(p. 228)。これもまた、ひとつの見識であろう。

論理における存在仮定が問題となる場面は、もうひとつある。それは、論理体系が固有名をプリミティブとして含む場合である。通常の論理は、こうした固有名が指示対象をもつことを前提している。よって、「a」がそうした固有名であるならば、「$\exists x(x=a)$」は論理的真理となる（なお、第I巻『論理と言語』九七～九八頁をも参照）。こうした種類の存在仮定をも除去することは、それほど簡単ではない。いっさいの存在仮定から自由である（＝存在仮定をまったくもたない）論理は、「自由論理 free logic」と呼ばれる。自由論理に関する文献は、現在では膨大な量にのぼるが、次によって、それを概観することができよう。E. Bencivenga, "Free logics" in D. Gabbay & F. Guenthner (eds.), *Handbook of Philosophical Logic.* Vol. III. 1986. D. Reidel. pp. 373-426.［現在では、次の形で見ることができる。D. Gabbay & F. Guenthner (eds.), *Handbook of Philosophical Logic.* 2nd Edition. Vol. 5. 2002. Springer. pp. 147-196.］

（38）H. Putnam, "Convention: a theme in philosophy" in H. Putnam, *Realism and Reason: Philosophical Papers, Volume 3.* 1983. Cambridge University Press. p. 172.［邦訳が次に収められている。ヒラリー・パトナム『実在論と理性』飯田隆ほか訳、一九九二、勁草書房。］

（39）W. V. O. Quine, "Truth by convention" in O. H. Lee (ed.), *Philosophical Essays for A. N. Whitehead.* 1936. Longmans. pp. 90-124. Reprinted in W. V. O. Quine, *The Ways of Paradox and Other Essays.* 1966 (Revised ed. 1976). Harvard University Press. この論文からの引用は、*The Ways of Paradox* の増補改訂版（一九七六）における頁数による。

（40）「規約による真理」前後のクワインの未刊の草稿をも引き合いに出している最近の研究（R. Creath, "The initial reception of Carnap's doctrine of analyticity" *Noûs* 21（1987）477-499）によれば、「規約による真理」の意図は、規約主義を論駁することにあるのではなく、規約主義に対して提起されうる疑問への解明を求めることにあるという。たしかに、クワインのその後の哲学的経歴を度外視して「規約による真理」の本文を読み直してみるとき、こうした解釈には十分な説得力がある。まことに、現実の歴史というものは厄介なものである。

（41）M. Dummett, *Truth and Other Enigmas.* p. 375.

（42）註40を見よ。

（43）自然言語とのつながりを確保しておく必要は、単に、理解のしやすさだけから来るのではない。論理的真理の真理性を規約によって説明することは、それが現実に人々が行っている推論の正しさを説明できるのでなければ、無意味であろう。自然言語との対応をいっさいもたない人工言語のなかで、ある記号列が「論理的に真である」と呼ばれようとも、それは、われわれの問題とはまったく関係をもたない事柄にすぎない。つまり、論理的真理の体系化に用いられる人工言語が「自然言語と一定の対応関係をもつと考えられる」ことは、ぜひとも必要なことなのである。

（44） Cf. W. V. O. Quine, "Truth by convention" pp. 90-91, 96-97.

（45） *Ibid.*, p. 103.

（46） クワインも認めるように、このような無限背進は、ルイス・キャロルの描いたアキレスと亀が陥った無限背進とよく類似している（Lewis Carroll, "What the tortoise said to Achilles" *Mind* 4（1895）278-280. 邦訳は、ルイス・キャロル『不思議の国の論理学』（柳瀬尚紀編訳、一九七七、朝日出版社）に収められている）。ルイス・キャロルの描いたアキレスと亀は、ゼノンが描いた（と伝えられている）もう一組ほど有名ではないかもしれないが、ゼノンのペアが連続性と無限に関して提起する謎に匹敵する謎を、論理学の哲学において提起するものであると私には思われる。このペアは、しばしば、意外なところにまで出没する。そうした場所のいくつかを次に挙げておこう。

B. Russell, *Principles of Mathematics*. §38.

J. J. Thomson, "Reasons and reasoning" in M. Black（ed.）, *Philosophy in America*. 1965, Cornell University Press. pp. 282-303.

B. Stroud, "Inference, belief, and understanding" *Mind* 88（1979）179-196.

（このようなリストに名前を連ねることのできる資格があるとは思わないが、私自身も、拙論「演繹と換言」（野家啓一編『哲学の迷路』一九八四、産業図書、所収）で、同じペアに登場願ったことがある。）

［ルイス・キャロルのアキレスと亀は、その後も、哲学的議論の場から退場する気配がない。ルイス・キャロルの対話篇が発表されてから百年後に、その発表誌であった『マインド』が小特集を組んだ（*Mind*, Vol. 104, Issue 416, October 1995）ことは、このペアが健在であることをよく示している。それだけではない。クリプキが「ウィトゲンシュタインのパラドックス」として提出したパラドックスは、このペアの議論と密接な関連をもっている。拙著『規則と意味のパラドックス』（二〇一六、ちくま学芸文庫）の第五章と第六章を参照されたい。］

（47） ここでは、論理学におけるのと同様の記号化が施されたものとして、（#）の導出について述べよう。そうすると、（#）は、次の形の推論が正しいことを主張するものである。

$$\forall x\,[Fx \to Gx]$$

$$\frac{Fa}{Ga}$$

（＃）が、論理の体系化において、原始的推論規則としては登録されておらず、(II)と(III)とが原始的推論規則のうちに含まれるならば、（＃）が、(II)および(III)を推論規則として採用することの帰結であることは、通常、次のような推論図式を構成することによって示される。

1　$\forall x\,[Fx \to Gx]$　仮定
2　Fa　仮定
3　$[Fa \to Ga]$　1、(III)
4　Ga　2、3、(II)

これが推論図式である理由は、ここに現れている「F」「G」は任意の一項述語、「a」は任意の単称名と考えられていることによる。しかしながら、1～4という推論を通じて、「F」「G」「a」は、それぞれ、ある固定された述語あるいは単称名と考えられている。つまり、この推論は、詳しく言うならば、次のものである。――ふたつの一項述語、および、ひとつの単称名を任意に選択して、そのように選択されたものに関して、1～4というステップを経れば、それらの述語・単称名に関して、（＃）の正しさがわかる。このことは、述語・単称名の異なる選択に関しても同様に繰り返すことができるから、（＃）は、一般的に正しい。

したがって、こうした推論は、任意に選択されたものではあるが一定の一項述語ならびに単称名を考察の対象とするステップを必ず含んでいる。たとえば、2と3から(II)によって4を得るステップがそれである。そして、ここで一定の述語・単称名が問題となっている以上、このステップは、一般的規約(II)を個別的言明に適用することを含む（「Fa」は、この形をもつ言明として任意に選択されたものであるが、推論の全過程を通じて、ある決まった言明として扱われている）。ということは、ここから、本文で考察したような無限背進が出発するということである。

（48）Quine, "Truth by convention", p. 104. だが、この論文のクワインは、この教訓を引き出したあとでも、規約による真理という観念を救う道はないかを探す。そうした道のひとつとして、クワインが挙げるのは、すでに存在する言語的実践に対して、「後から」、規約を明示的に定式化するという考えである［本章の補註2を参照］。たしかに、この場合には、「規約の定式化以前において、その規約を採用しているということが、何に存するのか、明瞭でない」（p. 105）ことを、クワイン

は指摘している。だが、それが、規約による真理という観念を無意味にする、と論ずるわけではない。後年の論文（たとえば、一九五四年に執筆され、後に *The Ways of Paradox* に収められた"Carnap and logical truth"）などに比べると、「規約による真理」は、むしろ、断定を避け、疑問への解答をおだやかに要求するというトーンで終わっていると言えよう。註40を参照。

(49) クワインの議論を以下のように解釈することについては、次からさまざまな示唆を得た。C. Wright, *Wittgenstein on the Foundations of Mathematics*. 1980, Harvard University Press. pp. 346-353.

(50) Cf. M. Dummett, *Truth and Other Enigmas*. p. 170（邦訳：『真理という謎』一三五頁）。

(51) ここで問題となっている類の仕事（無限個の仕事を有限時間内に済ませること）は、ゼノンのパラドックスをめぐる議論のなかでは、「超仕事 super-task」という名前のもとで知られているものである。ここもまた、ルイス・キャロルのアキレスと亀と、ゼノンのアキレスと亀とが出会う場所のひとつである。超仕事については、たとえば、次を見られたい。P. Benacerraf, "Tasks, super-tasks, and the modern Eleatics" *Journal of Philosophy* 59 (1962) 765-784.

(52) M. Dummett, *Truth and Other Enigmas*. p. 170（邦訳：『真理という謎』一三五頁）。

(53) そのような探究の試みは、すでに、C. Wright, *Wittgenstein on the Foundations of Mathematics*. Part Three にある。ここに見られる息の長い議論から学ぶべき点は多いが、それが、この主題についての最後の言葉でありえないことは、著者自身も認める点であろう。

第3章　分析性の退位——「経験主義のふたつのドグマ」

3・1　「意味の物化」と同義性

「意味の物化 hypostatization, reification」に対するクワインの反対は、便宜的に三つの段階に分けることができる。それは、意味が「物化」される三通りの方法に対応している。

第一の種類の意味の物化は、言語表現が意味をもつことを、名前が対象を指すことに同化するものである。[1] たとえば、固有名「ソクラテス」がソクラテスを指すことによって意味を得ると考えられるのとまったく同様に、述語「赤い」は性質「赤」を指すことによって意味を得ると考えるのである。このように考えるならば、述語の意味は、それによって指される性質や関係といった普遍者（universal）、すなわち、抽象的対象である、ということになる。こうした考え方を、クワインは、名指すこと（naming）と意味すること（meaning）を混同するものとして非難する。[2]

この種の意味の物化が根本的に誤っていることは、いまさら述べるまでもないと思われるのだが、念のために、その理由を簡単に復習しておこう。まず、名前が対象を指すという構図を、すべての言語表現にまで及ぼすことは、ウィトゲンシュタインも言うように、「語の種類のあいだの相違」[3]を無視するものである。たとえば、単称名はある特定の存在者を指示するためのものであるのに対して、一般名や述語は、いくつかの存在者に関して成り立つ、あるいは、そうした存在者「に関して真である true of」表現である。[4]また、単称名に関してさえ、その意味をその指示対象と同一視することはできないと論ずることができる。そうした議論のうちのもっとも有名なものは、「宵の明星」と「明けの明星」を例としてなされたフレーゲの議論である。[5]クワインもまた、フレーゲの論点に賛成して、「宵の明星」・「明けの明星」というふたつの語に関して、その「意味が互いに相違するゆえに、これらの語の意味は、名指された対象とは違うものである」[6]とすべきだと言う。だが、いま考察しているような種類の意味の物化の誤りの本当の源は、フレーゲの文脈原理から出て来る警告「語の意味を、それが現れる文というコンテキストから独立させて、それ単独で考えてはならない」を無視したことにあるように思われる。この警告を無視することは、語一般の「意味」とは何かという見当違いの問いを問うことへと導く。その結果は、まず、文全体の意味への寄与の仕方が根本的に異なる、さまざまな種類の語が存在するという事実を見失わせることとなる。そして、語は、それぞれの語が属する種類のあいだの差異を無視された「語一般」として、その意味が探し求められることになる。こうした不毛な探究の行き着く先が、心の中の観念としての意味であったり、語がそれと結び付けられている対象としての意味であったりするのである。

第一の種類の意味の物化に陥らないためには、語が属すると考えられる文法的カテゴリーの各々について、それにふさわしい存在者を、その語の意味として指定すればよいであろう。また、名指しと意味との区別を見失わないためには、指示と意味（クワイン）、イミ Bedeutung と意義 Sinn（フレーゲ）、あるいは、外延と内包（カルナップ）といった区別を立てることも必要となるかもしれない。

もうひとつぜひとも必要なことは、文の意味と、文を構成している語の意味とのあいだの関係のあり方の明瞭な把握である。このことを最初に自覚的に（という点には異論があるかもしれないが）なしとげたフレーゲの場合に戻って考えるならば、次の点が注目されるべきである。すなわち、フレーゲの場合に生じたことは、それまで語の意味として考えられていた心的存在者がその主観性のゆえに意味の座から追放され、その代わりに客観的な抽象的存在者が語の意味として割り当てられることになったということでは決してない。フレーゲの意義 Sinn の概念にとって決定的な重要性をもつのは、かれの文脈原理である。[7] 語の意義 Sinn は、それが現れる文のもつ意義 Sinn への寄与として特徴づけられる。文よりも小さな言語的単位の意義 Sinn は、それが出現しうる文全体の意義 Sinn との関係においてのみ指定されうるのである。したがって、語から文が形成されるときに、各々の語の意義 Sinn があいまって文全体の意義 Sinn を形成することになるのは当然であって、ここには何ら神秘的なものは存在しない。このことは、次のことをも意味する。もしも文の意義 Sinn として何らかの抽象的存在者が存在することを要請してよいとするならば、文よりも小さな言語的単位に対しても、その意義 Sinn が存在することを要請することには何ら問題がない。[8] つまり、「抽象的存在者としての意味」という観念の妥当性は、基本的には、文に関してそのようなものを要請することが許されるかどうかという一点にかかることになる。このことは、フレーゲの用語では、「抽象的存在者としての意味」という問題が、文の意義 Sinn である思想 Gedanke を存在者として認めるべきかどうかという問いに集約されることであり、より一般的な用語を用いれば、文の意味としての命題を独立の存在者として認めるべきかという問いに集約されるということである。

だが、このような予防策を取ったとしても、第二の種類の意味の物化が手近に控えている。それは、「言語表現が意味をもつ」という表現で言われている事態を、言語表現と、言語表現から独立に存在する存在者とのあいだに、ある特殊な関係が成り立っていること、と考えることである。

ここで、ひとつの類比的な例を考えよう。それは、物体とその形とのあいだの関係である。「物体は形をもつ」と言われるとき、このことが指している事態は、個々の物体と、いかなる物体からも独立に存在する、さまざまな形とのあいだで、一方が他方を「もつ」という関係が成り立つことだろうか。このパチンコ玉が球の形をもち、あの真珠もまた球の形をもつということは、物体であるパチンコ玉や真珠と、物体から成る世界とは別の世界、いわば「形の世界」に属する「球」とのあいだの関係によって成り立つのだろうか。

第二の種類の意味の物化は、物体とその形とのあいだの関係をこのような仕方で考えることになぞらえることができる。すなわち、こうした意味の物化は、言語表現とその意味とのあいだの関係を、たがいにまったく異なる領域に属する存在者のあいだに成り立つ関係と考えることであり、しかも、これらふたつの領域は他を参照することなしに規定されていると考えることである。

これは、フレーゲの思想 Gedanke という概念にまつわる最大の問題点でもある。フレーゲの思想 Gedanke の概念が認識論的に疑わしく思われるのは、それが単に抽象的存在者を引き入れるからというだけではなく、フレーゲによって、思想 Gedanke がわれわれの認識からの完全な独立性を有するとされているからである。論文「思想 Der Gedanke」の註のひとつは、次のように言う。

ひとは、物 Ding を見、表象 Vorstellung をもち、思想 Gedanke を把握 fassen あるいは思考 denken する。ひとが思想 Gedanke を把握あるいは思考するとき、ひとはそれを作り出すのではなく、すでにあらかじめ存在していた思想とある関係に入るのみである。そして、この関係は、物を見るという関係とも、表象をもつという関係とも異なるものである。(9)

思考 denken されなくとも思想 Gedanke は存在しうる、というのは形容矛盾であるかのようにみえる(「思想 Gedanke」とは、その語義から言っても、「思考 denken されるもの」を意味するのではないか)。だが、まさしくこのことをフレーゲは主張する[10]。

思想 Gedanke の思考 Denken からの独立性、より一般に、意義 Sinn のわれわれの認識からの独立性は、そもそも、擁護不可能であるように思われる。こう思うのが無理ないのは、こうした独立性を認めることが、明らかに誤った言語観に導くという懸念が存在するからである。そのような言語観によれば、われわれの言語習得は、他者とのコミュニケーションのために習得されるべき言語と、何かそれに先立つ「意義 Sinn の言語」とでも言うべきものとのあいだの対応づけによって達成されることになってしまう。こうした言語観の不条理性は、ほとんど明らかであろう。われわれが実際に習得する言語に先立つ「意義 Sinn の言語」は、どのようにしてわれわれに与えられるのか。われわれは、語を、それに対応づけられる意義 Sinn の暗号として用いているのだろうか。われわれの言語理解は、暗号解読と同様な手順を踏んでなされているだろうか。ウィトゲンシュタインの印象深い警句が思い出される。つまり、「言葉は、言葉以前の何かの翻訳なのではない[11]」。

だが、第二の種類の意味の物化は、それほど異議の出ない形で捉え直すことが可能である。そして、そのように捉え直されたものが、第三の種類の意味の物化である。

物体とその形のあいだの関係が、何よりも適切な例を与えてくれる。物体に先立って存在する「形の世界」といったものを想定しないで、なおかつ、個々のあれこれの物体からは一定の独立性をもつ抽象的存在者として「形」を導入する方法がある。それは、フレーゲが、『算術の基礎』で「基数」を定義するために用いた方法であり、また、初期のラッセルが、「抽象の原理 the principle of Abstraction」と名付けて、盛んに用いた方法でもある[12]。

ある物体がある一定の形をもつといった言明は、物体と形のあいだの関係について述べているようにみえるが、必ずしもそのように考える必要はない。物体にある形を帰属させるとは、どのようなことか。それは、物体をその形に従って分類することである。物体の形による分類とは、どのようにしてなされるものだろうか。それは、ひとつの物体を取り上げ、それと相似である物体をすべて、「形に関して」同じ種類に属すると考えることである。たとえば、このパチンコ玉とあの真珠とは、たがいに相似であるから、どちらも「同じ形である」と言うような具合いである。つまり、いま、ある物体Aを取り上げ、これと相似である物体をすべて集めるならば、こうしてできた集合に属する物体はどれも、たがいに「同じ形」をもつものである。別の物体Bを取り上げ、同様な操作を施す。BとAとが相似でなければ、このときにできる集合は、Aから出発して作られた集合とは共通の要素をもたない。このような操作を繰り返すことによって、物体の全体は、おたがいに共通要素をもたない、いくつかの集合に「分割」され、しかも、どのような物体も、「有形」であって、他の物体と相似関係に立ちうるとみなされる限り、こうしてできた集合のどれかに属することになる。つまり、物体についての述語「有形である」ならびに「相似である」から出発して、物体を「その形に従って」分類することが可能なのである。いまもし、おたがいに相似であるような物体が「共通にもっている形」というものについて語りたいならば、これを、たがいに相似である物体の全体から成る集合と同一視すればよい。そうすると、ある物体Aがある形Δをもっているという言明は、Δがたがいに相似である物体の集合に他ならないのであるから、単に、AはΔの要素である（A∈Δ）という言明と等しいことになる。

こうした方法は、形に限らず、さまざまな場面で応用可能である。[13] そのために必要な条件は、分類されるべき範囲を定める述語「P」（上の例では、「有形である」）があること、分類を可能とする関係を与える二項述語「R」（上の例では、「相似である」）が「同値関係」と呼ばれる種類の関係を与えるものであること、のふたつである。関係Rが同値関係であるためには、Rは次の三つの条件を満足していればよい（ここで、量化の変域は、述語「P」が成り立つものに限定されているとする）。

（i）　Rは反射的である　$\forall x\, xRx$

（ii）　Rは対称的である　$\forall x \forall y\, [xRy \rightarrow yRx]$

(iii)　Rは推移的である　　$\forall x \forall y \forall z\,[xRy \wedge yRz \rightarrow xRz]$

「R」がこれら三つの条件を満足しているならば、述語「P」が適用できるものの全体を、互いに共通要素をもたない、いくつかの集合に分割することができる（こうした分割を、数学のなかでは、「同値類への分割」と呼ぶのが一般的である）。

さて、言語表現とその意味との関係に戻ろう。物体とその形のあいだの関係に関して適用した方法をここでも用いることができるようにみえる。「有形である」に対応する述語は「有意味である significant」であろうし、「相似である」に対応する述語は「同義である synonymous」であろう。「同義である」が同値関係であることは明らかである。言語表現Eは、トリビアルに、自身と同義である。E_1がE_2と同義であるならば、E_2がE_1と同義であることも、わざわざ言うまでもない。「同義である」が推移的であることも問題ない。そうすると、言語表現の「意味」なるものは、このふたつの述語を基礎にして、たがいに同義である言語表現から成る集合として導入できるはずである。実際、このようにして言語表現の意味を、言語表現のあいだに成り立つ関係から構成しようという提案は、それほど珍しいものではない。たとえば、すでに、エイヤーは、『言語・真理・論理』のなかで次のように述べている。

われわれがここで、実在する存在者としての命題といった形而上学的教説に荷担しているのでないことは、明らかにしておく必要がある。集合をある種の論理的構成物とみなすこととして、命題を、文のある集合として定義することができる。その集合とは、そこに属する文を理解する者にとっては、どれも同じ内包的意義 intensional significance を有するような文から成るものである。[14]

同様に、カルナップも、『意味と必然性』のなかで、言語表現の内包をこのような仕方で定義できることを示唆している。[15] そして、クワインが次のように言うとき、その背景には、こうした可能性が予想されていることを念頭に置くべきである。

> 意味の問題とされてきたものは、いまや、意味に言及しない方がよい、一対の問題に帰着する。ひとつは、有意味な significant 記号列という概念を解明することであり、もうひとつは、同義性 synonymy という概念を解明することである。[16]

言語表現に関するふたつの述語「有意味である」と「同義である」さえ問題ないならば、「意味」について語ることにも何ら問題ないことを、クワインは認める。意味が「物化」されるにしても、ここでの「意味」とは、実は、言語表現から成る集合にすぎないのであり、何か特殊な種類の存在者を認めることにつながるような危険は存在しない。この第三の種類の「意味の物化」に関してクワインが嗅ぎつける問題は、こうした「物化」そのものにあるのではなく、言語表現から成る集合としての「意味」の構成の出発点に置かれた前提にある。[17] すなわち、言語表現のあいだの同義性という概念には何ら深刻な問題は存在しない、という前提である。まさに、この前提を、クワインは攻撃する。同義性の概念に対するクワインの攻撃は、「経験主義のふたつのドグマ」（一九五一）においては、「分析的真理——意味による真理」という概念への攻撃と一体となっている。こうして、ようやく、われわれに、この論文「経験主義のふたつのドグマ」そのものを論ずることのできる地点にたどりついた。

3・2 分析性と同義性

現代の経験主義は、ふたつのドグマによって大きく条件づけられている。ひとつは、分析的である真理、すなわち、事実とは独立であって意味に基づく真理と、綜合的である真理、すなわち、事実に基づく真理とのあいだに、ある根本的な分割があるという信念である。もうひとつのドグマは、還元主義である。すなわち、有意味な言明はどれも、直接的経験を指す名辞からの何らかの論理的構成物と同値であるという信念である。[18]

このようにして、「経験主義のふたつのドグマ」は始まる。それは、全体で六つの節に分かれている。その標題を挙げてみよう。「一　分析性の背景」、「二　定義」、「三　交換可能性」、「四　意味論的規則」、「五　検証理論と還元主義」、「六　ドグマなき経験主義」。このうち第一節から第四節までは、もっぱら、「分析性」という概念を満足の行く仕方で特徴づけることの望みなさを浮き彫りにすることに当てられている。つまり、ここまでの議論の中心は、第一のドグマである。第二のドグマが登場するのは、第五節であって、そこでは、ふたつのドグマの共通の根が探られる。そして、最後の節は、その標題からも察しがつくように、クワイン自身の立場の素描である。

ところで、「経験主義のふたつのドグマ」の前半（第一節〜第四節）を占めているクワインの議論について、最近の評価は案外手厳しい。そこでの議論のおおまかな構造だけを要約するならば、それは、次のようになる。

分析的真理は、しばしば、「意味による真理」と特徴づけられる。しかし、意味について語ることは、実は、言語表現に関する同義性と分析性とについて語ることである。よって、「意味による真理」という特徴づけは、前もって分析性の概念が理解されているのでなくては用をなさないことになる。したがって、まず、分析的真理とされているものがどのような種類の真理であるのかを見ることから始めなくてはならない。分析的真理を表現するとみなされている文には、二種類のものがある。ひとつは、論理的に真である文であり、もうひとつは、もとの文に現れている表現のあるものを適当な同義語で置き換えるならば論理的に真である文となるものである。たとえば、「女性と結婚している者は結婚している」は論理的に真である。[19] 他方、「妻帯者は結婚している」は、「妻帯者」と「女性と結婚している者」とが同義であるとして、後者を前者に代入すれば、いま挙げた論理的真理を表現している文と同一になる（以上、第一節）。

さて、分析的真理のうちの第一の種類のもの、すなわち、論理的真理についてはさしあたって問題がないとしよう。当面の問題は、第二の種類の分析的真理にある。すなわち、それは、「同義性」という概念を前提としている。これをどのように特徴づけるべきだろうか。最初に出てくる考えは、「AとBとが同義であるのは、AがBによって定義されるときである」というものであろう。だが、Aが、これまで用いられたことのない表現であって、単に長々しい表現を短くするためだけのものであれば別であるが、一般に、Aがすでにある慣用をもっている表現であるならば、定義の正しさということが問題となる。つまり、AがBによって定義できる（そう定義するのが正当である）のは、BがAと同義である表現を与えるから、ということでなくてはならないのである[20]。よって、定義の概念に訴えて、同義性の概念を了解することはできないということになる（以上、第二節）。

定義が駄目ならば、次に考えられる方策は、言語全体にわたる「真理値を変えることなき交換可能性 interchange-ability *salva veritate*」[21]というアイデアを用いることである。言語表現AとBとが真理値を変えることなしに交換可能であるというのは、その一方が出現しうる文のいずれにおいても、それを他方と至る所で交換して得られる文が、もとの文と真理値を同じくするという事実が成り立つときである（「真理値を変えることなしに交換可能」というのは、いかにも長々しいので、以下では、ただ「交換可能」でよいことにしよう）。そして、「AとBとが同義である」は、「AとBとは交換可能である」と特徴づければよい。だが、この提案の欠陥は、「交換可能性」によって特徴づけられる「同義性」の内容が、どのような種類の言語における交換可能性が問題であるかによって、大幅に異なることにある。交換可能性によって同義性を特徴づけることの不十分性を示すもっとも明瞭なケースは、いわゆる「外延的言語」の場合である。外延的言語とは、その言語に属する文の真理値が、その文を構成している要素の外延のみによって完全に決定されるような言語のことである。文の外延は真理値であり、単称名の外延はその指示対象であり、述語の外延はそれを充足するような個体の集合である。いま言語Lが外延的言語であり、その語彙に、「xはコーデイトである」と「xはリーネイトである」というふたつの単項述語が属しているとしよう（どちらの述語も医学ラテン語から派生した日本語の単語であるとする）。前者は、xが心臓を有する生物であるときかつそのときに限りxについて成り立つ述語であり、後者は、xが腎臓を有する生物であるときかつそのときに限りxについて成り立つ述語である。そうすると、現在の生物学の知識から言って、これらふたつの述語はまったく同一の外延をもつ（心臓を有する生物は、腎臓を有する生物であり、その逆も成り立つ）。そうすると、Lは外延的言語であるから、これらふたつの述語は、Lにおけるどのようなコンテキストにおいても、もとの文の真理値を変えることなしに、交換可能である。つまり、Lにおける交換可能性をもって「同義性」を特徴づけるならば、これらふたつの述語は「同義」であるということになる。だが、この「同義性」が、本当に、「xはコーデイトである」「xはリーネイトである」というふたつの述語の「意味から」得られると考えられるだろうか。これらの述語の外延の一致は、生物学的探究によってはじめて判明したものである。外延の一致をもって同義性に十分とするならば、「コーデイトであるものはリーネイトである」は、「コーデイトであるものはコーデイトである」と同様に、分析的真理を表現するものとなってしまう。これは、「分析的―綜合的」の区別を堅持しようとする哲学者にとっては、まったく許容できない帰結である。そうすると、「同義性」を、言語全体にわたる交換可能性によって特徴づけることができるためには、外延的言語よりも豊富な言語における交換可能性が問題とならなくてはならない。どのような言語的手段を導入すればよいだろうか。ひとつの手段は、「必然的に」という副詞を導入することである。Lにこの副詞を導入するならば、「Aがコーデイトであれば、必然的に、Aはコーデイトである」といった文を構成することができる。この文において、述語「コーデイトである」の二番目の出現だけを「リーネイトである」と交換するならば、「Aがコーデイトであれば、必然的に、Aはリーネイトである」という文が得られる。そして、その結果は、もともと真であった文が偽となることである（心臓をもっているにもかかわらず腎臓をもたないような生物が存在することは、現に成り立っている生物学の法則からは否定されるだろうが、現に妥当しているのとは別の生物学的法則が成り立つと仮定することに矛盾はない）。だが、外延的言語で許されるような言語的手段を越えて言語を拡張することに対して、クワインは警告を発する。まず、外延的言語は、ごく単純な道具立てしかもたないにもかかわらず、古典数学を表現するに十分なだけの表現力をもっている。また、いくつかの問題はあるにせよ、自然科学（とりわけ物理学）もまた、外延的言語のなかで表現できると予想される。それに対して、「必然的に」という副詞には厄介な哲学的問題がまとわりついている。その比較的おだやかな解釈とされるものを取ることは、まさに、最初の問題にわれわれを連れ戻すことになる。すなわち、その「比較的おだやかな解釈」とは、「必然的にp」を「pということは分析的に真である」と解釈することに他ならない[22]。分析性を特徴づけるために同義性の概念が必要とされたのに、いまや、同義性の概念を言語全体にわたる交換可能性によって特徴づけるためには、分析性の概念が必要だというのである。これでは、元の木阿彌である（以上、第三節）。

こうした考察は、結局のところ、同義性は分析性から理解されるよりないのではないかという結論に導くように思われる。哲学者のなかには、これまで考察して来たような困難は、日常言語を対象として「分析性」を特徴づけようとしたから出て来たにすぎないと主張する人々もいる。そうした哲学者によれば、哲学が本来扱うべきなのは、さまざまな欠陥と混乱に満ちた日常言語ではなく、哲学者自身によって計画立案された人工言語である。そして、こうした人工言語に対して「分析性」を定義すればよく、そこには何らの困難もないと主張される。こうした哲学者の典型は、カルナップである。カルナップは、人工言語に対しては、その「意味論的規則」を特定することによって、そこから「分析性」の概念を定義できると主張する。こうして、クワインの批判の矛先は、意味論的規則を備えた人工言語を対象とする「分析性」の定義に向かう。クワインの批判は、カルナップによる構成の細部に関してではなく、きわめて原理的な論点にかかわる。つまり、カルナップ流の「分析性」の定義は、「分析性」を端的に定義するものでは決してない。それは、あくまでも、個々の人工言語のひとつひとつについて、「文Sは言語Lにおいて分析的である」を、別々に定義するものである。ふたつの言語L_1とL_2に関して、「L_1において分析的」、「L_2において分析的」が、それぞれ定義されたとしても、両者のあいだに共通しているのは、単に「分析的」という字面だけである。さらに言うならば、「L_1において分析的」と「L_2において分析的」で、同じ「分析的」という語が用いられていることは、事態を歪曲して伝えかねない。つまり、これらの述語は、L_1とL_2に関して別々の仕方で（異なる意味論的規則によって）定義されたものである以上、本来、両者のあいだには何ら共通性を仮定することが許されないはずなのである。もしも共通性が言えるとするならば、それは、「言語Lにおいて」という言語への相対化をもたない「分析性」という概念がすでに確立されているから、ということでなければならないはずである。あるいは、言語に相対化されない形で「意味論的規則」なるものを特徴づけることができるということでなければならない。だが、それは、「意味による真理」という概念がすでに理解されているということを前提とする以外にはない。よって、クワインの結論は、こうなる。「分析性の問題という観点からは、意味論的規則を伴った人工言語という概念は、とりわけ人を惑わせるものである。人工言語における分析的言明を決定する意味論的規則というものに何らかの意義が認められるのは、われわれがすでに分析性の概念を理解している限りにおいてのことである。こうした理解を獲得するためには、意味論的規則は何の役にも立たない」[23]（以上、第四節）。

さて、クワインのこうした議論をどう評価すべきであろうか。最近の評価がかなり手厳しいものであることは、すでに述べた。そして、それがなぜであるかを理解するのも、それほど困難ではない。クワインのここまでの議論は、結局のところ、「意味」、「分析性」、「同義性」、「必然性」といった一連の概念が、そのうちのどれかに依存しない限り定義できない、と言っているだけのことである（パトナムの辛辣な言い方では、「クワインの議論は、「同義性」をどう定義したらよいのか自分にはわからないと言っている以上を出ない」[24]ということになる）。だが、それが、なぜ、これらの概念を用いてはいけないということになるのか。仮にクワインの議論が正しいとしても、それは、単に、これらの概念の各々は、一群の概念相互の関係によってのみ特徴づけられうることを示しているだけであって、そのことだけからは、これらの概念がそもそも疑わしいものであるという結論は出てこないのではないか(25)。あるいは、クワインは、かつてソクラテスが犯したのと同じ誤り、すなわち、「ある概念に対して明確で非循環的な定義がない場合にはその適切さも疑わしくなる」と考える誤りを犯しているのではないだろうか(26)。

プラトンの対話篇のいくつかにおいて、ソクラテスは、「Xとは何か」という形の問いを出す。たとえば、「知識とは何か」といった問いである。ソクラテスの対話の相手の最初の反応は、いつでも、概念Xの事例を挙げることである。たとえば、「知識とは、幾何学や天文学といった学問であるとか、大工や職人がもっている技術のことである」といった具合いに。そして、常に、かれは、求められているのがこうした答でないことを、ソクラテスから指摘される。「だが、問われていたのは、知識の対象が何であるかとか、知識にはどれだけの種類があるかといったことではなかったはずだ。そうしたことを列挙したいのではなく、そのこと自体、つまり、知識とは何かを見つけたいのだ」と(27)。ソクラテスが求めている答は、「Xとは、これこれであり、これこれだけが、Xである」といった、概念Xの明示的定義であるように思われる。だが、プラトンの対話篇におけるソクラテスの意図がどうあれ、概念の説明ということだけについて言えば、事例を挙げるというやり方は、それほど見当違いのものだろうか。われわれは、自身が通常用いている概念の多くについて、明示的定義を与える用意があるだろうか。明示的定義を与えることができないからといって、われわれはそうした概念を理解していないということになるだろうか。ましてや、明示的定義を与えられない概念は、そのことだけで、使用を差し控えるべきだということになるだろうか(28)。

まず、個人がある概念を理解しているということについて言えば、さし当たってそのことを証拠立てると考えられる要因として、少なくとも、次の三つが挙げられよう。第一に、その概念が適用できる事例をいくつか挙げることができること。第二に、その概念を、他の概念との関連で正しく用いることができること。第三に、これまで出会わなかったようなケースに関しても、その概念の適用に関して、(1)問題なく適用される、(2)問題なく適用されない、(3)適用できるかどうかが問題となる、という三通りのどれに当てはまるかを判断できること。もちろん、こうした個人の理解は、ひとつの社会のなかでその概念が理解されていることを前提とする。ある概念がひとつの社会のなかで理解されていると判断する材料となるものも、同様に、三つ挙げることができる。第一に、その概念の典型的適用事例として挙げられるものについての、ある程度の一致。第二に、その概念を他の概念との関連で用いる仕方についての、ある程度の一致。第三に、社会全体がこれまでに出会ったことのないケースについても、概念の適用が、ある程度一致すること。つまり、個人の場合も、社会全体の場合も、ある概念が理解されていると判断するためには、その概念の明示的定義は必要とならないのである。(29)

こうした一般的考慮とは別に、ここで問題となっているたぐいの概念、すなわち、「意味」、「分析性」、「同義性」といった概念は、われわれの言語的活動を説明するための理論的概念としての性格をもっていると考えることもできる。(30) ある概念が「理論的概念」として提出されるときに、それが真剣な考慮に値すると判定されるための必要条件は、それがすでによく理解されている概念から明示的に定義されるということでは、必ずしもない。その概念がどのような理論的目的のために導入されるものであるかが明瞭であること、ならびに、その概念が既存の概念とどのような関係に立つかが明確にされていること、このふたつだけで十分である。そして、理論的概念は、ほとんど常に、その概念を構成要素のひとつとするある理論を背景として導入されるのであり、明示的定義のように単純な仕方で導入されるのではない（明示的定義によって導入されるような概念は、理論のなかで補助的な役割しか果たさないことの方が多い）。さらに言えば、関連する一群の概念が理論の構成要素として導入されるとき、それらが互いを参照することによってのみ特徴づけられることはしばしばであるが、それは、何ら「循環」として非難されるべきことではない。そうした相互参照は、それら一群の概念が理論によって緊密に組織立てられていることの証拠として、むしろ望ましいものですらありうる。

こうして、「経験主義のふたつのドグマ」のここまでの議論は、何ら決定的なものではないどころか、概念の理解および説明ということについての、あまりにも単純なモデルに基づいていると言わざるをえないように思われる。だが、それでは、この論文が、ひとによっては「今［二〇］世紀中葉におけるもっとも重要な哲学論文」とまで考えられていることは、いったいどういうことなのだろう。もちろん、このもっともな疑問への解答は、この論文の、われわれがまだ考察していない部分に求められなければならない。さらに、われわれが考察してきたクワインの議論に関しても、そこでの力点は、表面上、定義的循環の指摘にあるように見えるが、より基底的なレベルでは、別種の考察が働いているのではないかという推測も可能である。それは、この論文の第四節の最後ではじめて表面に浮かび上がって来るような種類の考察である。

一般に、真理が、言語と言語外の事実の両方に依存していることは、明白である。「ブルータスはシーザーを殺害した」という言明は、世界が何らかの仕方で現にあるのとは異なっていたならば、偽となったであろう。だが、この言明は、語「殺害した」が「生んだ」という意味をもっていたときにも、やはり偽となったはずである。こうして、言明の真理性というものが、言語的要素と事実的要素とに分解できると一般に想定したくなるのである。この想定のもとでは、事実的要素が無であるような言明が存在し、そうした言明が分析的言明であると考えるのが理にかなっているように思えてくる。しかし、こうしたことがどれもア・プリオリに理にかなっていると思えようとも、分析的言明と綜合的言明とのあいだの境界というものは引かれていないのである。こうした区別がそもそも立てられるべきであるというのが、経験主義者の非経験的ドグマであり、形而上学的信条なのである。(31)

しかし、ただ「言語的要素と事実的要素への分解」と言うだけでは、未だ、抽象的にすぎる。それに実質を与えるのが、クワインの言う「経験主義の第二のドグマ」、すなわち、還元主義なのである。こうして、クワインの議論は、還元主義と、その背景を成す「意味の検証理論」に向かう（第五節「検証理論と還元主義」）。

3・3　還元主義とア・プリオリ

本書の1・3節ですでに述べたように、「意味の検証理論」とは、「言明の意味はその検証方法である」ことを主張するものであった。一般に、言明の検証方法は、それを構成している基礎的言明に遡ることによって与えられる。論理実証主義の初期においては、有意味な言明は、すべて、直接的検証、すなわち、感覚的経験との突合せが可能である言明に分析できると考えられていた。それゆえ、これらの基礎的言明は、直接的検証が可能である以上、感覚的経験についての言明であるとされた。これが、クワインの言う「根元的還元主義 radical reductionism」である。

この関係［＝言明とその検証にかかわる経験とのあいだの関係］についてのもっとも素朴な見方は、それが直接報告の関係であるというものである。これは根元的還元主義である。すべての有意味な言明は、直接的経験についての（真あるいは偽である）言明に翻訳可能である、と主張される。[32]

クワインによれば、この観点を代表する哲学者は『世界の論理的構築 *Der Logische Aufbau der Welt*』（一九二八）でのカルナップである。ここでの「論理的構築」が結局失敗に終わったということは、論理実証主義の歴史が問題となるときには必ずと言ってよいほど、繰り返し語られてきたことであるが、[33]クワインもそれに同意する。だが、かれは、それに付け加えて、たとえ「物的世界についての言明はすべて、直接的経験についての言明に翻訳可能である」という根元的還元主義の主張は捨て去られたとしても、還元主義のドグマは別の形で生き延びていると言う。

次のような考えはまだ消え去っていない。すなわち、個々の言明、個々の綜合的言明には、可能な感覚的出来事から成る、ふたつのある決まった領域が対応している。第一の領域に属する感覚的出来事のどれかが生ずるならば、それは、当の言明が真である公算を高めるように働く。他方、第二の領域に属する感覚的出来事の出現は、その公算を低めることになる。この考えは、もちろん、意味の検証理論のなかに暗に含まれていたものである。

還元主義のドグマは、個々の言明が、他の言明から孤立して考えられても、ともかく確証や反証を受け付けうるという想定のなかに生き残っている。……[34]

還元主義という経験主義の第二のドグマは、「分析―綜合」の区別という第一のドグマと次のように関連しているとクワインは言う。

……一方のドグマは、明らかに、他方のドグマを次の仕方で支持する support ものである。つまり、言明の確証と反証について語ることが一般に有意味であると考えられている限り、トリビアルに確証される vacuously confirmed、つまり、事実上、何が起ころうとも確証されるといった極限的な種類の言明について語ることも有意味であるように思われる。そして、こうした言明が分析的なのである。……[35]

この一節には立ち止まって考えてみるべき点が多々含まれている。だが、その全部に付き合っているわけにも行かないので、検討の必要性がもっとも明らかである二点だけを取り上げよう。

第一に検討されるべき点は、個別の言明に関してその確証・反証を有意味に語れること（これは、第二のドグマとされている）は、ある極限的な種類の言明に関して、何が起ころうとも確証されると有意味に語れること（これは、第一のドグマとされている）を「支持する」という主張が、正確なところ何を意味するかである。まず、ここで、第二のドグマが、第一のドグマを「支持する support」と言われているだけであって、たとえば、「合意する imply」や

「伴立するentail」とは言われていないことに注意しよう。つまり、ここで問題となっているのは、ふたつのドグマのあいだの演繹的関係ではない。では、この「支持する」ということの内実は何か。それは、ほぼ次のようなものだと考えられる。単独で考えられた個別的言明について、その確証や反証が有意味に語れるということは、個々の言明に対して、その確証ならびに反証にかかわる、一定の経験的領域を指定できるということである。そうすると、ある言明に関して、その言明に対応すると言われている「一定の経験的領域」が経験の全体となるという「極限的」な場合を考えることには何ら不都合はない。つまり、言明の意味をそれに対応する一定の経験的領域と考える「意味の検証理論」のなかでは、「いかなる経験によっても確証される言明」という言明の種類は無理なくその位置を指定できる、ということになる（ただし、このことは、「極限的」な場合について語ることの有意味性を保証するだけであって、そうした「極限的」ケースが実際に存在すること、すなわち、「いかなる経験によっても確証される言明」の存在を保証するわけではない。それは、この一節からも読み取れるように思われる）。

ここまでは何ら問題がないように見える。だが、第二のドグマがこのような仕方で第一のドグマを支持すると認めることは、第二のドグマが否定されるならば、第一のドグマを支持するものは何も残らない、よって、第一のドグマは否定されざるをえない、ということになるだろうか。クワインは、たしかに、そう考えていると思われる。第四節までの議論が、分析性の概念の解明手段として残されるものは「意味の検証理論」以外にないことを示した、というのがクワインの論調であるのだから（「もしも検証理論が言明間の同義性を十分に説明するものとして受け入れられうるものならば、分析性の概念は結局救われるのである」[36]）。しかし、われわれが見たように、第四節までのクワインの議論は、結局のところ、概念の理解および説明についてのあまりに単純にすぎる見方に基づくものでしかなかった。ということは、何も第二のドグマとして「意味の検証理論」を持ち出さなくとも、「第一のドグマ」を支持する可能性は未だ残されているということである。つまり、第二のドグマの否定が直ちに第一のドグマの否定につながるなどとは決して言えないはずである。

それだけではない。この論文において、第二のドグマが持ち出された時点から、第一のドグマの中味が変質しているのではないかという強い疑惑が存在する。それは、ここでわれわれが取り上げている一節がはらんでいるもうひとつの問題点に導く。

この一節でもっとも目につくことは、クワインが、ここで、「何が起ころうとも確証される種類の言明」をいとも無造作に「分析的言明」と同一視していることである。だが、これは、読む者をして立ち止まらせて当然であるような同一化である。ある言明Aに関して、それが「いかなる経験によっても確証される」ことから、Aは事実によってではなく言語によって真であると結論することには、大きな飛躍がある。こうした結論の代わりに、Aが「いかなる経験によっても確証される」のは、Aが、経験の一般的特徴に由来する真理であるから、というカント的結論を導くことも、当然、可能のように思われる。実際、パトナムも指摘しているように、「何が起ころうとも確証される」真理というのは、伝統的には、ア・プリオリな真理のことに他ならない[37]。「意味による真理」という観念がどれだけ支離滅裂なものであったとしても、こうした観念によって「分析性」を特徴づけようとした哲学者の意図は、その真理性の種類にかかわるものであって、われわれがそうした真理をどのようにして認識するかという問題は、副次的なものであったはずである[38]。これに対して、「いかなる経験によっても確証される真理」という特徴づけは、「確証」という認識論的概念を含んでいることからも明らかなように、認識論的なものである。

なぜ、このような混同が生じたのかについては、簡単な歴史的説明が可能であるようにみえる。つまり、この混同は、クワインが受け継いだ論理実証主義の遺産のひとつなのである、と。論理実証主義者が、「分析的」「ア・プリオリ」「必然的」という三つの概念をほとんど無差別に用いていたことは、本書でもこれまでたびたび強調して来たことである[39]。だが、もう少し理論的な説明も可能であろう。それは、論理実証主義者にとっては、「意味」という概念が本質的に認識論的概念であったことに求められる。つまり、言明の意味はその検証条件によって与えられるという「意味の検証理論」は、検証という認識論的概念を意味論の中心に据えることになり、したがって、「意味による真理」としての分析的真理の特徴づけも認識論的性格を帯びざるをえなくなったのである。ここから、分析的真理とア・プリオリな真理とが同一視されるのは、ごく自然であると思われる。(40)

とはいえ、分析的真理とア・プリオリな真理とは、はっきり区別されなければならない。仮に論理実証主義が考えたように両者の外延が一致する——分析的真理はすべてア・プリオリであり、その逆も成り立つ——としても、少なくとも両者のあいだの概念的区別は見失われてはならない。現在の時点から振り返れば明らかなことであるが、「分析的でない、すなわち、綜合的であって、かつ、ア・プリオリな真理」が存在しないということの決定的論証が論理実証主義によって見いだされたわけではない（本当に大事な問題については決定的論証など期待できないというのは、哲学の宿命かもしれない）。また、何人かの哲学者が論じているように、(41)「ア・プリオリではない分析的真理」という観念にも適用の場所がないわけではない（この点については、次節で触れることになる）。しかし、とりあえず「経験主義のふたつのドグマ」における議論を論理実証主義の前提を逆手に取った議論であると解釈するならば、ア・プリオリな真理に対するクワインの攻撃は、「分析的真理はすべてア・プリオリでもある」という相手方の前提を介して、分析的真理への攻撃、すなわち、経験主義の第一のドグマへの攻撃として読むことができよう。

さて、後知恵の注釈はこの辺で切り上げて、「経験主義のふたつのドグマ」における議論の進行をふたたび追うことにしよう。「分析—綜合」の区別に対する最終的論駁とクワインがみなしたものは、相互に密接な関係をもつふたつの議論である。ひとつは、「分析—綜合」の区別に支持を与えることのできるほとんど唯一のものであるとクワインが考えた還元主義のドグマを否定する議論であり、もうひとつは、クワインは「分析的真理」と言うが、実はア・プリオリな真理であるものの存在を端的に否定する議論である。前者は、後に「デュエム＝クワイン・テーゼDuhem-Quine Thesis」と呼ばれることになる種類の考察に基づいており、後者は、科学の合理的に再構成された歴史からの議論(42)と解釈できる。

論理実証主義者は、言明の意味がその検証条件によって与えられると主張した。しかし、かれらのもとで、言明の検証ということは、基礎的言明への（真理関数的）分解と、基礎的言明と感覚的経験とのあいだの照合という、ごく単純な手続きに同化されてしまった。言明の検証の実際について少しでも考えてみるならば、論理実証主義流の把握がいかに非現実的なものであるかは直ちに明らかとなる。たとえば、「地球は太陽のまわりを回っている」という言明を検証するためにどのようなことをしたらよいのかを考えてみるだけでよい。言明の検証の実際が示すことは、圧倒的に多くの経験的言明の検証が、直接的な観察だけでなく、検証されるべき言明と演繹的ならびに帰納的な関係に立つ多数の言明をも巻き込むという事実である。つまり、ダメットも言うように、「一般に、検証は、観察と推論両者の混合なのである[43]」。言明の検証が、検証されるべき当の言明以外の言明をも巻き込まざるをえないということは、他のいっさいの言明から切り離して単独の言明の検証について語ることが、そもそも、意味をなさないという結論に導く。このことをもっとも明瞭に示す議論が、物理学における「決定的実験」なるものの存在を否定したデュエムの議論である（ピエール・デュエム『物理理論――その目標と構造 *La Théorie Physique: Son Objet, Sa Structure*』（初版、一九〇六））。

いま物理学のある仮説Hをテストすることを考えよう。ごく単純に考えるならば、仮説Hのテストは、その仮説を採用したとき、特定の実験的状況で、どのような観察結果が予想されるかを計算し、そうした実験的状況を作り出し、そこでの観察結果が予想と合致するかどうかを見ればよいということになる。そして、こうしたテストの結果が肯定的ならば、仮説Hは一定の確証を得たことになり、結果が否定的ならば、仮説Hは反証されたことになる。だが、仮説のテストをこのように考えることは、決定的な点で誤りであることを、デュエムは指摘する。それは、問題となっている仮説Hと特定の実験的状況だけでは、そのとき予想される結果を算出するには不十分であり、必ず、何らかの補助仮説A_1、…、A_nが必要であるという事実を見落としている。つまり、予想される観察結果Oは、

$$(H \wedge A_1 \cdots \wedge A_n) \rightarrow O$$

という形で算出されるのであり、よって、実験の結果が予想と異なった、つまり、Oが否定されたとき、否定されるのは、単独の仮説Hではなく、この仮説と補助仮説全体との連言「$(H \wedge A_1 \cdots \wedge A_n)$」なのである。

要約すればこうなる。物理学者には、単独の仮説を実験的テストにかけることは、決してできず、ただ、一連の仮説をテストにかけることができるだけである。実験結果がかれの予測と一致しなかったとき、かれが知るのは、こうした一連の仮説のうちの少なくともひとつが受け入れがたいものであって、訂正されるべきだということである。だが、実験は、これらの仮説のうちのどれを訂正すべきであるかを告げはしないのである[44]。

デュエムの結論は、物理理論のみにかかわるものであるが、クワインは、これを最大限にまで拡張する。「外界についてのわれわれの言明は、個別的にではなく、ひとつの団体としてのみ、感覚的経験の裁きに直面する[45]」。そして、これが、一般に「デュエム＝クワイン・テーゼ」と呼ばれるものである。「還元主義のドグマ」が、他の言明から切り離されて考えられた言明がそれ単独で確証や反証を許すと主張するものであれば、これがデュエム＝クワイン・テーゼによって反駁されることは明らかである。クワインによれば、「分析—綜合」の区別という「経験主義の第一のドグマ」を支持するものとしては、還元主義の主張以外にないのであるから、還元主義のドグマの反駁は、ふたつのドグマを両者ともに反駁することになるという。だが、クワインのこうした戦略は、きわめて疑わしい。デュエムの議論は、言明の確証や反証には観察だけでなく推論も参与することを明らかにしている。個別の言明ごとにそれを確証・反証する経験的領域を指定することが不可能なのは、言明が他の言明と複雑な推論的関係に立っているからである。「経験の裁き」に直面して、どの言明を保持し、どの言明を捨て去るべきかは、こうした推論的関係を手がかりとしてなされる。そうすると、そうした推論的関係を表現している言明は、いわば「固定されている」と考える必要があるように思われる。そして、推論的関係を表現している言明は、分析的言明の一方の典型と考えられてきたものである。もしもこうした言明までもが「経験の裁き」に直面するとするならば、われわれは、自身の信念の体系をどのように改訂すべきかについての導きの糸をまったくもたないことにならないか。つまり、還元主義を否定するためにデュエムの議論を持ち出すことと、分析的真理のまったき否定とは、しっくりしないように思われるのである（実際ここに不齐合が存在することを、われわれは3・5節で確認するだろう）。

第一のドグマを真っ向から否定する議論は、パトナムの言うところの「科学の歴史からの議論」である。それは、次の有名な一節に見られるように、科学の歴史に照らして、ア・プリオリな真理の存在を端的に否定するものである。

> 体系のどこか別のところで思い切った調整さえ行うならば、何が起ころうとも、どのような言明に関しても、それが真であるとみなし続けることができる。周縁部にきわめて近い言明でさえ、それにしつこく反するような経験に直面したとしても、幻覚を申し立てるとか、論理法則と呼ばれる種類の言明を改めることによって、相変わらず真であるとみなし続けることができる。逆に、まったく同じ理由から、どのような言明も改訂に対して免疫をもっているわけではない。排中律のような論理法則の改訂さえ、量子力学を単純化する一手段として提案されている。そして、こうした転換と、ケプラーがプトレマイオスに取って代わった転換、あるいは、アインシュタインがニュートンに、ダーウィンがアリストテレスに、といった転換とのあいだに、原理的などういう違いがあると言うのだろう。[46]

ここには、ふたつの主張が含まれている[47]。

(I)　何らかの経験が真理値「偽」を付与することをわれわれに強制するような言明は、存在しない。

(II)　どのような経験に直面しようとも常に真理値「真」を指定されるべきような言明は、存在しない。

クワインの用語法では、(I)が「綜合的」言明の存在を否定し、(II)が「分析的」言明の存在を否定することになる。だが、先にも指摘したように、(II)で否定されているような種類の言明は、むしろ、「ア・プリオリな」言明、すなわち、それを否定することが決して合理的でないような言明と考えるべきである。したがって、(I)で否定されている種類の言明は、「ア・ポステリオリ」もしくは「経験的」言明ということになろう（クワイン自身も、「カルナップと論理的真理 Carnap and Logical Truth」（一九五四年に執筆）では、同様の関連で、「ア・プリオリ」と「経験的」の区別について語っている[48]）。

(I)は、デュエム＝クワイン・テーゼの帰結であると考えられる。次節以下でいくらか詳しく検討しようと思うのは、ア・プリオリな真理の存在を端的に否定している(II)の方である。ただその前に、このテーゼの歴史的コンテキストについて、ごく予備的に、触れておく必要がある。

ここでもまた、話は、論理実証主義までさかのぼらなければならない。論理実証主義者は、言明の「必然性」と「ア・プリオリ性」のどちらもが、言明の「分析性」に由来すると考えた。言明の必然性ならびにア・プリオリ性を分析性に基づけるのが得策であると考えられたことの理由は、分析性が、結局のところ、われわれによって定められる言語的規約に由来するものであるという理論が広く受け入れられていたことにある。言語的規約の典型は明示的定義であり、論理実証主義は、このパラダイムを拡張する（たとえば、明示的定義から、「暗黙の定義」や公理的約定に進む）ことによって、論理的真理ならびに数学的真理をも「規約による真理」のもとに包摂しようとした。「規約による真理」という観念がこれほどの拡張に耐えないことを、われわれは、すでに、本書の第2章で見た（数学的真理も論理的真理も、その真理性の由来を規約に求めることはできない）。だが、言語的規約のパラダイムである明示的定義そのものによって生み出される真理が存在することは、否定しがたい事実であるように思われる。そのような真理は、「必然的」であり、かつ、「ア・プリオリ」であろう。たしかに、いったん採用された規約が別の規約に取って代わられることがあるように、ある定義が廃棄されて、別の定義に取って代わられることもあるだろう。だが、そのときには、新しい定義が採用されたことによって、もともと用いられていた語の「意味」が変化した（あるいは、たまたま字面だけ同じであるが、別の「語」が新たに導入された）にすぎない。このことは、何ら、明示的定義に基づく真理が必然的でありア・プリオリであることを否定する材料にはならない。

クワインによるア・プリオリな真理の存在の否定(II)は、まず、こうした反応を引き起こすはずである。こうした反応が、はたして、どれだけ当を得たものであるかを見きわめることは、「経験主義のふたつのドグマ」から得るべきもっとも重要な哲学的教訓を明らかにするはずである。つまり、なぜ、「個別的言明に関して、その真理性の言語的要因と事実的要因とについて語ることは、ナンセンスであり、また多くのナンセンスの根元である[49]」のか、である。

3・4　維持しえない二元論：言語的要因と事実的要因

3・4・1　意味の変化か理論の変化か

分析的真理として、その必然性ならびにア・プリオリ性が規約によって説明される類の真理の一例は、次のものであろう。

(1)　火曜日の次の日は、水曜日である。

この文が真であるのは、また、ただ真であるだけでなく、必然的かつア・プリオリに真であるのは、「火曜日」や「水曜日」といった語をわれわれが用いる仕方による。その証拠に、(1)が偽となるような事態を、無理を承知で考えようとして、われわれに思い付けるものは、曜日の命名法が、われわれの「月火水木金土日」といった順番とは異なる順番に従うような場合に限られる。そして、そうした、われわれとは異なる順番で曜日を名付ける社会において、(1)が偽であると言われようとも、そのとき、実は、問題となっている文は、(1)そのものではなく、ただ、字面だけ同じである別の文であると考えるであろう。あるいは、そのとき、「火曜日」や「水曜日」といった語の意味は、われわれにおけるものとは異なると言うであろう。つまり、文(1)が偽であると主張される事態が考えられるとするならば、それは、その文に現れている語の意味が変化しただけのこと、すなわち、現在のわれわれが採用しているのとは異なる規約が採用されただけのことである。ということは、文(1)の真理性が、ひたすら、そこに現れている語の意味、われわれがそうした語をどのように使うと決めたかだけに依存しているということである。

(1)が、規約によって生み出された真理を表現しており、しかも、それは、規約によって生み出されたがゆえに必然的かつア・プリオリであるということの説明は、おおよそ、こうしたものとなろう。だが、このような説明がどれだけの妥当性をもつかは、さらにいくつかの例を考察するにつれて、疑わしくなってくる。

たとえば、(1)と同様に、規約によってその必然性とア・プリオリ性が説明されると思われる例は、次のものであろう。

(2) 一分 = 六十秒

これは、明らかに、必然的かつア・プリオリな言明であると思われる。たとえば、一分は六十秒であると教えられたこどもが、自分の持っている時計を使って本当にそうであるかを確かめようとしたとする。その結果、その時計によれば、秒針が文字盤をひとまわりするごとに分針が二分ずつ進むことが確かめられたとする。このことによって、こどもは、一分が六十秒ではなく、三十秒しかないことを発見したことになるだろうか。もちろん、そんなことはない。そうした「発見」を告げられた親は、その時計を修繕に出すか、あるいは、別の時計をこどもに与えるだろう。(2)が正しいかどうかは、発見される事柄ではなく、(2)が成り立つことそのことが、時計が「正しく」動作していることの基準のひとつなのである。そして、(2)のもつ、こうした必然性ならびにア・プリオリ性の源泉は、われわれが「そのように取り決めた」そのこと以外にはあるまい。

だが、早くも、この例において、その必然性を擁護することは、(1)の場合ほど簡単ではない。(2)が偽とされるような状況が、もしあるとすれば、どのようなものとなるかを考えてみよう。

たとえば、誰かが、「五百年前には、一分は六十秒ではなかった」と主張したとする。これが、ただ、五百年前には、時間の単位の換算が六十進法によってではなく、百進法によっており、そのときには、

(3) 一分 = 百秒

とされていた、という主張であるのならば、それは、水曜日が火曜日の後に来ないような曜日の名付け方の場合と同じく、異なる規約を採用する可能性を指摘しているだけのことであると言ってよかろう。(3)に現れている「分」や「秒」は、(2)に現れている語と同形ではあるが、そもそも意味が異なるものとして、本来は、別の語とみなされるべきである。したがって、五百年前には(3)が正しかったと主張する人は、そのことによって、(2)が偽であることを主張しているのではないと論ずることができる。

しかし、別の可能性を考えることもできる。普通、(2)が必然的かつア・プリオリに真であると考えられる理由は、(2)の役割を、一秒がどれだけの時間的持続であるかが先に規定されているとき、一分がどれだけの持続であるかを定義するためであるとみなすからである。つまり、(2)が、語「分」の明示的定義であるとみなされている限り、(2)の必然性は揺るがず、また、そのア・プリオリ性も自明であると思われる。しかしながら、明示的定義によって導入された語が、社会の中で流通するにしたがって、その素性を覆ってしまうような変化を蒙ることは、しばしば生ずることである。そして、このとき、そうした変化のすべてが、即、意味の変化であると言い切ることは、時には、むずかしくなる。たとえば、次のような状況を想像してみる。

一秒がどれだけの時間的持続であるかを、自然界に見いだされる周期的現象によって定義し、そのうえで、(2)によって、一分がどれだけであるかを定義したとする。ところが、その後、その周期が「ほぼ正確に」一分一秒であるような周期的現象が発見されたとする。この現象の周期は、ほぼ正確に一分一秒であるが、厳密に一分一秒であるわけではない。ただ、この周期的現象によって時間の単位を決定する方が、さまざまな理由から便利であるとされ、秒ではなく、分を時間の基本的単位とするべきだと提案されたとする。そして、もちろん、そのとき、一分という時間的持続は、この新しく発見された周期的現象によって定義される。ただし、このときの問題は、第一に、この新しい「一分」が、それまでの「一分」よりもほぼ一秒分だけ長いことであり、第二に、この「ほぼ」が示すように、新しく発見された周期的現象を時間の基本的単位として採用するならば、以前に「一秒」を定義するために用いられた周期的現象が、新しい規定のもとでは、厳密に同じ周期で繰り返される現象ではなくなることである。周期の厳密性は定義の問題にすぎないとすれば、第二の問題は無視するしかない。しかし、第一の問題は、これまで日常的に使われていた時間単位によって習慣づけられた時間感覚に影響を与えるために、無視することはできない。したがって、この食い違いのために、新しく、一秒を一分の六十一分の一として定義することになった。こうして、いまや、分と秒の関係は、(2)ではなく、

(4)　一分 ＝ 六十一秒

によって与えられることになった。

さて、こうした経過の末に、(2)から(4)に移行したとすると、それを、単純に、「分」および「秒」という語の意味が変化した、あるいは、われわれが新たな規約を採用したにすぎない、と特徴づけてよいだろうか。

ひとつの答は、(4)もまた、明示的に規約として採用されたものであり、それは、それ以前まで採用されていた規約(2)と明らかに異なるものであるから、当然、規約(4)のもとで用いられる「分」や「秒」は、規約(2)のもとで用いられていた同形の語とは意味を異にする、というものであろう。こうした答に従えば、(2)と(4)のどちらもが必然的かつア・プリオリな真理を表現しているのであり、両者が矛盾しているようにみえるのは、単に字面に惑わされて、両者がまったく異なる命題を表現しているにもかかわらず、その間に論理的関係が成り立ちうるかのような錯覚に陥ったにすぎない、ということになる（あるいは、(2)と(4)とは「同一の言語」に属していないのに、同一の言語に属しているかのような考え違いをしていると言ってもよかろう）。

だが、(2)と(4)とが互いにまったく無関係であると言い切れるだろうか。どちらの規約においても、「分」と「秒」という語は、言語の中で同じような役割を担っている。そうした語のさまざまな現れは、新たな規約の採用によっても、言語全体の中での位置を変えていないのではないだろうか（新しい規約の採用は言語の「同一性」を破壊する——規約が新たに採用されるごとに「異なる」言語が出現する——と主張することは、言語の変化という事態を正しく捉えることを不可能にするものではないだろうか）。[50]

いま、もうひとつの例として、パトナムが議論している例を考えよう。[51] ニュートン力学の教科書の多くで、運動エネルギーEは、次の式で定義される。

(5)　$E=\frac{1}{2}mv^2$

規約による真理があるとするならば、明示的定義こそ、その典型でなくてはならない。そして、(5)が、単に、「運動エネルギー」の定義であるならば、それは必然的かつア・プリオリな真理を表現しているはずである。だが、(5)を明示的定義とみなすことは、教科書の中では許されても、「運動エネルギー」という語の現実の歴史に関しては、必ずしも正しくないかもしれない。したがって、パトナムは、議論の便宜のために、(5)が、物理学者の国際会議によって「運動エネルギー」の定義として採択されたといった仮想的歴史を考える。その場合、(5)は、明らかに、規約（＝明示的定義）によって真とされることになる。そして、現実の歴史におけると同様、この仮想的歴史においても、アインシュタインが存在し、かれの相対性理論を提唱し、それが広く受け入れられたとする。その理論のひとつの帰結は、「運動エネルギー」が(5)に従うものではなく、

(6)　$E=m+\frac{1}{2}mv^2+\frac{3}{8}mv^4+\cdots\cdots$

といった法則に従うということである。[52]

ここで、(5)は定義であったのだから、アインシュタインがしたことは、ただ、そうした定義に代わって、「運動エネルギー」という語に対して、別の新しい定義を提案しただけのことであると言ってよいだろうか。パトナムは、そのように言うことは事態をまったく歪曲することに他ならないと論ずる。

仮に(5)が定義によって導入され、ニュートンの万有引力の法則は帰納によって導かれたと仮定したとしても、いっ

たんそうした「定義」や法則がひとつの理論のなかに組み込まれてしまうと、理論の発展は両者を同等に改訂可能なものとして扱う。「注目すべきことは次の点である。アインシュタイン以前に「エネルギーの定義」というものの資格がどうあったにせよ、それを改訂する際に、アインシュタインはそれがまさに自然法則のひとつであるかのように扱ったということである[53]」。

「カルナップと論理的真理」のなかでクワインが言うように、「規約性は一過性のものであって、科学の前線では有意義であるが、その後衛に属する文を分類するには役に立たない[54]」のである。これがあまりにメタフォリカルにすぎるならば、同じ論文のなかでの次のような記述を読むがよい。それは、ここで考察しているような例にぴったり当てはまる（実際、「運動エネルギー」についてのパトナムの議論は、クワインのこの一節のパラフレーズに他ならない）。

科学者が、ある物質なり力なりを指すために、新しい名辞を導入するとしよう。それは、法制的定義 legislative definition もしくは法制的要請 legislative postulation［つまり、規約的な明示的定義もしくは公理的特徴づけのこと――それは、すでに知られている真理を体系的に記述するために採用される定義や公理的特徴づけとは異なって、新たに「規約による真理」を生み出すと考えられる］をなすことによって導入される。研究を進めて、科学者は、このように名付けられた物質や力がもつ他の性質に関する仮説を展開する。こうした仮説のうちの信頼できるもののひとつによれば、この物質や力が、この科学者のもっている科学的語彙の別の部分に属するものから構成される複雑な名辞によって名指されるものと同一となるとしよう。この新しく見いだされた同一性が、その後の研究において、法制的定義という行為に由来する同一性、もしくは、法制的要請という行為に由来する法則と無差別に扱われることは、われわれみんなが知っていることである。その後の発展において、改訂は、これらの主張のどれについても起こりうる。私が強調したいのは、このような仕方で探究を進める科学者は、そのことによって、何か意味のある区別を看過しているのではないということである。一方で、法制的な行為は、繰り返し生ずる。

他方、その結果生ずる真理を、分析的と綜合的、意味公準による真理と自然の力による真理、といった具合に二分することには、方法論的理想としてすら、満足な意味を与えられないのである。[55]

3・4・2 カルナップとクワイン

「カルナップと論理的真理」でクワインの標的となっているカルナップは、もはや、「根元的還元主義者」としてのカルナップではない。それでもなお、このカルナップは、ある一定の言語的枠組みのなかで解決が与えられる「内部問題」と、言語的枠組みそのものの採用に関する「外部問題」とを区別することによって、「事実」と「言語」のあいだに明確な境界を設けようとする哲学者である。かれによれば、合理的探究とは、一定の規則（それが「言語的枠組み」を構成する）に従ってなされる営みである。探究の進行は、二種類の変化をもたらしうる。ひとつは、すでに受け入れられている言語的枠組みの内部で、言明の真偽が決定されたり改訂されたりすることによって生ずる変化である。もうひとつの種類の変化は、言語的枠組みそのもの、すなわち、探究が従うべき規則そのものの改訂である。前者の種類の変化が、もっぱら、「事実的発見」によって引き起こされ、後者の種類の変化が、ひとえに、われわれがどのような「言語的規約」を採用するかについての考慮によって生ずるとするならば、「事実」と「言語」とは明確に区別されることになろう。だが、カルナップの立場はもっと複雑である。まず、カルナップは、デュエムのテーゼを受け入れる。すでに、『言語の論理的シンタックス』（初版、一九三四）で、カルナップは、「究極のところ、テストが可能なのは、単独の仮説に対してではなく、仮説の体系としての物理学の全体系に対してである（デュエム、ポアンカレ）[56]」と書いている。「経験主義のふたつのドグマ」におけるクワインの批判しか知らない者にとって、さらに驚くべきことには、このすぐあとでカルナップが言うことは、こうである。

物理言語のどの規則も最終的なものではない。規則はどれも、必要であると思われれば改訂してよいという留保のもとに立てられている。このことは、P－規則〔＝基礎的な物理法則を定式化している規則〕のみならず、数学的規則をも含めてのL－規則一般にも当てはまる。この点では、ただ、程度の違いがあるのみである。すなわち、ある規則は、他の規則よりも破棄することがむずかしいだけのことである。[57]

ここで「L－規則」が分析的真理に対応するものであることに注意されたい。つまり、カルナップは、クワインが「経験主義のふたつのドグマ」を書くずっと以前に、デュエムのテーゼも、また、分析的言明の改訂可能性さえをも認めていたのである。したがって、クワインの「カルナップと論理的真理」に答えて、カルナップが次のように言うとき、それは何も、かれがクワインの批判に屈して自説を曲げたわけではない。

クワインによれば、観察結果と理論とのあいだの食い違いを発見して、科学の体系のどこかで調整を行うことを迫られる科学者は、どの部分を修正すべきかについて大きな選択の自由をもっている。この過程においては、いかなる言明も改訂に対して免疫をもっているわけではなく、そのことは、論理と数学の言明についても正しい。……こうしたこと全部に私はまったく賛成である。[58]

では、クワインはカルナップに対して見当違いの批判を展開しているのだろうか。そうではないことは、クワインへのカルナップの返答をもう少し先まで読めば明らかとなる。カルナップは、まず、「何が起ころうとも真とみなされる」というのは、かれが考えている「分析的真理」を十分に特徴づけるものではないと言う。その理由は、第一に、「分析的真理」とは、あくまでもひとつの言語に相対的に決まるものであること、第二に、ある言語における「分析的真理」が改訂されるようなことが起こった場合には、別の言語への移行が生じた（「厳密には、言語L_nから新しい言語L_{n+1}への移行である」[59]）と考えるべきこと、の二点に求められる。つまり、カルナップは、言語そのものの変化（外部的変化）と、一定の言語内での変化（内部的変化）とを、きっぱり分けるのである。これに対して、クワインの議論は、カルナップが、デュエムのテーゼや「分析的言明」の改訂可能性までをも認めるのであれば、なおも「外部問題－内部問題」の区別に固執することにどれだけのメリットがあるのかという点に向けられている。

「根元的還元主義」のもとでは、言明の表現する「内容」は、その言明がどの言語に属するかに左右されない。個々の言明は、感覚的経験のある決まった領域と対応している。感覚的経験の領域は、言語と中立的な「所与」であり、どの言明にどの領域が対応するかということも、すべての言語に共通と考えられた「唯一の論理」――『論考』の真理関数的論理――によって決定される。つまり、「根元的還元主義」の立場は、言語的枠組みと独立の「言明内容」「事実」について語ることを許すものであった。ところが、いったんこの「根元的還元主義」が捨て去られるならば、いかなる言語的枠組みとも独立の「事実」というものは存在しないことになる。こうして、言語的枠組みそのものが主題化され、「内部問題－外部問題」という区別が打ち出されてくる。しかしながら、言語と中立的な「事実」について語ることがもはや許されないとすれば、内部問題と外部問題の区別も、カルナップが言うほど明瞭なものとはならない。「内部問題」に分類される問題のどれについても、それを「外部問題化」する――言語的枠組みそのものを再検討する――ことによって解決するという可能性があるはずである。つまり、ここでは、「内部問題」と「外部問題」との区別は、実質的に無に帰している。それは、われわれの信念が連続的に変化して行く過程の説明に何ら寄与するものではなく、結局のところ、「空転する歯車」でしかないのである。カルナップとクワインとのあいだの論争を振り返って、フックウェイは次のように言う。「ここで大きな謎として現れてくるのは、なぜクワインが「内部問題」と「外部問題」という区別を捨て去るという一歩を踏み出したのかではなく、むしろ、なぜカルナップがこの一歩を踏み出さなかったのかの方である」と。[61] たしかに、こうした感慨に打たれるのももっともであるが、カルナップがこの一歩を踏み出さなかった根本的理由は、哲学の役割をどう考えるかについて、この一歩が招き寄せる帰結にあったと思われる。それは、哲学と科学の連続性を認めることであり、つまりは、規範的な方法論としての哲学という観念から退却することである。カルナップにとって、こうした帰結は耐え難いものであったはずである（この点については、3・5・1節でも若干触れることになる）。

3・4・3* 解離不可能性、分析性、ア・プリオリ性

「運動エネルギー」の例は、科学の発展の各段階において、「外部問題か内部問題か」あるいは「意味の変化か理論の変化か」と問うことの不毛さを如実に示している。このことを一般化したものが、個別的言明に関して、その真理性に寄与する言語的要因と事実的要因とについて語ることはナンセンスであるという主張である。この主張を、ダメット[(62)]にならって、「解離不可能性のテーゼ inextricability thesis」と呼ぼう。「経験主義のふたつのドグマ」において、「歴史からの議論」が提示されている箇所で、クワインは、

(A) 解離不可能性のテーゼ

から、直ちに、

(B) ア・プリオリな真理の非存在

を引き出している。ここで「ア・プリオリな真理」は、すでに指摘したように、クワインによって、「意味による真理」という意味での本来の分析的真理と同一視されている。したがって、(B)を認めることは、クワインにとって、

(C) 分析的真理の非存在

を認めることに等しい。つまり、クワインは、

(A) ⇓ (B) ⇓ (C)

という推論を自明のものと考えている（クワインは、また、ア・プリオリな真理と分析的真理とを同一視することによって、「(C) ⇓ (B)」をも認めている）。ここで検討しようと思うのは、この推論の妥当性である。以下では議論が錯綜するおそれが十分にあるので、ここで私の結論を先に述べておこう。

私の結論の第一は、「結論」と称するには若干気が引けるのだが、こうである。すなわち、私は、解離不可能性のテーゼ(A)については、その真偽に関して保留する。これに対して、私は、ア・プリオリな真理も、分析的真理も存在すると考える。つまり、私の結論の第二は、(B)と(C)がともに誤りであるということである。(A)の真偽について保留している以上、私は、クワインのふたつの推論、

(A) ⇓ (B)

および、

(A) ⇓ (C)

は、どちらも誤りであると考える。これが、私の第二の結論である（(B)も(C)も偽であると私は考えるのであるから、こ

うした推論の少なくとも一方が正しいことを認めるならば、私は、(A)が偽であると結論せざるをえない。とはいえ、私自身が不整合に陥らないためだけならば、これらふたつの推論が誤りであると主張する必要はない――これらの推論の妥当性に関しても、(A)の真偽に関してと同様、保留しておけばよいことである。だが、私でも、そこまで日和見をきめこむつもりはない)。

だが、クワインの議論は、(A)から(B)を介して(C)に至るものとして解釈できるのであるから、ア・プリオリな真理の非存在の主張(B)と、分析的真理の非存在の主張(C)とのあいだの論理的関係もまた問題としなければならない。したがって、まず先に、こちらの問題を片付けて、その後で解離不可能性のテーゼ(A)と分析的真理の非存在の主張(C)との関係、ならびに、(A)とア・プリオリな真理の非存在の主張(B)との関係を、この順序で検討することにしたい。

まず、「(B) ⇒ (C)」から検討しよう。すなわち、ア・プリオリな真理の存在を否定すること（「いかなる言明も改訂に対して免疫をもっているわけではない」）は、（ア・プリオリな言明とは概念上区別される）分析的言明の存在を否定することになるか、という問題である。

言語的要因と事実的要因とを単独の言明において取り出すことができないのは、個々の言明が、多かれ少なかれ、他の言明とさまざまな連関をもっているからである。だが、「経験的有意味性の単位は科学の全体である」[63]と言うときクワインが示唆していると思われるところとは異なり、こうした連関は、どの言明についても同様な広がりをもっているわけではない。その理由は、語には、その用法に寄与する諸言明間の連関の広がりに相違があるからである。この点に注目することが、クワインの議論のなかでは渾然一体となっている「分析的―綜合的」と「ア・プリオリ―ア・ポステリオリ」のふたつの区別を選り分ける助けとなるはずである。ここで不可欠なのは、パトナムによって導入された、「一基準語 one-criterion word」と「法則群集語 law-cluster word」の区別である。[64]

一基準語とは、「独身者」がその一例であるが、その語を適用するための単一の基準――「独身者」の場合には

「結婚していないこと」――が存在する語である。これに対して、法則群集語は、「運動エネルギー」のように、その語が指している概念のアイデンティティが、多数の法則の集まりによって決定されるものである。一般に、高度に発達した科学に属する用語は、法則群集語である。それだけではない。パトナムによれば、ひとつの自然言語のなかで、一基準語の総数は、せいぜい数百を超えるものではないという。[65] そして、こうしたきわめて少数の語に関するある種の言明については、それらが「分析的言明」であるとすることに問題はない(「独身者は結婚していない」は分析的言明である)というのが、パトナムの主張である。つまり、かれによれば、クワインは、「分析―綜合」の区別がまったく存在しないとした点において誤ったが、こうした区別が意義をもつのは、比較的重要でない言語の部分に限られているのだから、クワインの誤りは、何ら哲学的に重要な誤りではないということになる。[66]「「ふたつのドグマ」再訪 "Two Dogmas" Revisited」(一九七六)のパトナムによれば、クワインの議論の真価は、「分析―綜合」の区別を否定したところにではなく(パトナムによれば、それは、たいした誤りではないが、それでも誤りであることにはちがいない)、「ア・プリオリ―ア・ポステリオリ」の区別を否定したところにある。

私が正しければ、クワインは、歴史を画する哲学者である。かれの画期的重要性は、かれが、第一級の哲学者のなかで初めて、ア・プリオリ性の概念を拒否し、ア・プリオリ性抜きの方法論というものの明瞭な考え方を、少なくとも、素描してみせたことにある。[67]

だが、パトナムのように分析的言明の存在を認めるのならば、そのことは、ア・プリオリな言明の存在を認めることにならないか(この対偶を取れば、これが、「(B)⇓(C)」ではないかという問いと同じであることがわかる)。この反問に対して、分析的言明の存在を認めることが、必ずしもア・プリオリな言明の容認にはつながらないと論ずることは、少なくともふたつの仕方で可能である。

まず、「ア・プリオリ性」が認識論的概念であるのに対して、「分析性」はそうでないことを、もう一度確認しよう。そうすると、一般に分析的言明とみなされ、それゆえに真であると信じられてきた言明が、実は分析的言明でなかったと判明し、さらに、偽であるとすら言われるようになることは、十分に考えられる。それは、ある言明を「分析的」と分類した点でわれわれが間違ったというだけのことである（そして、「分析的」というレッテルを信じて、その言明が真であると考えた点でも間違えたということである）。つまり、分析的言明の存在を認めることと、「分析的として受け入れられているいかなる言明も、ある状況のもとではもっともな理由をもって棄却されうる」と主張することとのあいだには、何の矛盾も存在しないのである。(68)

もうひとつのやり方は、単に、言明が分析性の資格をもっているかどうかについての誤認の可能性に訴えるのではなく、もっと積極的に、何を分析的言明とするかについてのわれわれの決定そのものが経験的理由によって変更されうると論ずることである。(69) 一基準語が生み出す「分析的真理」ですら例外ではないと考えるべきである。一基準語であった語が、経験的探究の結果、何らかの理論の中心に位置するようになることは考えられる。独身者のすべてが、また、独身者のみが、特殊なノイローゼ（パトナムはそれを「性的欲求不満」であるとする）にかかっていることが発見され、「独身者」という概念にとっては、このノイローゼにかかっていることの方が、当人の結婚歴よりも中心的なものであるとみなされることになるならば、「独身者は結婚していない」も否定されうることになる。つまり、「結婚している独身者がいる」と主張することが正しいということになる。(70)

つまり、「分析的真理」と「ア・プリオリな真理」とは、概念的に異なるだけでなく、その外延においても異なりうる。そして、一時期のパトナムのように、分析的真理の存在を認めつつ、ア・プリオリな真理の存在を否定することが可能ならば、

(B) ア・プリオリな真理は存在しない

から

(C) 分析的真理は存在しない

ということは帰結しない。

では、逆に、(C)から(B)という推論は正しいだろうか。対偶を取った方がわかりやすい。すなわち、

（＊） ア・プリオリな真理が存在するならば、分析的真理も存在する

は正しいだろうか。

この点について、現在の私は、確定的なことを言えない。一方で、「綜合的ア・プリオリ」に反対した論理実証主義流の前提

ア・プリオリな真理はすべて、分析的真理である

が、いったん取り払われてしまえば、ア・プリオリな真理の存在するところ必ず分析的真理も存在する、と言う根拠はなくなるように思われる。だが、他方、（＊）を言うためだけならば、論理実証主義流の前提ほど強い仮定は必要ない。いずれにせよ、いまここでは、この点に深入りしない方が無難だろう。何と言っても、早急に検討しなければならない問題が手近に控えているのだから。

その問題とは、パトナムのように、分析的真理の存在を限定された形でも認めることが、解離不可能性のテーゼと抵触しないか、という問題である。これは、すなわち、解離不可能性のテーゼ(A)が、分析的真理の非存在の主張(C)を含意するのではないか、という問題である。

解離不可能性のテーゼは、個々の言明について、その真理性を構成するものとして言語的要因と事実的要因とを別々に取り出すことはできない、というものであった。ところで、分析的真理は、そのもっともポピュラーな特徴づけである「意味による真理」が示すように、その真理が、純粋に言語的なものに由来する真理であると考えられてきた。よって、分析的真理の存在を認めることは、言語的要因のみが純粋な形で取り出されうることを認めること、したがって、解離不可能性のテーゼを否認することになるのではないか。

たしかに「解離不可能性のテーゼ」が正確に何を主張するものであるかについては、曖昧な点が多々残っている。しかし、そこに、ある重要な洞察が含まれていることは否定しがたい。パトナムもこの点は積極的に認めると思われる。そうすると、かれは、どのようにして、分析的真理の存在と解離不可能性のテーゼを調停するのだろうか。

「独身者は結婚していない」が「分析的言明」であるのは、パトナムによれば、「独身者」が一基準語であって、法則群集語ではないからであった。もしも「独身者」が法則群集語であれば、この語を含むような言明に「分析―綜合」の区別を適用することはできないというのが、パトナムの主張である。「独身者は結婚していない」が分析的に真であるためには、「独身者」を法則群集語とするような法則や理論が存在しないことが必要なのである。そして、このことは、事実問題を巻き込むことである。

……「独身者」が法則群集語とはならないという私の知識（あるいは、確信）は、きわめて広い意味での、経験的議論に基づいている。

「独身者」という語を含む普遍的法則が存在しないということは、世界についての事実であるという意味で経験的なものである。(71)

つまり、分析的真理の存在を認めても、それは、必ずしも、分析的真理が「言語的要因」を純粋な形で取り出したものであると認めることではないのである。

「独身者は結婚していない」が真であるのは何によってかという問いに対して、この言明が分析的真理を表現しているからと答えることは、その限りで正しい。だが、この言明が分析的であるがゆえに真であるという信念は、世界についてのある信念——独身者に関する普遍的法則は存在しない——と切り離すことができない。(補註1) よって、解離不可能性のテーゼ(A)が分析的真理の非存在の主張(C)を含意するのではないか、という先の問いには、否定的に答えることができると思われる。

そうすると、あと残された問題は、次のものとなる。すなわち、解離不可能性のテーゼ(A)から、ア・プリオリな真理が存在しないこと(B)が帰結するか、という問題である。ア・プリオリな言明とは、クワイン自身の言い方——もちろん、クワインがそれを「分析的言明」と呼んでいることから話が混乱して来るのだが——では、「どのような経験に直面しようとも常に真と評価されるべき言明」のことである。

もしも解離不可能性のテーゼが、言語的要因と事実的要因との不可分離性を言うだけのものであれば、これからなぜア・プリオリな言明の非存在が帰結するのかは、了解に苦しむ。なぜならば、常に真と評価されるべき言明が存在し、その真理性の根拠が、言語的要因単独あるいは事実的要因単独という仕方では説明できないという事態は、十分に考えられるからである。解離不可能性のテーゼがア・プリオリな真理という観念に深刻な影響を及ぼすと考えられる理由は、このテーゼそのものにではなく、むしろ、このテーゼに説得力を与えている背景、すなわち、理論的変化についての考察に求められねばならない。

クワインが強調していることは、理論の改訂が必要となるとき、理論のどの部分に対して改訂が施されるかは、ほとんど予測を許さないということである。改訂が原理的に不可能であるような理論の部分というものは存在しない。理論のどの部分も、われわれの経験の成行きによっては、改訂可能であるとするならば、たしかに、「いかなる経験に直面しようとも真と評価されるべき言明」なるものは存在しない。

だが、分析的真理ならびにア・プリオリな真理の全き否定は、「経験主義のふたつのドグマ」最終節で提示されているクワイン自身の積極的な描像、すなわち、全体論的言語観と背馳すると考えるべき強力な理由が存在する。よって、われわれが次に向かうべきは、クワインの全体論的言語観を見積ることである。

3・5 全体論的言語観

「経験主義のふたつのドグマ」の名声にもっとも大きく寄与していると思われる一節は、その最終節「ドグマなき経験主義」の最初のパラグラフであろう。このパラグラフは、その全体を引用するだけの値打がある。

地理や歴史といったごく表面的な事柄から、原子物理学、さらには純粋数学や論理に属するきわめて深遠な法則に至るまで、われわれのいわゆる知識や信念の総体は、周辺に沿ってのみ経験と接する人工の構築物である。言い方を変えれば、科学全体は、その境界条件が経験である力の場のようなものである。周辺部での経験との衝突は、場の内部での再調整を引き起こす。いくつかの言明に関して、真理値が再配分されなければならない。ある言明の再評価は、言明間の論理的相互連関のゆえに、他の言明の再評価を伴う——論理法則は、それ自身、体系のなかの更なる言明、場の更なる要素にすぎない。ひとつの言明が再評価されたならば、他の言明をも再評価しなければならない。そうした言明は、はじめの言明と論理的に連関している言明であるかもしれないし、論理的連関そのものについての言明かもしれない。だが、場全体は、その境界条件、すなわち経験によっては、きわめて不十分にしか決定されないので、対立するような経験がひとつでも生じたときに、どの言明を再評価すべきかについては広い選択の幅がある。どんな特定の経験も、場の内部の特定の言明と結び付けられているということはない。特定の経験は、場全体の均衡についての考慮という間接的な仕方でのみ、特定の言明と結び付くのである。[72]

ここには、経験主義が二〇世紀中葉において到達した重要な一段階が、強力なメタファーによって表現されている。この一節で表面上問題となっているのは、「われわれのいわゆる知識あるいは信念」の正当化がどのようになされるかである。経験主義の流れのなかでこの問題がどのように扱われてきたかを、ここで簡単に振り返っておくことは、クワインのこの一節の歴史的意義を測るためにぜひとも必要である。

3・5・1　経験主義と信念の正当化――ふたつのモデル

「われわれの信念の多くは経験から来る」といった主張は、それが正確なところ何を意味しているのかを吟味し出せばさまざまな問題に出会うことになるにせよ、多くのひとの同意するところであろう。また、「われわれの信念の多くは、その正当性が経験によって確かめられる」という主張も、同様に、多くのひとの同意を取り付けることができるはずである。経験主義の流れを汲む哲学が、これよりも強い主張「われわれの信念は、それがどのような信念であろうとも、その正当性が経験によって確かめられる」を目標としていたと言うことは、きわめておおざっぱな特徴づけではあるが、それほど事態を歪曲したことにはならないと思われる。しかしながら、他方、このより強い主張は、そのままでは明白に誤りであるように思われる。たとえば、われわれは自身のもつ信念の正当性を弁護するために何らかの経験に訴えることもするが、他の信念を援用してその信念に根拠を与えるということもする。こうした他の信念もまた最終的には経験によって正当化されるということであれば、経験主義の目標はいちおう達成されるであろう。しかしながら、必ずしもそうとは言えないような信念をわれわれがもっていることも事実であるようにみえる。常に引合いに出される例は、数学に属する信念である。だが、信念の正当化全体にとってより大きな問題となるのは、ひとが行う論証（演繹的論証、ならびに、非演繹的——いわゆる「帰納的」——論証の両方を含む）の正当性にかかわるような信念である。論証による信念の正当化は、問題を、論証の前提となっているような信念の正当化に引き戻すだけではない。それは、論証そのものの妥当性についての信念をどう正当化するのかという問題を避けがたいものとする。つまり、信念の正当化においては、経験だけでなく、（広い意味での）論理もまたかかわらざるをえないのである。経験主義の考え方は、信念の正当化において経験が決定的な役割を果たすことをほとんど自明とみなすことから出発している。だが、論理もまた信念の正当化に重要な役割を果たしているとするならば、このことが経験主義的な考え方と調和するかどうかは、決して自明ではない。

論理実証主義（その別名のひとつは「論理的経験主義」であった）は、その名に恥じず、信念の正当化における論理の役割を正面から取り上げた。また、論理実証主義とともに、信念の正当化という問題は、言語の問題として表現されるようになった。つまり、信念は、その言語的表現と切り離すことのできないものであることがはじめて明確に認識されたのである。こうして、信念の正当化についての経験主義的立場は、言語的次元での表現を獲得するようになる。すなわち、文が表現している信念を正当化するものは、同時に、その文の意味を構成するものとみなされた。これが、「意味の検証理論」に他ならない。

「意味の検証理論」に関してこれまで何度か強調してきたことからも容易に推測がつくように、論理実証主義において、信念の正当化は、いわば分子的に行われる（1・3節を参照）。つまり、個々の信念には、それを正当化する個々の経験が割り当てられているという考えである。たとえば、観察文が報告している信念が正当なものであるかどうかは、そこで報告されている観察が観察者の経験として生じているかどうかによる。原子的な観察文ではなく、そうした観察文から組み立てられている複合的な文の場合も、それを「検証」する一定の経験の領域が対応している。ここで、すでに論理は不可欠なものとして登場している。論理は、複合的な文によって表現されている信念を正当化する経験の領域を決定する役割を委ねられている。つまり、論理は、無限に多様でありうる信念の各々に対して、その正当化を行う経験の領域を発見するための「アルゴリズム」を構成するものとして、最初から組み込まれているのである。だが、論理が経験による信念の正当化の枠組みそのものを構成するものであるならば、論理そのものが経験によって正当化されることは不可能であろう。

この問題を解決するために論理実証主義者が何に頼ったかは、読者は先刻ご承知であろう。またもや同じことを何度目かに繰り返すことになるが、それは、論理法則や推論規則を言語上の規約とみなす考えである。われわれの信念は言語によって表現される。信念を表現する媒体である言語がもつ構造のなかに、ある信念が他の信念から導かれるといったことを可能とする要素が存在する。言語に内属しているこうした構造上の特徴は、何も経験を超越するようなものではない。それは、言語を理解している限り、誰もが理解していることでしかない。論理法則や推論規則は、「言葉使い」の規則にすぎないのである。

信念の正当化における経験と論理のこうした役割分担は、信念を大きくふたつのグループに分けることになる。ひとつは、その正当化が特定の経験に依存する信念であり、もうひとつは、その正当化が何ら特定の経験に依存せず、信念を表現するための媒体である言語を理解しているというただそのことに由来する信念である。これが、綜合的言明と分析的言明の区分に対応することは言うまでもない。

ほぼこんなところが、「経験主義のふたつのドグマ」の標的となった経験主義の段階であると言えよう。もちろん、ここで描いたような論理実証主義像は極度に単純化されており、しかも、それは、もし当てはまるとしても、一時期の論理実証主義についてしか当てはまらないものである。だが、多くの部分的な改訂や留保がこれに付け加えられたことは事実であるとしても、それは、この節のはじめに引いた一節でクワインが提示している信念の正当化のモデルと、論理実証主義におけるそれとのあいだに存在する基本的な相違を覆い隠すほどのものではない。

クワインのモデルも、信念の正当化を経験に求めるという点では、経験主義の枠組みのなかにある。また、信念を正当化するものが信念の言語的表現に意味を与えると主張する点で、クワインもまた、検証主義者である。だが、論理実証主義との類似はこの程度のものでしかない。

まず、クワインにおいて、信念の正当化は、個々の信念に対して個別的になされるのではない。信念は、全体として、つまり、孤立した信念としてではなく、ひとつの信念体系として、経験とあいまみえる。また、信念の体系は一種の有機体に似て、経験による正当化が比較的直接的であるような周辺部と、他の信念が形成する一種の保護層の背後にある中心部といった構成をもっている。そして、周辺と中心とを結び付ける紐帯として働くのが、信念のあいだの論理的関係なのである。

論理実証主義が与える信念の正当化のモデルにおいては、ひとつの信念体系全体がもつ、いわば現金価値は、それぞれ個別に一定の経験の領域と対応させられている分子的な信念の総和にすぎない。論証や推論による信念の正当化は、究極のところ、なしでも済ませられるはずのものである。これに対して、クワインの提出しているモデルにおいては、信念の間の論理的関係は、信念体系全体が経験と照合されるということから、きわめて重要な働きをもつことになる。信念体系の周辺における変化は、信念間の論理的関係によって中心部へと伝えられることとなるし、その逆に、中心部における変化が周辺にまで伝えられることもある。たとえば、あるひとつの信念を新たに信念体系に付け加えることを考慮しているような場合、この新たな信念から発して信念間の論理的関係を通じて伝えられる変化に応じて、既存の信念体系が大幅に組み変えられるようなことも、十分に考えられる。そして、この新たな信念を付け加えることが正当であるかどうかは、こうして組み変えられた信念体系が、全体として経験と適合しているかどうかによって決まるのである。つまり、論理的関係なしには、単一の信念に関してさえ、経験によるその正当化は考えられないのである。

クワインのモデルが論理実証主義のモデルからの大きな進歩であることは、少なくともふたつの点で言える。

第一に、論理実証主義の還元主義的検証概念に関連して3・3節で若干触れたように、経験的言明の検証（もしくは正当化）が直接的な観察だけに頼ってなされることは、まず皆無と言ってよい。経験的言明の正当化は、ほとんど常に、観察と（広い意味での）推論の両方を巻き込んでなされるのである。たしかに、経験的言明の正当化における推論の役割は、論理実証主義の見方からでも、まったくの無であるわけではない。ただし、それは、一連の観察言明から他の観察言明を導くための道具——ないと不便ではあるが、原理的にはなしでも済ませられるはずの——としての役割にすぎない。これに対して、クワインのモデルでは、推論は、経験的言明の正当化において、本質的な役割を果している（先ほどから強調しているように、ここで「推論」と言うのは、もっとも広い意味で解されるべきである。演繹的推論はそのほんの一部にすぎない。要するに、「理由を挙げる」という活動に属するものすべてが、ここで言う「推論」の中身である）。そして、このことは、経験的言明の正当化の実状にも合致する。たとえば、「太郎と花子は夫婦である」といった言明を正当化するような一定の経験領域を指定することができるだろうか。[73] ふたりのあいだの「夫婦らしい」しぐさを目撃すること？　だが、「夫婦らしい」しぐさをまったく見せない夫婦は、いくらでも存在する。戸籍簿のうえで両人の名前を確認すること？　だが、それは、単なる「視覚的経験」であるはずがない。戸籍というものが社会のなかでどのような機能を果たしているのか、結婚制度とはどのようなものか、等々といったことを述べている多数の言明に依存してはじめて、「太郎と花子は夫婦である」という言明の正当化は可能となるのである。

第二に、クワインのモデルでは、数学や論理に属する言明を特別視する必要がない。[74] 論理実証主義によれば、そうした言明はいかなる経験が生ずるかとは無関係に正しいのであるから、言明の意味が一般にその検証条件（＝正当化条件）によって与えられるとするならば、こうした言明は、どれも同一の経験領域（＝経験領域の全体）によって正当化されることにより、すべて同一の「意味」を有することになってしまう。こうした考え方は、その原型を辿れば、ウィトゲンシュタインの『論考』にある。たしかに、『論考』のウィトゲンシュタインは、言明の意味をその検証条件と同一視することはしない。しかし、『論考』によれば、論理的に同値である言明はすべて同一の命題を表現するのであり、よって、トートロジーはすべて「同じことを言う」(75)のである。要素命題への真理関数的分析という『論考』の論理的枠組みを引き継いだ論理実証主義が、論理的命題へのこうした観点をも引き継いだことはほとんど必然的であったとさえ言える。だが、数学や論理に属する言明のあいだにも、それが「言っていること」についての相違を見いだすことができなくては、たとえば、定理を証明するということの認識的役割をまったく説明できないはずである。こうして、論理実証主義においては、経験的言明の意味と、数学的・論理的言明の「意味」とに関して、まったく別個の説明が必要となってくる（さもなければ、認識的問題を無視することによって、言明の意味と、われわれによる言明の理解とを完全に切り離すことになる(76)）。これに対して、クワインのモデルにおいては、言明のあいだのこうした分裂は生じない。改訂が比較的容易かそれとも困難かといった程度の差があるだけであって、どちらの種類の言明も、われわれの信念の体系を構成している言明の全体を介して、経験と結び付くのである。

これらの点は、哲学をどのような種類の営みと考えるかという問題にも影響を及ぼす。クワインのモデルにおいては、われわれのもっている信念の正当化において推論が果たす役割は、経験からの寄与と独立に考えることはできない。言語的要因と事実的要因という、初期の論理実証主義から後期のカルナップまでをも根強く支配した二元論は、どのような推論を正しいものとするかという考慮と、経験との合致を図るための考慮とを切り離すことができると説いた。こうした前提のもとでのみ、「科学の論理学」としての哲学は可能となる。カルナップが「外部問題」と「内部問題」の区別を確保することにあれほど腐心したことの一因が、ここにあったと推測することもできよう。すなわち、どのような推論を正しいものとして認めるかは、カルナップの言い方では、どのような言語を採択するかという

「外部問題」なのであり、ここに、「科学の論理学」としての哲学の本来の問題圏がある。こうした場所から、哲学は、個々の科学理論の「外から」、そうした理論の各々に対して合理的評価を下すことが可能である[77]。ところが、どのような推論を正しいとするか（どのような言語を採択するか）ということもまた、われわれのもっている信念の全体と経験の全体との出会いのなかで調整される要素のひとつにすぎないとすれば、もはや、こうしたこと全体の「外」であるような場所は存在しない。よって、哲学もまた、われわれの信念の総体の外にあるものではない。それもまた、経験科学・数学・論理が属するのと同じ「力の場」の一要素にすぎない。こうして、経験科学と哲学との連続性という帰結が生ずる。「この見方のもとでは、存在論的問題は、自然科学の問題と同一のレベルにある[78]」のである。科学と哲学の連続性の主張からの重大な帰結のひとつは、哲学が、その規範的性格を失うことである。哲学は、もはや、「科学の論理学」としてすら、合理性の守護者としての特権的地位をもたない。

哲学に指定される位置の問題はさておき[79]、信念の正当化についてのクワインのモデルは、論理実証主義のそれよりも、はるかに大きな説得力をもっている。それは、われわれの信念の正当化に際して経験以外の何かに訴えることをしないという点で、はっきり経験主義の立場を引き継いでいる。また、それは、論理実証主義の「意味の検証理論」を、ある決定的な一点――還元主義の拒否――において変様させながらも、それを引き継ぐものである。すなわち、われわれの言語理解は、経験における検証や反証を超えるものではなく、そのことは、数学や論理に属する言明の理解についても同様である。クワインの立場が、「意味の検証理論」の流れのなかにあることは、それと極端に対立する立場と対比させてみれば明瞭となる。プラトニズムの立場を思いだしてほしい。それによれば、数学に属する言明の理解は、経験における検証や反証に求められないのはもちろんのこと、それは、数学的言明の正当化の手続きとして一般に認められているもの――証明――からも独立である。数学的言明の理解は、その「真理条件」に求められるのであり、こうした「真理条件」はわれわれの経験を大幅に超える内容をもつものである。

このように、「経験主義のふたつのドグマ」の最終節で提示されているクワインの言う「ドグマなき経験主義」のひとつの柱は、論理実証主義者の還元主義的検証主義とは異なる「洗練された検証主義」にある。そして、もうひとつの柱は、経験における検証が、われわれの信念の全体、言語の全体、理論の全体といったものに対してのみ可能であるという「全体論 holism」の主張である。この主張は、「経験主義のふたつのドグマ」の大部分の議論を占めている「分析的—綜合的」の区別への反対と密接に結び付いている。ところが、この全体論の主張には、重大な困難があるように思われるのである。

3・5・2　全体論の困難

「経験主義のふたつのドグマ」における全体論の極端さは、言明間の論理的連関を表現している言明に関してさえ、そのどれひとつとして、原理的には、改訂を免れることがないというクワインの主張に、もっとも明瞭に現れている。論理の改訂ということは、二〇世紀初頭以来、さまざまな仕方、さまざまな理由で提案されて来た[80]。数学においては、いわゆる「基礎の危機 foundational crisis」をきっかけとして、集合論のパラドックスを生み出したような数学を、その論理にまで及んで改造すべきであるという提案が行われた。そのなかでももっとも有名であり、現在でも、その重要性を少しも失っていないものは、ブラウワーに始まる数学的直観主義 mathematical intuitionism である。ただし、古典論理は誤っているという直観主義者の主張は、もっぱら数学的プラトニズムと対立的な数学観（構成主義 constructivism）から出てきたものであり、経験主義的考慮とは縁遠い。これに対して、「経験的理由」からの論理の改訂の提案は、クワインも言及しているように、量子力学の観測の理論と関連して出てきた。ライヘンバッハは、言明が真偽の他に「不確定 indeterminate」という第三の値をもつような三値論理を提案したが、現在、量子力学との関連でもっぱら議論の対象となるのは、フォン・ノイマンとバーコフによって提案された量子論理 quantum logic である。量子論理と古典論理のあいだの相違としてもっとも有名なものは、古典論理で成り立つ分配則

$$p \wedge (q \vee r) \leftrightarrow (p \wedge q) \vee (p \wedge r)$$

が量子論理では成り立たないことである（このことは、たとえば、光子にスリットを通り抜けさせる実験の解釈に用いられる）。

クワインは、量子論理の提案に見られるような論理の改訂と、物理学や生物学における新理論の提案とのあいだには、単なる程度の差しかないものとみなしている。だが、どのような論理法則もア・プリオリではなく、それを捨て去ることが合理的となるような経験的状況が可能であるという主張を額面通りに受け取るならば、クワインの立場は、意味不明のものとならざるをえないように思われるのである。

ア・プリオリな真理の存在の全面的否定とクワインの全体論のあいだには、不斉合が存在するのではないだろうか。こうした疑惑については、すでに、クワインによるデュエムのテーゼの拡張を論じた際に触れた（3・3節）。この疑惑を裏付けることが、ここでの課題である。幸い、この点に関して、われわれは自らの力に頼って議論を構成しなくともよい。というのは、クワインの立場の不斉合を立証する決定的議論がすでに存在していると思われるからである（しかも、皮肉なことに、この議論は、「規約による真理」に含まれているクワイン自身の議論――2・3節でうんざりするほどしつこく紹介した議論――を思い起こさせるものである）。したがって、以下では、この議論、すなわち、クリスピン・ライトの「論理的必然性を作る Inventing Logical Necessity」（一九八六）に含まれている議論[81]を、（今度はごくかいつまんで）紹介することにしよう。

クワインの全体論の主張によれば、「感覚的経験の裁き」に直面するのは、個別的言明ではなく、ひとつの理論全体である。この理論をθとしよう。理論θに属する言明は、たがいに、一定の論理的連関に立っている。この論理的連関を明示的に取り出したものが、理論θの基底にある論理である。この論理をLとしよう（言明間の論理的連関は、演繹的・非演繹的の両方を含むが、演繹的連関だけに限っても、結論には影響を与えない――言明間の非演繹的な連関を認めない理論は存在しうるが、演繹的な連関を認めない理論は存在しえない）。

理論が「感覚的経験の裁き」に直面して、理論のどこかの手直しを迫られるという場面を考えよう。それは、理論θからの予測が何らかの感覚的経験Eと背馳するという場面である。このことを詳しく言えば、次のようになる。理論θから、論理Lに従って、条件文「IならばP」（「I」は初期条件を表現し、「P」はその条件のもとでの予測を表現している）が導かれるが、感覚的経験Eは、初期条件Iと一致するにもかかわらず、予測Pと矛盾する。この場合、クワイン流の全体論者が取りうる対応は、一見、次の三通りで尽きているようにみえる。

(i) 感覚的経験Eの出現に疑いの目を向ける
(ii) 理論θの改訂
(iii) 基底にある論理Lの改訂

だが、ここにはひとつの見落としがある。というのは、「感覚的経験の裁き」をこのように記述することは、そもそも、θともLとも独立であるひとつの言明を受け入れることを前提としているからである。その言明とは、「理論θからLに従って「IならばP」が導出される」という言明である。この言明(W)を次のように書くことができる。

(W) $\theta \vdash_L I \rightarrow P$

この言明が理論θから独立であることは明らかである。これが論理Lからも独立であることは、次のように考えれば明瞭となる。すなわち、(W)は、論理Lが保証するステップの実行によって「I→P」がθから導かれることを述べているだけであって、論理Lそのものの「正しさ」には何らコミットするものではないのである。たとえば、古典論理を受け入れず排中律「$A\vee\neg A$」を拒否する直観主義者も、古典論理の証明論的定式化において「$A\vee\neg A$」が導出されることは理解できるし、また、その導出が正しいことも文句なしに認めるはずである。

ということは、全体論者は、(i)から(iii)の選択肢に加えて、もうひとつの選択肢をもまた考慮しなければならないということである。すなわち、

(iv) 言明(W)の否定

という選択肢である。この選択をすることは、経験Eが理論θと論理Lの改訂を迫るものであるという具合いに事態を捉えること自体を拒否することに他ならない。ということは、経験とのもっともよい合致をはかるという事業が、実は、条件付きのものであるということである。すなわち、いまの場合には、

(W)という条件のもとで、経験の全体ともっともよく合致する選択肢を選択する

ということになる。だが、(W)を認めるかどうかは、何によって決定されるのか。クワイン流の全体論者にとって、答は「経験全体との合致」ということでしかありえない。そうすると、(W)と(W)と競合する選択肢のなかでどれを選ぶかは、それぞれの選択肢のもとで、経験との衝突がどれだけ少ないかを考慮することになる。だが、ここで、前と同じ問題が再現してしまう。つまり、(W)を採用した場合と(W)以外の選択肢を採用した場合とで、その帰結がたがいに比較されねばならないが、こうした帰結は実際に引き出される必要がある。たとえば、(W)を採用した場合にある帰結Aが

生ずるということが実際に示されねばならない。このときに従われるべき論理が何であるかは、もちろん問題となるが、それが以前と同じ論理Lであろうが、異なる論理L'であろうが、全体論者にとって事態が絶望的であることには何ら変わりがない。すなわち、全体論者は、今度は、

$$(\mathrm{W}^2) \quad (\mathrm{W}) \vdash_{L} A$$

もしくは

$$(\mathrm{W}) \vdash_{L'} A$$

といった言明を受け入れるべきかどうかという問題に直面するのである。

こうした無限背進の出現は、クワイン流の全体論の不斉合を示すものである。3・3節でクワインによるデュエムのテーゼの拡張に触れた際にわれわれが表明した疑いは、まさしく現実のものであったと結論してよいと思われる。「ア・プリオリという伝統的領域を「デュエム化」しようというクワインの試みには不斉合が含まれる[82]」のである。そもそも、経験による確証・反証ということ自体が、一連の無条件に受け入れられる言明なしには存在しえない。経験と理論（その基底にある論理をも含めて）が合致するかどうかの判断までをも、理論そのもののなかに組み込んでしまうならば、経験による確証・反証という観念はまったくその足場を失うことになるのである[83]。

こう言うことは、経験的データの理論からの独立性を主張することでもなければ、論理の改訂不可能性を主張することでもない。無条件に受け入れられるべき一連の言明とは、ごく限られた種類の言明である。たとえば、(W)は、そのような種類の言明である。つまり、記号的操作としての形式的証明の正しさにかかわるような種類の言明は、無条件に受け入れられるべきであり、それを拒否することが合理的とは決してならないという意味で、ア・プリオリな言明である。こうした種類のア・プリオリな言明は他にもあるかもしれない[84]。だが、はっきり言えることは、古典論理

の全体がア・プリオリな言明とみなされる必要はないということである（直観主義論理の全体についても同様である）。論理の改訂ということは、経験的理由からであろうが、その他の理由からであろうが、十分に可能なのである。(補註2)

全体論の不斉合の原因となるたぐいのア・プリオリな言明を「分析的言明」と呼ぶべきかどうかは、また別の問題である。こうしたたぐいの言明は、一基準語が生み出すような分析的言明とは、明らかに、その性格を異にする。たとえば、(W)のような言明の真理性が、そこに出現している語のどれかの意味に由来するということは、簡単には言えないように思われる。

最後に、3・4・3節の終わりで中ぶらりんのままになっていた、解離不可能性のテーゼとア・プリオリな真理の存在の主張との関係について、述べておかなければならない。そこでも述べたように、解離不可能性のテーゼそのものからア・プリオリな真理の非存在が帰結するとは考えられない。ア・プリオリな真理の非存在の主張は、解離不可能性のテーゼそのものではなく、むしろ、それを支えている議論に動機づけられている。だが、全体論の不斉合が明らかになったいま、実状はまったく別であると考えるべきである。解離不可能性のテーゼを支えている議論とは、理論の改訂に関するデュエム的な考慮であるが、こうした考慮自体が何らかのア・プリオリな真理の存在を認めない限り意味を失うのである。つまり、解離不可能性のテーゼに至る議論に説得力を認める者は、ごく限られた仕方でもア・プリオリな真理の存在を認めざるをえないということである。

3・5・3　「ふたつのドグマ」以後

「経験主義のふたつのドグマ」は、たしかに、クワインが意図した通りの効果を収めた。これ以降、「分析的―綜合的」の区別について、その存在が自明であるかのように語ることは、良心ある哲学者ならば控えざるをえなくなった。それは、もちろん、こうした区別を弁護することを妨げるものではなく、事実、きわめて大量の論文が、その弁護のために書かれた。こうして、「ふたつのドグマ」への反応の第一波は、もっぱら、その第一節から第四節でのクワインの議論を論駁する試みという形で現れた。この部分でのクワインの議論が、意外なほど説得力に欠けることを、われわれはすでに見た。だが、このような認識が一般化したのは、ごく最近のことにすぎない。実際のところ、「ふたつのドグマ」が第二次大戦後の哲学に対してふるった大きな影響力は、そこに含まれている議論の細部によるものではないと断言してよいと思われる。「分析的—綜合的」の区別に疑いの目が向けられるということは、一九二〇年代から四〇年代にかけて支配的であった、必然性についての規約主義的見解が、その根底から疑われるということに他ならない。この規約主義的見解は、その全盛期には、必然性をめぐる謎の最終的解決を与えるとみなされたものである。「ふたつのドグマ」の読者の多くが、クワインの個々の議論には必ずしも説得されないとしても、ここで何か重大なことが進行しているという印象をもったのも当然であると思われる。

他方、「ふたつのドグマ」におけるクワインの積極的な主張——全体論——を正確に見積もる試みは、その緒に就いたばかりである。[85]このことを妨げてきた大きな原因のひとつとして、「ふたつのドグマ」最終節でのクワインの描像があくまでもメタフォリカルなものにとどまっているということが挙げられよう。クワインのメタファーがもつ強い喚起力はだれにも否定できないが、それだけに、そうしたメタファーを「現金化」することは困難をきわめる。もちろん、クワイン自身がその努力を怠ったということではない。ただ、「ふたつのドグマ」以降のクワインのさまざまな著作は、「ふたつのドグマ」に素描されている全体論のより詳細な展開へという方向に向かうというよりは、むしろ、意味についての全面的な懐疑論への傾斜を強める方向に向かっている。

このことは、クワインの主著『ことばと対象 *Word and Object*』（一九六〇）における有名な「翻訳の不確定性 indeterminacy of translation」の主張、ならびに、そこではそれと区別されていないが、後には明確に区別されるようになる「指示の不可測性 inscrutability of reference」の主張に明瞭である。「意味 meaning」と「指示 reference」というふたつの概念は、異なる哲学者によってさまざまに把握されてきたとはいえ、フレーゲ以来伝統的なものとなっている意味論的概念である。クワインのふたつの主張は、この意味論的概念の対の合法性を根底からおびやかすものである。もしも翻訳の不確定性が事実であるならば、われわれの用いている語や文には確定した意味がないことになり、さらに指示の不可測性も事実であるならば、われわれの語は確定的な指示をもたないことになる。こうした帰結の重大さは、だれの目にも明らかであろう。だが、ここは、クワインのふたつのテーゼをめぐる議論——それは、半世紀以上にわたって続いてきたが、いっこうに衰える気配を見せない——を扱う場所ではない(86)。

「経験主義のふたつのドグマ」は、「分析的—綜合的」の区別に対する根本的な疑惑の種をまいた。分析性の概念に頼ることができないのならば、必然性の問題は、新たな視点から考え直される必要がある。こうした必要性が広く認識されるようになったのは、クワインのこの論文によるにもかかわらず、必然性に対する新たなアプローチは、クワインの積極的な主張——全体論的検証主義——の枠組みとは別のところ、ある意味で思いがけない方面から、現れた。それは、二〇世紀前半の哲学者の多くにとっては「エキゾチック」としか見えなかった主題、すなわち、様相論理(modal logic)という「特殊な」論理の研究から出てきたのである。

(1) W. V. O. Quine, "On what there is" in *From a Logical Point of View*. 1953 (2nd ed. 1961, revised 1980), Harvard University Press. pp. 9f.[邦訳:W・V・O・クワイン『論理的観点から』飯田隆訳、一九九二、勁草書房、一三〜一四頁]。

(2) 後期のウィトゲンシュタインもまた、しばしば、同様の論点を強調しているようにみえる。たとえば、『哲学探究』冒頭の有名な一節を見るだけでよい。アウグスチヌスの『告白』からの引用の後で、ウィトゲンシュタインは、次のように言う。「この章句は、人間の言語の本質についてのある特定の像を与えているように、私には思われる。その像とはこうである。言語に属する個々の語は対象を名指している。文とは、こうした名前の結合である。こうした言語観に、次のような考えの根が見いだされる。すなわち、語はどれも意味をもっている。この意味は、語と結び付けられている。意味とは、語が代表している対象である」(L. Wittgenstein, *Philosophische Untersuchungen*. 1953 (3rd ed. 1967), Basil Blackwell. I-1)。『哲学探究』の冒頭部分を構成している議論のひとつは、こうしたアウグスチヌス的言語観への批判、特に、語の意味を語が名指している対象と同一視することへの批判である。

（3）L. Wittgenstein, *Op. cit.* I-1.

（4）W. V. O. Quine, "Two dogmas of empiricism" in *From a Logical Point of View*. p. 21［邦訳三三頁］。

（5）第I巻『論理と言語』2・3・1節を参照。

（6）W. V. O. Quine, *From a Logical Point of View*. p. 9［邦訳一六頁］。

（7）文脈原理については、第I巻『論理と言語』2・2節参照。

（8）こうした註を付けるのは私の本意ではないのだが、『論考』の読者が抱くであろう疑問について簡単にひとこと。『論考』によれば、意義 Sinn を有するのは命題のみであって、命題よりも小さな言語的単位が意義 Sinn を有することはない（『論考』三・三～三・三一八）。もしも『論考』のような立場が可能であるとすれば、本文での主張――文の意義 Sinn として何らかの抽象的存在者を要請してよいのならば、文よりも小さな言語的単位に対しても同様な要請を行うことには何ら問題がない――は怪しくなるとみえよう。ここは、『論考』における「意義 Sinn」と「イミ Bedeutung」という厄介な問題を論究する場所ではないし、また、私にそうする用意があるわけでもないが、次のことだけは言えよう。『論考』における意義 Sinn は、いかなる意味でも「対象」ではなく、したがって当然、抽象的対象ではない。『論考』は、抽象的対象としての意味という観念に対して、一貫して敵対的である。つまり、端的に言って、『論考』は、文の意義 Sinn として何らかの抽象的存在者が存在することを認めないのである。

（9）G. Frege, "Der Gedanke" 註5［邦訳：『フレーゲ著作集4 哲学論集』黒田亘・野本和幸編、一九九九、勁草書房、二三三頁］。

（10）「思想 Gedanke の思考に対する先在性」は、一八九七年に書かれたと推定されている遺稿では、さらに明瞭に言明されている。「……思想 Gedanke――たとえば、自然法則のような――は、それが真であるために、われわれによって真と認知される必要がないだけでなく、われわれによってまったく考えられたことがなくともよい。自然法則は、われわれによって作り出されるのではなく、発見されるのである。そして、氷洋のなかの荒涼とした島が、人間の目に触れる前から存在していたと同様に、自然の法則も数学的法則も、常に妥当していたのであって、それが発見されてからはじめて妥当するようになったのではない。このことが示すのは、思想 Gedanke は、それが真であるならば、われわれがそれを真と認知することから独立であるだけでなく、われわれの思考 Denken からも独立である、ということである」（H. Hermes, F. Kambartel, F.

Kaulbach (eds.), *Gottlob Frege: Nachgelassene Schriften.* 1969, Felix Meiner. pp. 144f.［邦訳：『フレーゲ著作集４』一二六頁］)。

　この議論は、フレーゲには珍しく（?）、まったく説得力を欠いていると言わざるをえない（とはいえ、フレーゲの名誉のために言うならば、これが、遺稿であって、少なくともそのままの形では公表を意図されたものでないことを、十分斟酌すべきである）。われわれに発見されることによって、自然法則や数学的法則が妥当し始めるというアイデアは、たしかに、受け入れられうるものではあるまい。だが、そのような意味で、自然法則や数学的法則が、われわれの認識から独立であると認めることと、思想 Gedanke としての自然法則ならびに数学的法則の、われわれの認識からの全面的独立性を認めることとは、まったく別の事柄である。自然法則を述べる文が表現しているものが、思想 Gedanke としての自然法則であると考えるべき必然性は、どこから来るのか。そうした文は、端的に、自然のもつ規則性を述べていると考えるのが、いちばん単純であり、かつ、自然でもないか。そうした規則性は、フレーゲの言う「外的世界」に属する事柄――「外的世界」のもつ、ある構造的特徴 feature――である。そして、この規則性がわれわれの認識から独立であることは、客観的存在者としての思想 Gedanke を要請することなしに認めることができる。自然法則の客観性を保証することだけが問題であるならば、自然のもつ規則性と文とのあいだに、そのどちらとも異なる第三者、すなわち思想 Gedanke を導入する必要が、いったい、どこにあるのだろう（そもそも、外界の客観的存在を証明するために、「思想 Gedanke」のような存在者を持ち出すことが必要であろうか）。数学的法則に関しても、同様である。われわれの認識から独立であるような数学的存在者から成る領域を認めるようなプラトニズムの立場をとったとしてさえ、思想 Gedanke としての数学的法則は、数学的存在者のあいだで成り立つ事態とは区別されるものである（自然法則の場合に、自然のもつ規則性を認めることが、特別の存在者としての「事実」といったものを認めることにはならないのと同様、ここで「事態」という表現を用いることは、数学的存在者とは別のカテゴリーに属する存在者を認めることではない）。思想 Gedanke をはじめとする、フレーゲの意義 Sinn は、一般に、存在者として見られるときには、数学的存在者とも異なる独自の存在者なのである。たとえば、数詞「2」のイミ Bedeutung は、数学的存在者としてのある特定の自然数であるのに対して、この同じ数詞の意義 Sinn は決してそのようなものではない（ただし、フレーゲの論理主義、すなわち、算術は論理から導出されるという主張に従えば、自然数2は、数学的対象と言うよりもむしろ論理的対象と言うべきであろう。それでも、自然数2は、数詞「2」の意義 Sinn とはまったく異なる種類の存在者である）。われわれの認識から独立である数学的存在者を認めることと、われわれの認識から独立である意義 Sinn の存在を認めることとは、はっきり、別のことである。したがって、ここに引いたような議論は、自然法則ならびに数学的法則の客観性という、一般に認められうる前提から出発してはいるが、フレーゲの言う思想 Gedanke の、思考からの独立性を立証する力をもつものではない。

(11) L. Wittgenstein, *Zettel*. §191. 本文での引用がウィトゲンシュタインの議論のコンテキスト（それが何であるかは明瞭ではないが）を無視してのものであることを付け加えておくべきかもしれない。

(12) G. Frege, *Die Grundlagen der Arithmetik*. §§62-69［邦訳：『フレーゲ著作集2 算術の基礎』野本和幸・土屋俊編、二〇〇一、勁草書房、一二一～一三〇頁］; B. Russell, *The Principles of Mathematics*. §157, §210.［抽象の原理は、フレーゲの数学の哲学が近年見直されたことによって生じたネオ・フレーゲ主義の数学の哲学において、再度重要な役割を果たしている。次を参照。Kit Fine, *The Limits of Abstraction*. 2002, Oxford University Press.］

(13) ここで次のような反論が考えられる。すなわち、この方法では、たしかに「形の世界」といったものを想定する必要がなくなるとしても、個々の形が集合の一種と考えられている以上、形が、集合という種類の抽象的存在者であることは依然として変わらない、と。この反論に対しては、ふたつの答え方が考えられる。ひとつは、集合が抽象的存在者であることをそのまま認めることである。そのうえで、集合という種類の抽象的存在者のみを認めれば、他の種類の抽象的存在者（形や色や重さや年齢など）を認める必要がないことを指摘し、いずれにせよ数学をやるためには集合が必要なのだから、最低限、この種の抽象的存在者を認めることは不可避であると論ずる（これと類似した論点としては、本書第2章註32を参照）。もうひとつの答え方は、たとえば、「球形である物体すべての集合」が単なる「言い回し façon de parler」であって、存在者としての集合にコミットするものではないと論ずるものである。その典型的方法としては、クワイン自身の「仮クラス virtual class」のアイデアがある（W. V. O. Quine, *Set Theory and Its Logic*. 1963 (revised ed., 1969), Harvard University Press. 邦訳：W・V・O・クワイン『集合論とその論理』大出晁・藤村龍雄訳、一九六八、岩波書店）。

(14) A. J. Ayer, *Language, Truth and Logic*. p. 88.［邦訳：A・J・エイヤー『言語・真理・論理』吉田夏彦訳、二〇二二、ちくま学芸文庫、一一三頁。］

(15) R. Carnap, *Meaning and Necessity*. 1947 (2nd ed., 1956), The University of Chicago Press. p. 152.

(16) W. V. O. Quine, "The problem of meaning in linguistics" in *From a Logical Point of View*. p. 49［邦訳七四頁］。

(17)「意味の物化は、問題の本質を見失わせるものでしかない。同義性を認めることさえできるならば、いくらでも意味を物化してよいことを、私は常に主張してきた。意味を、同義語の集合と同一視すればよいだけの話である。……厄介なのは、物化ではなく、同義性なのである。同義性さえあれば、意味から成る領域は、それが何の役に立つかはいざ知らず、トリビアルな仕方で手に入るのである」。W. V. O. Quine, "Reply to William P. Alston" in L. E. Hahn & P. A. Schilpp (eds.), *The Philosophy of W. V. Quine*. 1986, Open Court. p. 73.

(18) W. V. O. Quine, *From a Logical Point of View*. p. 20［邦訳三一頁］。

(19) 記号で表現されないと納得しないというひとのために、記号化を施しておこう。「Wx」を「xは女性である」、「Mxy」を「xはyと結婚している」とし、量化の変域を人間全体とする。そうすると、「女性と結婚している者は結婚している」は、「$\forall x[\exists y[Wy \wedge Mxy] \rightarrow \exists yMxy]$」と記号化される。これが論理的真理であることは容易に確かめられるはずである（ただし、この例がクワイン自身の挙げているものであるわけではない）。

(20) 定義は、適用範囲がもともと明確でないような語の用法を明確化するためになされることが多い。また、これまで曖昧なままで用いられてきた語の代わりに、明確な適用基準をもった語を用いようといった提案として定義がなされることもある。カルナップの著作には、こうした提案としての定義（「解明的定義 explicative definition」）が数多く見いだされる。こうした種類の定義においては、これまで曖昧な用法しかもたなかった語と、新しく定義によって導入される語とのあいだの「同義性」を云々できないように思われるかもしれないが、それは誤りである。クワインは、こうした解明的定義でさえも、すでに存在している同義性に依拠していることを指摘している（*From a Logical Point of View*. p. 25［邦訳三八～三九頁］）。その理由は、解明的定義を与えられるべき語は、それがある用法をもっている以上、いくら曖昧であるとしても、明らかに適用される場合と明らかに適用されない場合があるはずである。そして、解明的定義も、こうした典型的適用例を保存するものでなくてはならない。つまり、「中心的」適用における同義性が尊重されなければ、解明的定義は、単に、これまで用いられてきた語とまったく関係をもたない新語を導入するだけのものとなるのである。

(21) 英語とラテン語のいりまじった表現からも推測されるように、このアイデアの起源は、結構古い。通常、それは、ライプニッツに帰される。ライプニッツにおけるこのアイデアの役割については、石黒ひで『ライプニッツの哲学』（一九八四、岩波書店）第2章に詳しい。

(22) ここでクワインが「必然性」を「分析性」と同一視していることは、必ずしもクワインだけの責任ではない。この論文が書かれた当時もっとも影響力の強かった、必然性に対する考え方は、カルナップの『意味と必然性』に代表されるものであり、カルナップは「必然的真理」を「分析的真理」（かれの用語では、「L－真理」）と同一視していた。「必然性」の概念に関するカルナップとクワインとのあいだの論争は、第二部で扱う。

（23）W. V. O. Quine, *From a Logical Point of View*. p. 36［邦訳五五頁］。

（24）H. Putnam, "'Two dogmas' revisited" in *Realism and Reason*. 1983, Cambridge University Press. p. 87.

（25）Cf. H. Putnam, *Op. cit*. p. 88.

（26）C. Wright, "Inventing logical necessity" in J. Butterfield（ed.）, *Language, Mind and Logic*. 1986, Cambridge University Press. p. 190（邦訳：クリスピン・ライト「論理的必然性を作る」野矢茂樹訳『現代思想』一九八八年七月号、二三六頁）。

（27）プラトン『テアイテトス』一四六E参照。

（28）プラトンの初期対話篇で描かれているソクラテスが、「形式的定義（＝明示的定義）が名辞を解明するための唯一の手段である」とする誤謬を犯しているという診断は、ギーチのものである。P. T. Geach, "Plato's *Euthyphro*: an analysis and commentary" in his *Logic Matters*. 1972, University of California Press. pp. 33-35（同書の p. 164 をも参照）。ギーチは、この種の誤りに、「ソクラテス的誤謬 Socratic fallacy」という名称まで提案している。ソクラテス（というよりは、むしろ、初期プラトン?）にもっと同情的ではあるが、同様に批判的なものとして、R. Robinson, *Plato's Earlier Dialectic*. 2nd ed., 1953, Clarendon Press. Chapter V "Socratic definition" は、いまや「古典的」と言えよう。

（29）Cf. H. Grice & P. F. Strawson, "In defence of a dogma" *Philosophical Review* 65（1956）141-158.［Reprinted in P. Grice, *Studies in the Way of Words*. 1989, Harvard University Press.］

（30）C. Wright, *Op. cit*. p. 190（邦訳二三六頁）。

（31）*From a Logical Point of View*. pp. 36f.［邦訳五五頁］。

（32）*Ibid*. p. 38［邦訳五七頁］。

（33）『世界の論理的構築』の目標と実際についての最近の評価としては、M. Friedman, "Carnap's *Aufbau* reconsidered" *Noûs* 21（1987）521-545 が興味深い。そこでの解釈は、「還元主義」にさほど力点を置かず、むしろ、カント的枠組みのなかにこの時期のカルナップの仕事を位置づけようとするものである。［『世界の論理的構築』についての近年の研究の進展には目覚ましいものがある。代表的なものとして次の二冊を挙げておく。A. Richardson, *Carnap's Construction of the World: The* Aufbau *and the Emergence of Logical Empiricism*, 1998, Cambridge University Press; C. Damböck（ed.）, *Infulences on the Aufbau*. 2016, Springer.「後記」二六六～二六七頁も参照。］

（34）*From a Logical Point of View*. pp. 40f.［邦訳六一頁］。

（35）*Ibid*. p. 41［邦訳六一～六二頁］。

（36）*Ibid*. p. 38［邦訳五七頁］。

（37）H. Putnam, *Realism and Reason*. p. 90.

（38）「分析的―綜合的」の伝統的特徴づけのなかには、真理自体の性格による分類と、われわれの認識との関係による分類との両方が見いだされる。前者を「真理の成立（存在）論的 constitutive 分類」、後者を「真理の認識論的 epistemological 分類」と呼ぶことができよう。前者の例としては、「分析的真理とは概念間の関係に基づく真理である」といった特徴づけがあり、後者の例としては、「分析的真理とは概念の分析によって得られる真理である」といった特徴づけがある。「分析―綜合」の区別が真理の認識論的分類によって特徴づけられようとも、それは、一般に「ア・プリオリ―ア・ポステリオリ」の区別と自明的に一致するわけではない。この点については、拙著『フレーゲと分析的存在命題の謎』（準備中）で論ずる。

（39）序章一五頁、2・1節の註3など。

（40）パトナムは、論理実証主義が、分析性とア・プリオリ性とを同一視した原因を、かれらの規約主義に求めている（Putnam, *Realism and Reason*. p. 92）。たしかにここには何か重要な関連があるのだろうとは思うが、私には、そこでのパトナムの説明がよくわからない。いずれにせよ、本文での私自身が考案した説明にしても、きわめて不十分なものでしかないことは、言うまでもない（「自然である」というような表現が哲学の議論に出て来るときは、何かインチキが隠されていると読者は疑ってよい。「自然と思われる」といった表現については、なおさらである）。

（41）Putnam, *Op. cit*. pp. 96f.

（42）このように解釈することで、私は、パトナムに従う。いかにもパトナムらしいことに、かれは、同一の書物のなかで、この「歴史からの議論」について、賛成の議論（"'Two dogmas' revisited" *Realism and Reason*. pp. 92ff.）と反対の議論（"Analyticity and apriority" *Ibid*. pp. 128ff.［H・パトナム『実在論と理性』（一九九二、勁草書房）一八一頁以下］）の両方を展開している。

（43）M. Dummett, *Frege: Philosophy of Language*. 1973（2nd ed. 1981）, Duckworth. p. 591.

（44）P. Duhem, *The Aim and Structure of Physical Theory*. 1954, Princeton University Press. p. 187（これは、原書第二版

（一九一四）の英訳である）。［邦訳：ピエール・デュエム『物理理論の目的と構造』小林道夫・熊谷陽一・安孫子信訳、一九九一、勁草書房、二五二頁。］デュエムの科学哲学の概要、ならびにクワインとの比較については、次を参照されたい。小林道夫「物理学の哲学的諸問題」内井惣七・小林道夫編『科学と哲学』一九八八、昭和堂。

（45）*From a Logical Point of View*. p. 41［邦訳六一頁］。

（46）*Ibid*. p.43［邦訳六四頁］。この箇所がいかに頻繁に議論の対象となるかを示す興味深い事実がある。『現代思想』一九八八年七月号は、クワインの特集で、内外のクワイン関係の論文が多数掲載されているが、この雑誌全体を通じて、この箇所の引用は、私の数えた限りで、四回（七一頁、八六頁、二一七頁、二三七頁）にものぼる。

（47）Cf. M. Dummett, "The significance of Quine's indeterminacy thesis" in *Truth and Other Enigmas*. p. 376.

（48）「われわれは、ア・プリオリな知識における規約の役割を理解しようとしてきた。いまや、ア・プリオリと経験的とのあいだの区別そのものが、揺らぎ分解し出している」。W. V. O. Quine, *The Ways of Paradox and Other Essays*. Revised Edition, 1976. p. 122.

（49）*From a Logical Point of View*. p. 42［邦訳六二頁］。

（50）言語の「同一性」と理論的変化のあいだの関係をめぐるさまざまな問題については、丹治信春「クワインにおける理論と言語」（『現代思想』一九八八年七月）が是非参照されるべきである。［同著者の『言語と認識のダイナミズム——ウィトゲンシュタインからクワインへ』（一九九六、勁草書房）を参照。］

（51）H. Putnam, "The analytic and the synthetic" in *Mind, Language and Reality: Philosophical Papers, Volume 2*. pp. 33-69. First published in H. Feigl & G. Maxwell (eds.), *Minnesota Studies in the Philosophy of Science. III*. 1962, University of Minnesota Press.

（52）Putnam, *Op. cit*. pp.42-45. パトナムに従い、式(6)では、c（光速）＝1となるように、時間の単位が選ばれているとする。

（53）*Ibid*. p. 45.

（54）Quine, *The Ways of Paradox and Other Essays*. p. 119.

（55）*Ibid*. pp. 131f.

（56）R. Carnap, *The Logical Syntax of Language*. 1937, Routledge & Kegan Paul. p. 318. デュエムの著作は、ポアンカレの著

作とならんで、論理実証主義者のあいだで広く知られていた（デュエムの『物理理論』の独訳は、マッハの序文を付した形で、原本の二年後に出ている）。しかも、カルナップの例が示すように、デュエムの論点は、単に知られていただけでなく、かれらのあいだで一般に受け入れられてもいた。こうした事実は、クワインの言う「経験主義の第二のドグマ」は本当に経験主義のドグマだったのかという疑惑を引き起こしかねない。

（57）Carnap. *Ibid.* 観察言明（カルナップはそれを「プロトコル文」と呼ぶ）もまた、最終的なものでない。厳密な意味では仮説の反証は存在しないとカルナップが述べている箇所に、このことは明瞭である。「仮説が何らかのプロトコル文とL－両立不可能である［＝論理的に矛盾する］と判明するときでさえ、その仮説をそのまま主張し、プロトコル文を真とは認めないとする可能性がいつでもある」（*Ibid.*）。

（58）P. A. Schilpp. (ed.), *The Philosophy of Rudolf Carnap.* p. 921.

（59）*Ibid.*

（60）論理実証主義内部において、この転換を促した要因はふたつある。ひとつは、言語と中立的な「所与」の存在への疑いである。いわゆる「プロトコル文論争」を通じて、こうした中立的所与の存在は否定される方向に向かった。もうひとつは、直観主義論理をはじめとするさまざまな論理の出現によって、すべての言語に普遍的に妥当する「唯一の論理」という観念が怪しくなったことである。

（61）C. Hookway, *Quine.* 1988, Polity Press. p. 37［邦訳：C・フックウェイ『クワイン――言語・経験・実在』浜野研三訳、一九九八、勁草書房、五九頁］。カルナップとクワインとのあいだの表面的な類似と、それにもかかわらず存在する根本的な相違についての、ここまでの記述は、フックウェイのこの書物の第2章と、次の論文に負うところが大きい。P. Hylton, "Analyticity and the indeterminacy of translation" *Synthese* 52 (1982) 167-184. また、次をも参照のこと。T. Ricketts, "Rationality, translation, and epistemology naturalized" *Journal of Philosophy* 79 (1982) 117-136.

（62）M. Dummett. *Truth and Other Enigmas.* p. 387. そこでのダメットの定式化は、「われわれの言語的性向を決定する二要素として、規約と経験を分かつことはできない」というものである。

（63）*From a Logical Point of View.* p. 42［邦訳六三頁］。

（64）Putnam, "The analytic and the synthetic". クワイン自身も、この区別に好意的である（Quine, *Word and Object.* 1960, MIT Press. p. 57, note 8（邦訳：W・V・O・クワイン『ことばと対象』大出晁・宮館恵訳、一九八四、勁草書房、四六四

頁)。パトナムのこの区別については、丹治信春「クワインにおける理論と言語」第三節をも参照されたい。

(65) Putnam, "'Two dogmas' revisited" in *Realism and Reason*. p. 89.

(66)「分析的—綜合的という区別はあまりにも酷使されすぎてきたために、そうした区別はまったく存在しないと主張する方が、誤りであることに変わりはないとしても、われわれの世代の有力な分析哲学者たちの幾人かが用いてきたような仕方でこの区別を用いるよりは、哲学的には誤りが少ないと私は考える」(Putnam, "The analytic and the synthetic" p. 36)。

(67) Putnam, "'Two dogmas' revisited" in *Realism and Reason*. p. 87. だが、本章の註42でも触れたように、パトナムは、その後まもなく、クワインに反対して、ア・プリオリな真理の存在を積極的に主張するようになる。

(68) C. Wright, "Inventing logical necessity" pp. 191f.(邦訳二三七頁以下)。

(69) これは、論理的真理の資格に関して、パトナムが取る考えである。「経験的理由のゆえに論理を改訂することが可能であるのだから、どの言明を分析的とするかについてのわれわれの決定は、経験的理由によって変更されうるのである」。*Realism and Reason*. p. 96.

(70) 独身者とノイローゼの例は、"The analytic and the synthetic"(1962)にある例であるが、この論文では、パトナムは、このような事態——一基準語が法則群集語に変化した——においては、「独身者」の意味が変化したと考えるべきであるとしているように見える(*Mind, Language and Reality*. p. 68)。しかし、丹治信春(前掲論文、七一頁)も指摘しているように、たとえば、「原子」という語が一基準語から法則群集語に変化するようなケースをも、単なる言語上の変化と記述することはできないと思われる。パトナムは、最近、類似したケースについて次のように書いている。「[「独身者は結婚していない」と「Vixens are female foxes」という]どちらの取り決めも、経験的発見の結果として、変更されうる。その際、これらの語に対する約定的再定義とか、動機の見あたらない言語的変化 unmotivated linguistic drift とかが生ずる必要はない」(H. Putnam, "Meaning holism" in L. E. Hahn & P. A. Schilpp (eds.), *The Philosophy of W. V. Quine*. 1986. p. 415. 強調はパトナム)。これだけでは決定的とは言えないが、現在の(?)パトナムは、一基準語から法則群集語への変化を必ずしも「単なる言語的変化」とみなさないのではないだろうか。

(71) H. Putnam, "The analytic and the synthetic" in *Mind, Language and Reality: Philosophical Papers, Volume 2*. p. 59.

(72) *From a Logical Point of View*. pp. 42f.[邦訳六三～六四頁]。

(73) Cf. M. Dummett, "The significance of Quine's indeterminacy thesis" in *Truth and Other Enigmas*. p. 380.

(74) この点についても、Dummett, *Op. cit.* pp. 379f. を参照のこと。

(75) 「論理学の命題はすべて同じことを言っている。すなわち、何事も言わない」。Wittgenstein, *Tractatus Logico-Philosophicus*. 5. 43

(76) たとえば、論理的推論とはトートロジカルな変形にすぎず、それは「すでに言われた命題で潜在的に言われていた事柄をもう一度言い直す」ことであるという説を取った論理実証主義者で数学者でもあったハーンは、「では、証明の価値はどこにあるのか」という問いに対して、「われわれは、神とは違って、全知ではないから」と答える (H. Hahn, "Logic, mathematics and knowledge of nature" in A. J. Ayer (ed.), *Logical Positivism*. 1959, Free Press. pp. 157-159)。こうした立場では、数学的言明の意味は、いわば、神には透明であるが、われわれには不透明であるということになる。

(77) もちろん、こうした「合理的評価」が科学者自身に受け入れられるかどうかは別問題である。もっともありそうなことは、拒絶反応というよりはむしろ、端的な無視であろう。しかし、論理実証主義における「科学の論理学」の理念について論ずる際には、論理実証主義者の多くが科学者もしくは科学者となるためのトレーニングを受けた者であったという事実を考慮する必要がある。つまり、かれらには、自身が科学者共同体の一員あるいは随伴者であるという意識があったと考えられる。

(78) *From a Logical Point of Vieu*. p. 45 [邦訳六七頁]。

(79) 哲学と科学の連続性の主張は、後には、「自然化された認識論」というスローガンのもとで、クワインの哲学の重要な要素となる。W. V. O. Quine, "Epistemology naturalized" in *Ontological Relativity and Other Essays*. 1969, Columbia University Press (邦訳：W・V・O・クワイン「自然化された認識論」伊藤春樹訳、『現代思想』一九八八年七月)。「自然化された認識論」に対する重要な批判としては、次の論文が参照されるべきである。B. Stroud, "The significance of naturalized epistemology" *Midwest Studies in Philosophy VI: The Foundations of Analytic Philosophy*. pp. 455-471.

(80) 古典論理 (これが現在標準的に採用されている論理であると言ってよい――論理学を最初に学ぶ者はこれを学ばされるし、現在の数学の大部分はこの論理に基づいて展開されている) に対する批判はふたつの種類に分類できる。ひとつは、古典論理は誤っている――古典論理によって妥当とされる推論のいくつかは、実際には妥当ではない――と主張するものであり、そうした批判を行う者は、古典論理の代わり (alternative) となる別の論理を提案する。もうひとつは、古典論理は誤りであるわけではないが不十分である――古典論理によっては妥当とされないが、実際に妥当である推論が存在する――と主張するものであり、この種類の批判者は、古典論理の拡張となる論理を提案する。一般に、前者の種類の論理は「代替論理 alternative logic」（古典論理の信奉者の呼び名では、「逸脱論理 deviant logic」）、後者の種類の論理は「拡張論理 extended logic」と呼ばれる。前者の代表は直観主義論理であり、後者の代表は様相論理である。これらふたつの部類に属するさまざまな論理は、D. Gabbay & F. Guenthner (eds.) *Handbook of Philosophical Logic*（D. Reidel）の第Ⅱ巻（拡張論理）と第Ⅲ巻（代替論理）で概観されている。「論理の改訂」ということで問題となるのは、もっぱら代替論理の方である。［*Handbook of Philosophical Logic* は現在、全部で一八巻にも及ぶ第二版が出ているが、拡張か代替かという分類はもはやなされていない。］

（81）C. Wright, “Inventing logical necessity” pp. 190-194（邦訳二三七～二四一頁）。これ以前にも、ダメットが、「経験主義のふたつのドグマ」における言語の全体論的モデルと分析的真理の否定とのあいだに、ある「緊張 tension」が存在することを指摘している（M. Dummett, “The significance of Quine's indeterminacy thesis” in *Truth and Other Enigmas*. pp. 376f.）。クリスピン・ライトの議論は、ダメットよりもさらに進んで、ここに実際に矛盾が存在することを主張するものである。

（82）C. Wright, *Op. cit.* p. 194（邦訳二四〇頁）。

（83）Cf. C. Wright, *Wittgenstein on the Foundations of Mathematics*. p. 328.

（84）そのもっとも有力な候補のひとつは、「すべての言明が真かつ偽であることはない」という「最小限の矛盾律 the minimal principle of contradiction」であろう。パトナムは、「最小限の矛盾律」がア・プリオリであることをもって、「少なくともひとつはア・プリオリな真理が存在する」と主張している。H. Putnam, “There is at least one a priori truth”, “Analyticity and apriority”（both in *Realism and Reason*）、最小限の矛盾律をめぐるパトナムの議論については、次の論文をも参照されたい。M. Thompson, “On a priori truth” *Journal of Philosophy* 78（1981）458-482.

（85）すでに紹介したクリスピン・ライトの仕事の他に、特に注目すべきものとして、次のようなものが挙げられる。M. Dummett, *Frege: Philosophy of Language*. Chap. 17 “Original Sinn”; M. Dummett, “The significance of Quine's indeterminacy thesis” *Synthese* 27（1974）, 351-397; S. Wagner, “Quine's holism” *Analysis* 46（1986）1-6.（もちろん、クワインの全体論を論ずるには、デイヴィドソンの一連の仕事に触れずに済ませることはできない。D. Davidson, *Inquiries into Truth and Interpretation*. 1984, Clarendon Press［邦訳：ドナルド・デイヴィドソン『真理と解釈』野本和幸他訳、一九九一、勁草書

房」を見られたい。）

（86）はっきり言っておきたいが、別の場所で扱うつもりも私にはない。

第一部への文献案内

読者にとってはいざ知らず、少なくとも、この本を書いている私にとってまことに不幸なことは、これでまだ、『意味と様相』の前半が終わっただけだということである。本来ならば、『意味と様相』が完結してはじめて、扱った諸問題への文献案内をするべきなのだが、それではいつのことになるかわからない（？）という声も聞こえてくるような気もするので、ここでは、第二部（『言語哲学大全』の第Ⅲ巻となるはず）に入る前のひと休みといった感じで、関連する書物や論文を種にして、気軽なおしゃべりをすることにしよう。

〈第1章に関して〉

「論理実証主義」という語が、ひとによっては、複雑な感情を呼び起こす（らしい）ということに私が気付いたのは、それほど昔のことではない。日本の哲学の一時期には、かつて、教条主義的な論理実証主義者というものが存在していたのではないかという推測を私は立てているのだが、「教条主義的」という形容ほど「論理実証主義」について私がもっているイメージからかけ離れたものはない。実は、私自身が、そもそも、哲学などというものに興味をもつようになったのは、論理実証主義について紹介している論文に、たまたま、出会ったのがきっかけだった。その論

文とは、

大森荘蔵「論理実証主義」、碧海純一・石本新・大森荘蔵・沢田允茂・吉田夏彦共編『科学時代の哲学1』一九六四、培風館

である。「ウィトゲンシュタイン」という、何やらいかめしそうな響きをもった哲学者の名前を知ったのも、この論文からである（「ウィトゲンシュタイン」という名前の印象は、その後もしばらく残っていて、マルコムのウィトゲンシュタイン回想録の表紙ではじめて見たウィトゲンシュタインの写真――ジャンパーを着た姿で陽を受けている写真――は意外で、名前と何かそぐわないような感じがしたことを覚えている）。

ともかく、それまで「哲学」というものについて私が漠然と抱いていたイメージとはまったく異なる種類の知的活動があるのだなという予感を与えてくれたのが、大森氏のこの論文であった（哲学の本と言えるようなもので私が初めて読んだのが、この論文の収められている『科学時代の哲学』全三巻だったというのは、われながら極端だと思うが、どうしてそのようなめぐりあわせになったのか、定かには覚えていない）。かつての論理実証主義者のように、私にも、学生時代しばらく、過去の哲学というのは、いまさら読むまでもないほど蒙昧なものであるという先入見をもっていた時期があったのだが、それは、もちろん、大森氏の論文の責任ではなく、むしろ、これで名前を知った『論理哲学論考』にイカれたせいである。たしかに、過去の哲学に対するこのように理不尽な態度にひとを導きかねないようなところが、『論考』だけでなく、論理実証主義にもあるということは正しいと思うが、議論に議論を重ねることによって当初の思い込みが覆されながら何かが明らかになってくる（多くは、否定的な形で）ときの快感といったものを私が学んだのは、論理実証主義の歴史からであった。いまでこそ、プラトンの対話篇によることが、哲学に導かれることの理想的な形態ではないかとひそかに思ったりしているのだが、やはり私の場合には、それほど正統的な仕方で哲

学に導かれたのではなかった。だから、私は、論理実証主義に対しては、複雑な気持ちというよりは、むしろ、感謝の念という、ごく単純な気持ちしか持ち合わせていない。

さて、論理実証主義の第一次資料のうちの最たるものは、その機関誌とも言うべき『認識 *Erkenntnis*』（一九三〇〜一九四〇年、ただし、一九三八年以降は、『統一科学雑誌 *Journal of Unified Science*』という名称に変更された）であろう。良心ある哲学史家は、まず、ここから出発して、さらには、各国の図書館に散在している未公刊の資料を探索すべきなのであろう。なかでも、ウィーン学団の会合の議事録が残っているという事実には、おおいに興味をそそられる。しかし、私のような、ただの哲学の徒には、ライデル社から出ている英訳のシリーズ、

The Vienna Circle Collection. D. Reidel.

で十分すぎるほどである。カルナップ以外の主だった論理実証主義者の著作が英語で読めるだけでなく、各巻に付されている編者の解説等もきわめて充実している。

他方、論理実証主義の哲学的再検討ということは、これまでも幾度か、その必要性が叫ばれてきたはずであるが、本格的な試みは、実は、その端緒が開かれたばかりだというのが、私の見方である（これは、論理実証主義からの脱却という過程が、普通に考えられているほど昔に終わったわけでなく、ようやく最近になって終わりを告げたということのしるしではないだろうか）。そうした試みのなかでも私が特に注目しているのは、マイケル・フリードマンの一連の仕事である。

Michael Friedman, *Foundations of Space-Time Theories*. 1983, Princeton University Press. "Introduction: relativity theory and logical positivism"

Michael Friedman, "Moritz Schlick's *Philosophical Papers*" *Philosophy of Science* 50 (1983) 498–514.

William Demopoulos & Michael Friedman, "Bertrand Russell's *The Analysis of Matter*: Its historical context and contemporary interest" *Philosophy of Science* 52 (1985) 621–639.

Michael Friedman, "Carnap's *Aufbau* reconsidered" *Noûs* 21 (1987) 521–545.

Michael Friedman, "Logical truth and analyticity in Carnap's 'Logical Syntax of Language'" in W. Aspray & P. Kitcher (eds.), *History and Philosophy of Modern Mathematics*. 1988, University of Minnesota Press. pp. 82–94.

本書が描いているような論理実証主義像は、実のところ、かなり偏っている点がないわけではない。それは、論理実証主義に対して当時の新しい物理学が与えた影響、とりわけ、アインシュタインの相対性理論の影響について、まったく論じていないところに現れている。フリードマンの一連の仕事は、本書のこうした欠陥を補うものとして、興味のある読者は、ぜひ参照されるべきである。また、通常もたれているイメージからは意外かもしれないが、カント哲学の枠組みが論理実証主義に与えた影響の大きさについても、そこから知ることができる（現代の哲学を考える際にもカントの存在はやはり実に大きなものがあるということを、私は、最近ますます痛感するようになってきている）。

ウィトゲンシュタインと論理実証主義との関係については、まだよくわからない点が多い。これからさまざまな人々の手によって調査される余地は十分にあるように思われる。長らくその出版が待たれていて、最近ようやく第一巻が出たマッギネスのウィトゲンシュタイン伝

Brian McGuinness, *Wittgenstein: A Life. Young Ludwig*. 1988, Basil Blackwell.［邦訳：B・マクギネス『ウィト

ゲンシュタイン評伝――若き日のルートヴィヒ 1889-1921』藤本隆志・今井道夫・宇都宮輝夫・高橋要訳、一九九四、法政大学出版局。〕

が、第一次世界大戦の終結までで終わっていたのは惜しかった。この続巻が出たならば多くのことが明らかになると期待している。結局、私がいちばん多く利用したのは、ワイスマンの記録『ウィトゲンシュタインとウィーン学団』を除けば、ハッカーの著書

P. M. S. Hacker, *Insight and Illusion*. 1972, Clarendon Press. Revised Edition, 1986.

である。第1章の初稿を書き上げてからかなり経った頃、この書物の第二版が、第一版の単なる改訂というよりは、ほとんど別の本と言ってもよいものであることを聞きつけて、あわてて本屋に走った覚えがある。第一版・第二版ともに、一読の価値がある。さらに、その後、ハッカーのいつもの相棒のベイカーが、今度は珍しく単独で書いた新著、

Gordon Baker, *Wittgenstein, Frege and the Vienna Circle*. 1988, Basil Blackwell.

が手元に届いた。こちらも興味津々で読んだが、私がそれまでに書き上げていた第1章および第2章のどちらに関しても、あらためて手直しをする必要を感ずるほどではなかった。ただし、ベイカーの本の最後の部分、つまり、ウィトゲンシュタインと規約主義との関係について論じている部分については、クリスピン・ライトの所論（Crispin Wright, *Wittgenstein on the Foundations of Mathematics*. 1980, Harvard University Press）などともあわせて、別の機会により詳しく検討してみたいと考えている。

〈第2章に関して〉

論理実証主義と規約主義との関係についても、本書の叙述には、第1章と同様の偏り（というよりは、欠落）があることを認めざるをえない。それは、自然科学（特に、物理学）の理論のなかでの規約的要素の存在という問題が、論理実証主義流の規約主義の形成において果たした役割が、まったく無視されている点にある（この欠落は、本書が言語哲学の本であって、科学哲学の本ではないことから、当然、許されていいはずである。ここで、わざわざ、こうした欠落を指摘しているだけでも、「良心的」と言ってもらいたい）。

この問題は、ひとつには、一般相対性理論が非ユークリッド幾何学を採用したことから深刻となった。したがって、数学について規約主義が云々される際に、論理実証主義者がまず引合いに出したのは、自然数論でも実数論でもなく、また集合論でさえもなく、幾何学であった。こうした考え方は、ポアンカレを先駆者として、シュリック、ライヘンバッハに受け継がれた。たとえば、

Hans Reichenbach, *The Philosophy of Space and Time.* 1958, Dover.（German original: *Philosophie der Raum-Zeit-Lehre.* 1928.）

が、もっとも明快に、関連する問題を論じている（論理実証主義者によって生み出された数少ない傑作のひとつがこの書物であるというのが、私の個人的な評価である）。

論理実証主義者が科学理論における規約的要素を強調したもうひとつの理由は、規約としての分析的真理が観察と理論とを仲介する働きをすると考えられたことにある。意味の検証理論を採用した論理実証主義者にとっての難問のひとつは、理論的言明の経験的有意味性をどのようにして保証するかという問題であった。この問題の解答としてか

れらのあいだで広く受け入れられた考えは、理論的言明が、一連の規約的真理を介して、観察事実と結び付けられるというものであった。先に挙げたライヘンバッハの書物の冒頭で導入されている「結合的定義 coordinative definition」と呼ばれるものが、こうした規約的真理の一例であり、また、カルナップの「還元文 reduction sentence」も、同様な役割を果たすものと考えられていた。この点については、

Rudolf Carnap, "Testability and meaning" *Philosophy of Science* 3（1936）419-471; 4（1937）1-40.（邦訳：永井成男訳「テスト可能性と意味」永井成男・内田種臣編『カルナップ哲学論集』、一九七七、紀伊國屋書店）

の第8節を参照されたい。

「規約による真理」のこうした側面に関しては、第1章との関連で挙げたフリードマンの仕事、ならびに、次が、これまでの「論理実証主義についての常識」を越える視点を提供してくれる。

Clark Glymour, *Theory and Evidence*. 1980, Princeton University Press. Chapter II "Logical empiricist theories of confirmation"

つまり、規約による真理という考えは、論理実証主義において、一方で、数学的ならびに論理的真理の説明に用いられ、他方で、意味の検証理論の枠内で理論的言明の経験的有意味性を確保するために用いられたのである。分析的真理の概念が論理実証主義の死活を制するものとなったことは当然である。また、規約の概念は、単に論理実証主義を特徴づけるだけにとどまらず、「モダニズム」としての二〇世紀の哲学を特徴づけるものだという、パトナムの説も、読者によっては興味を引かれるかもしれない。

Hilary Putnam, "Convention: a theme in philosophy" in his *Philosophical Papers Volume 3: Realism and Reason*. 1983, Cambridge University Press.（この論文の邦訳は、H・パトナム『実在論と理性』（一九九二、勁草書房）に収められている。）

２・２節の後半で考察されているような種類の規約主義は、論理実証主義者のものというよりは、もっと最近の産物である。それは、ヒルベルトの『幾何学基礎論 *Die Grundlagen der Geometrie*』（初版、一八九九）に見られるような公理主義からインスピレーションを得た「規約主義」と、抽象代数や位相空間論の隆盛がもたらした「構造主義」とのアマルガムとでも特徴づけることができよう。ここで注意していただきたいのは、ここでの私の議論の標的が（数学における）構造主義そのものではないことである。あくまでも、規約主義を補強するものとして持ち出された限りでの構造主義が、ここでの批判の対象となっている。一般に数学上の構造主義と呼ばれるものは、多くの場合、集合論を前提しており、集合論に対する態度は、プラトニズムのそれであると思われる。こうした考え方はそれなりに一貫しているが、（哲学的に見た場合に）その「素朴さ」は否めない。それほど素朴でない構造主義としては、次のような論文が、新しい方向を模索している。

Michael Resnik, "Mathematics as science of patterns" *Noûs* 15（1981）529–550; 16（1982）95–105.

Stewart Shapiro, "Mathematics and reality" *Philosophy of Science* 50（1983）523–548.

２・３節における議論は、もしも哲学のなかに「決定的な」議論といったものがありうるとするならば、それにきわめて近いものであると私自身は考えている。しかしながら、そこでの議論を決定的なものとして受け入れるとしても、論理的真理の必然性の源を言語的活動に求めるという考えそのものが拒否されることにはならない。ウィトゲンシュタイン流の「過激な規約主義」というオプションが残されているのはもちろんのこと、さほど「過激」でない方向で論理的必然性の源を言語に求める道がまったく閉ざされているわけではないと思われる。ただし、そうした道の候補としてこれまで提案されてきたものに難点がないわけではない。有望に見えるひとつの道は、論理語の意味がそれを支配する推論規則によって決定されるという、ゲンツェンに由来するアイデアを敷衍する方向で進むものである。この路線がはらんでいる困難については、拙論

飯田隆「演繹と換言」、野家啓一編『哲学の迷路——大森哲学：批判と応答』一九八四、産業図書、所収

を参照されたい。こうした困難にもかかわらず、私自身としては、少なくとも論理的必然性に関しては、その源泉をわれわれの言語活動に求める以外にないと考えている。実際、それ以外にどう考えようがあろう。ところが、この点についてのわれわれの「直観」はかくも明白であるように思われるのに、それが擁護する満足な議論がないどころか、この「直観」を斉合的な仕方で述べることにさえ多大な困難が存在する。パトナムは「数学の哲学はむずかしい」という名言を吐いた（Hilary Putnam, *Realism and Reason*. 1983, Cambridge University Press. p. 126. 拙訳が、H・パトナム『実在論と理性』（一九九二、勁草書房）に収められている）が、これに加えて、「論理学の哲学はむずかしい」と言ってもよかったはずである（当然、「むずかしくない哲学の分野がどこにある」と反問されるだろうが、この問いに答えることは遠慮しておく）。

〈第3章に関して〉

第二次大戦の直後から現在に至るまでのアメリカの哲学のなかでクワインの占める位置は、圧倒的に他を抜きん出

ている（アメリカのさる大学には次のような伝説が伝わっているという。クワインの『ことばと対象 *Word and Object*』（一九六〇）が出版された翌年、この大学の哲学科のゼミは、美学から宗教学に至るまで（!）、すべて同一のテキストを取り上げたために、学生のストライキが起こったという。このテキストが何であったかは言うまでもない）。だが、アメリカの哲学においてクワインが圧倒的地位を占めているとしても、それは、哲学の分野を越えて、クワインの名前が、戦後の哲学者の名前のなかで、もっともよく一般に知られているということではない。たとえば、クワインの著書が、一般の「教養人」を対象とした書評のなかで取り上げられるようなことは、ちょっと考えにくい。クワインの影響は、もっぱら、ますます専門化しテクニカルになって来ているアカデミックな哲学の枠内で働く「職業的哲学者」のあいだに限られている。クワインの哲学のあり方（必ずしも、その内容ではない）は、そうした哲学者たちにとっての模範として作用し続けて来た。

ところで、クワインが、戦後のアメリカ哲学、ひいては、分析哲学全般に圧倒的な影響を与えているとしても、それは、クワインの説が哲学者のあいだで広く受け入れられているということを意味しない。むしろ、事実は、その正反対である。クワインの哲学の、いまでは「古典的」とも言うべき解説

Gilbert Harman, "Quine on meaning and existence" *Review of Metaphysics* 21 (1967-68) 124-151, 343-367.

を書いたギルバート・ハーマンによれば、「クワインが正しいとするならば、かれ以外の言語的哲学者が意味について言ってきたこと、言っていることのほとんど全部が間違っていることになる」のである。ハーマンのこの評価は、五十年以上も前のものであるが、現在でも、ほぼそのまま通用すると思われる。つまり、意味についてクワインが言うことのほとんどすべてが、職業柄（?）極端に走ることをそれほど嫌わない哲学者にとってすら、あまりに極端にすぎるものと映る、というのが事実なのである。だが、まさに、クワインの説のこの極端さこそが、無数の議論を呼

び起こし、大小とりまぜ応接にいとまのないほど多くの論文が専門雑誌に現れるという事態を引き起こしたのである。
このことが特にあてはまるのは、たがいに密接な連関をもっているクワインのふたつのテーゼ、すなわち、「翻訳の不確定性 indeterminacy of translation のテーゼ」と「指示の不可測性 inscrutability of reference のテーゼ」である。はじめ私は、愚かにも、このふたつのテーゼについて紹介するだけのスペースと時間があると考えていた。つまり、「経験主義のふたつのドグマ」について、こんなに書くべきことがあったなどとは、私は決して思っていなかった（もっとも、「こんなに書くべきではなかった！」と思われた読者もいるかもしれない）。ここで読者が読まれたような形の第3章の大部分を書き上げたあと、「さて、いよいよ、翻訳の不確定性の話だ」と武者震いして、プランを練りだしたとき、つい気になって、それまで書き上げた分量を数えてみたところ気が付いたことは、自分が実に「本のなかで本を書こうとしている」ということであった。翻訳の不確定性にまつわる話は優に一冊の本になるのであり、実際、一冊の本を書いた哲学者がいる。

Robert Kirk, *Translation Determined*. 1986, Oxford University Press.

また、私が作ってみた文献表――もちろん、その全部に目を通そうなどという気は、毛頭なかった――では、翻訳の不確定性を主題的に論じている（と推定される）文献の数は、軽く百を越える。その実数は、と考えるだけでもおそろしい。文献の数が膨大なだけではない。「翻訳の不確定性のテーゼ」が正確なところ何を言っているのかについてさえ、極端な解釈の相違がある。たとえば、次のふたつの引用をお読み頂きたい。

翻訳の不確定性に関してクワインにけちをつける者は、口論好きな人間だけだ――翻訳に課される制約条件はそれほどに無難なものなのだから。（Gareth Evans, "Identity and predication" *Journal of Philosophy* 72（1975）343-

363. Reprinted in his *Collected Papers*. 1985, Oxford University Press. この引用は、後者の p. 26 から。）クワインは、翻訳の不確定性の説得的な論証を与えていないということで、ずいぶん批判されてきた。このような批判を行った者たちは、たぶん、物理主義的世界観の役割に十分注意しなかったのだろう。この物理主義的世界観からすれば、不確定性は論証を必要としないほどに明白なものである。（Peter Hylton, "Analyticity and the indeterminacy of translation" *Synthese* 52（1982）167-184. at p. 181.）

これらふたつの引用はどちらも、翻訳の不確定性が、「明白」なものであると主張しているようにみえる。だが、前者は、それが、ほとんど何らの前提条件も必要とせずに「明白」であるとしているのに対して、後者は、「物理主義的世界観」のもとでは「明白」だとしているのである。「物理主義的世界観」が「それほどに無難だ」などと言う哲学者がどこにいるだろう。ここでも、「何かが明白であるということ自体は決して明白ではない」というクライゼルの警句が当てはまる。

「経験主義のふたつのドグマ」だけで、かなり長い一章を費やしてしまったことに関しては、読者には悪かったかもしれないが、私自身としては後悔していない。この論文の主要テーゼのほとんどに対して否定的な結論が出てきたことは、実のところ、われながら意外であった。だが、そのことは、決して、この論文の重要性を減ずることにはならない（哲学においては、結論に至る過程と比較されるならば、結論そのものは「どうでもよい」と言うのは言いすぎであるとしても、それに近いものである）。クリスピン・ライトの議論を借りて本文で論じたように「経験主義のふたつのドグマ」の全体論が最終的には保持しえないものであるとしても、「全体論的」と呼びうるような言語理解のモデルは他にもさまざまにありえよう。ここでもまた、クワインが太い線で一気に描き上げた図柄を横目でにらみながら、何枚もの細密画を丹念に描いてみるという作業がわれわれに残されている。
ひとつだけ心残りなことは、「経験主義のふたつのドグマ」の同時期のクワインのもうひとつの傑作「何が存在するかについてOn What There Is」（一九四八）に触れることすらできなかったことである。ひょっとして、そんなことは初耳だと言うひとが（哲学を専門とする人々のなかにさえ、まだ）いるかもしれないが、存在論は、現在の分析哲学のなかでももっとも活気に満ちた分野である。存在論のそうした隆盛のきっかけを作ったものが、クワインのこの論文である。こちらの論文も、「経験主義のふたつのドグマ」と同様、実に多くの示唆に富んでいる。「存在するとは変項の値となることである To be is to be a value of a variable」という標語だけがもっぱら有名であるが、この論文の中味は決してこの標語に尽きるものではない（もちろん、この標語に関連しても、多くの興味深い議論が存在する）。ただし、現在の存在論は、きわめてテクニカルな主題であって、現代の論理学についての広汎な知識が要求される。言語哲学の入門書（の一部）たらんとしている本書では割愛せざるをえなかった理由である。

最後に、本書の第二部（『言語哲学大全Ⅲ——意味と様相（下）』）の暫定的な目次を掲げておこう。読者は先刻ご承知のことと思うが、この通りになるという保証は、まったくない。

第二部　可能世界意味論と様相の形而上学
第4章　「外延と内包の方法」から可能世界意味論へ
第5章　指示と様相——直接指示の理論
第6章　命題的態度の意味論

補註

第1章

（補註1）

ウィーン学団には中国人のメンバーもいた。洪謙（Tscha Hung あるいは Hong Qian 一九〇九～一九九二）である。かれは、もともとドイツ観念論に関心があって、オイケン（Rudolf Christoph Eucken 一八四六～一九二六）のもとで学ぶつもりでイェナ大学に来たが、オイケンが前年に死去していたために、それはかなえられなかった。イェナ大学で学ぶうちにライヘンバッハの仕事に興味をもつようになり、人からすすめられて一九二八年以降、ウィーンでシュリックのもとで学び、一九三四年に、現代物理学における因果性の概念についての論文「新物理学における因果性の問題 *Die Frage der Kausalität in der neuen Physik*」で学位を得た。一九三六年にシュリックが殺害されたあと、一九三七年に中国に戻った。かれは終生シュリックへの尊敬の念を失わなかったという。

一九四五年に出版された『ウィーン学団の哲学』は、論理実証主義を中国に紹介する本となるはずであったが、その後の中国の事情から容易に想像がつくように、再刊されたのは、ようやく一九八九年になってのことだった。中華人民共和国の成立後、北京大学で教えたが、西洋哲学の翻訳と紹介が主な活動であった。文化大革命の際には危うく下放の対象となるところだったが、どうにか免れた。文化大革命の終了した一九七〇年代末より、哲学活動を再開し、多くの論文を発表するとともに、欧米各地で講演を行った。日本にも一九八六年に招かれて東京大学で講演している。

一九九四年には、かれを追悼する国際会議が北京大学で開催され、日本からも十人以上が参加した。以上の記述は、この会議録として *Boston Studies in the Philosophy of Science* の第一三九巻として出版された *Realism and Anti-Realism in the Philosophy of Science* (edited by R. S. Cohen, R. Hilpinen and Qiu Renzong, 1996, Kluwer) に所収の Fan Dainian, "Hong Qian and the Vienna Circle"（同書、pp. xvii–xxii）に拠ったものである。なお、この国際会議については、日本科学哲学会のニューズレター第二号（一九九四）でも報告されている（日本科学哲学会のウェブサイトから閲覧可能）。洪謙についての最近の研究には、Yi Jiang, "The Vienna Circle in China: the story of Tscha Hung" (in Esther Ramhalter (ed.), *The Vienna Circle and Religion*. 2022, Springer, pp. 199–229）がある。

日本人がウィーン学団のメンバーだったということはなさそうだが、第二次大戦前には多くの日本人哲学者がドイツ語圏の大学に留学したから、論理実証主義者との交流がなかったとは思われない。しかし、戦前の日本のアカデミックな哲学の中では、論理実証主義は、同時代のドイツ哲学の動向の紹介の中で触れられる程度にとどまった。それに対して、論理実証主義を日本に積極的に導入しようとしたのは、生物学者の篠原雄（一八九三～一九六七）であった。かれはもともと、物理学、化学、生物学、心理学、社会科学といったさまざまな分野の科学をひとつに統合しようという志向をもっており、寺田寅彦（一八七八～一九三五）よりウィーン学団の存在を知ったという――これは、中村秀吉が篠原より直接聞いたことだそうである（中村秀吉「日本における論理実証主義および分析哲学」梅本克己編『講座戦後日本の思想』第1巻、一九六三、現代思潮社、八二頁）。

篠原は、一九三三年に綜合科学協会を設立し、翌年には機関誌『綜合科学』を発刊した。シュリック、カルナップ、ライヘンバッハの論文が、この雑誌に訳載された。『綜合科学』は一九三八年に廃刊となり、綜合科学協会自体も翌年には解散されたが、『綜合科学』に掲載された翻訳を中心に『ウィーン学団統一科学論集』が一九四二年に発行された。篠原はとりわけ科学の論理学というカルナップの構想に共感を抱いたと思われる。このことは、かれが一九四九年に新たに設立した学会が『科学論理学会』と名付けられたことからもわかる。この学会は、現在も存在する日本科学哲学会（一九六八年創立）の母体となった。

戦前の日本の哲学アカデミズムに取っ掛かりを得ることができなかった論理実証主義は、戦後になって、改めてアメリカから入ってきた。しかし、これは、論理実証主義者の多くがアメリカの大学に移って、アメリカの哲学を大きく変えつつあったときでもあった。したがって、論理実証主義は、その次の段階とも言える「分析哲学」と一緒に受容されることになった。このことは、論理実証主義の古典的解説である、エイヤーの『言語・真理・論理』とライヘンバッハの『科学哲学の形成』の翻訳がそれぞれ一九五四年と一九五五年に出版された一方で、ライルやストローソンのようなイギリスの哲学者のＢＢＣでの二冊の講演集（『哲学の革命』と『形而上学の本性』）が、一九五七年とその翌年に出版されていることに象徴的に示されている。

この論理実証主義の二度目の受容の特色をよく表しているのは、東京大学の哲学研究室が発行する『哲学雑誌』に一九五三年に発表された大森荘蔵の「論理実証主義」である(「第一部への文献案内」の二二六頁で紹介したものは、この論文を再録したものである)。まず、この発表の媒体に注目されたい。論理実証主義と日本の哲学アカデミズムとの接点ができたことの証明がここにある。次に、この論文の内容は、戦前における受容と大きなコントラストを示している。篠原が統一科学の理念を強調したのに対して、大森の記述の中心は、論理実証主義にウィトゲンシュタインが与えた影響の大きさにある。第二次大戦前の日本においてウィトゲンシュタインの名前がまったく知られていなかったわけではない。しかしながら、論理実証主義にとってウィトゲンシュタインが重大な存在であったことが、どれだけ知られていたかはおおいに疑わしい。大森の論理実証主義紹介が初めて、ウィトゲンシュタインの重要性を認識させたと言っても、言いすぎではないだろう。

一九五〇年代と一九六〇年代を通じて、論理実証主義の流れを汲む、分析的伝統の哲学は、「科学哲学」と呼ばれて、日本の哲学アカデミズムの中に一定の地歩を固めることができたが、他の流派の哲学者たちから「科学哲学は哲学ではない」と言われることも多かった。これが変わってきたのは、だいたい一九七〇年前後だったと私は思う(拙著『分析哲学 これからとこれまで』二〇二〇、勁草書房、19章「日本の分析哲学 一九七〇年前後」)。この補註を書くにあたっては、古田智久氏からさまざまな教示をいただいた。論理実証主義の戦前における受容については、古田智久「戦前日本の言語哲学・科学哲学」(『哲学の歴史11 論理・数学・言語』飯田隆編、二〇〇七、中央公論新社、四八〇〜四八七頁)を見られたい。また、次も参照されたい。Takashi Iida and Tomohisa Furuta, "Analytic philosophy in Japan 1933-2000" *Asian Journal of Philosophy* 1 (2022).

(補註2)

シュリックの論文「意味と検証」は、アメリカの雑誌 *Philosophical Review* の一九三六年七月号に掲載されたが、かれがウィーン大学の階段で、以前に教えたことのある学生に拳銃で撃たれて亡くなったのは、同じ年の六月二二日のことであった。検証可能性のテーゼと違って、意味の検証理論は、シュリックの死後長らく議論されることもなかった。だが他方で、意味の検証理論の生みの親であったウィトゲンシュタインのもとで、命題の意味を検証条件と同一視する考えは、シュリックの論文が発表される前に、すでにドラスチックな変貌を遂げていた(拙著『ウィトゲンシュタイン――言語の限界』一九九七、講談社、第一二章「意味と検証」)。

一九三〇年から一九三三年のウィトゲンシュタインの講義に出席してノートを取ったムーアの報告するところが、こうした変化をもっともよく伝えている。問題になっているのは、「私は歯が痛い」という一人称の命題と「かれは歯が痛い」という三人称の命題とで、「痛い」の意味は同じかという問いである。
ウィトゲンシュタインは最初、ふたつの命題はその検証条件が違うから、両者で「痛い」の意味は違うとしたのに対して、後になって、検証について有意味に語ることができるのは三人称の場合だけであって、一人称の場合について検証を語るのは無意味であると言ったという。ここに、「命題の意味＝検証条件」説のほころびを見ることはたやすい。つまり、「歯が痛い」や「帰り道が心配だ」のような、心的な事柄に関する一人称現在の命題については、「それが真だということをどうして知るのか」と問うことは意味をなさない。「歯が痛いとどうしてわかるのか」とか「歯が痛いという証拠は何だ」といった問いが意味をなさないことは明らかである。「帰り道が心配だ」の場合でも、「帰り道がどうして心配だと思うのか」と尋ねることはできるが、「自分がそのことを心配しているとどうしてわかるのか」と尋ねることは意味をなさない。より詳しくは、拙論「表出と疑問」（『思想』第一一八五号、二〇二三年一月）を参照されたい。

心的な事柄に関する一人称現在の文を用いた発話をウィトゲンシュタインは「表出（Äußerung, avowal）」あるいは「表現（Ausdruck, expression）」と呼ぶ。その意味を検証条件と同一視できない命題の存在は、一律な仕方で命題の意味を規定しようといった思考法が導く誤りをウィトゲンシュタインに気付かせたにちがいない。『哲学探究』の四三節は、この書物の中で意味について一般的な形で語っている稀な場所であるが、そこでは、「「意味」という言葉が使われる多くの場合——すべての場合ではなく——に、それは、言語におけるその使用［使われ方］だと説明できよう」と書かれている。「すべての場合ではなく、多くの場合に」という但し書きが強調されていることに注目すべきだろう。

本書の初版を書いていたときに、シュリックの議論とは別の仕方で「文の意味＝検証条件」という結論へと至るルートとして私が考えていたのは、ダメットが一九五〇年の論文「真理」（後にかれの論文集 *Truth and Other Enigmas* (1978, Duckworth) に収められた——邦訳は、ダメット『真理という謎』（藤田晋吾訳、一九八六、勁草書房）に収録）以来追求してきた道である。ダメットがその発想を、直観主義数学における論理への見方と、意味を使用に求めるウィトゲンシュタイン的な観点に負っていることはよく知られている。また、ダメットのようなプロジェクトが、ウィトゲンシュタインの哲学が目指すところと完全に相反するものであることも周知だろう。

ダメットのプロジェクトについては、第Ⅳ巻『真理と意味』で論じるつもりであったのだが、実際にそうすることはなかった。理由は主にふたつある。ひとつは、第Ⅳ巻の中心が、自然言語の体系的意味論をどうやって構成するかということにあり、しかも、このことを日本語という具体的な例に即して示そうとしたので、そうする余裕がなくなったためである。だが、たぶんもっと大きな理由は、私がダメットの議論の全体像を捉えきれているかについて、自信をもてるまでになれなかったことにあったと、いまになってみればわかる。第I巻の増補改訂版の「後記」で書いたように、ダメットの議論が取り上げられることは、この間、稀になっているとはいえ、その重要性が減じたとは私は思わない。私は宿題を抱えたままである。

第2章

（補註1）

初版の第2章註14で、「『論考』の量化理論が誤っているにちがいないということは、多くの哲学者が漠然と感じていたはずである」と私は書いた。今では、その理由がどの辺にあったのかを、よりはっきり述べることができる。『論考』の論理を主題的に扱っている部分（六・一「論理の命題はトートロジーである」から始まる部分）を読む者は、ウィトゲンシュタインが論理を決定可能だと考えているという印象を強く受ける。たとえば、「記号（シンボル Symbol）の論理的性質を計算（berechnen）することによって、ある命題が論理に属するかどうかは、計算できる」（六・一二六）、あるいは、「論理における証明は、トートロジーの認知を、複雑な場合に助けるための機械的（mechanisch）手段にすぎない」（六・一二六二）といった章句は、与えられた命題が論理的命題——『論考』の意味でのトートロジー——であるかどうかは決定可能（decidable）だと主張していると読める。だが、他方で、『論考』が出版されたときにはまだ知られていなかった事実、すなわち、一階述語論理は決定不可能（undecidable）であること（チャーチ＝チューリング定理、一九三六年）を、われわれは知っている。

この矛盾に対処するひとつの道は、『論考』が扱っている論理は、一階述語論理の全体ではなく、決定可能なその一部しかカバーしていないとすることである。言い換えれば、『論考』の論理は述語論理の全体を扱えるだけの表現力（expressive power）をもたないとすることである。

これに対して、もうひとつの道は、『論考』の論理は一階述語論理の全体を扱えるだけの表現力をもつ——『論考』のトートロジーは一階述語論理における論理的真理の全体を含む——ゆえに、論理が決定可能だと考えた点でウィトゲンシュタインは間違えたとすることである。さらに第三の道があるのだが、それは後にまわす。

初版の註で紹介したフォグリンの議論が、ギーチのものをはじめとする反論を直ちに招いたにもかかわらず、まったくありえないことではないと思われたのは、『論考』がフォグリンの言うような欠陥をもっているのならば、論理が決定可能だという、そこでの主張も理解できると思われたからだろう。しかしながら、他方で、ギーチも指摘している（P. T. Geach, "Wittgenstein's operator N" *Analysis* 41（1981）p. 170）ように、フォグリンの言うようなミス——それはいわば初等的なミスである——を『論考』が犯しているのだとしたら、それにラッセルもラムジーも気付かなかったということも信じがたい。この問題を検討した研究者のあいだの現在の合意は、『論考』の論理は、一階述語論理の全体を扱えるだけの十分な表現力をもっているというものである。

第一に、同種の量化子が現れている命題しか扱えないというフォグリンの指摘に対しては、ギーチが導入したような記号法によって対処できる——以下では、グロックの簡潔な説明（H.-J. Glock, *Wittgenstein Dictionary*, 1996, Blackwell, p. 143）での記号法を使う。

「$Nx(fx)$」で、「fx」のxの代わりに名前を代入した命題の否定全体の連言

$$\sim fa \wedge \sim fb \wedge \sim fc \wedge \ldots$$

を表すというようにしてやれば、異なる種類の量化子を含む「$(\forall x)(\exists y)fxy$」は、この改良された『論考』の記法では、次のように書かれる。

$$Nx(N(N(Ny(fxy))))$$

第二に、このやり方では操作Nを無限回適用されることになってしまうという反論に根拠がないことは次のように示される。「$(\exists y)fy$」は「$N(N(Ny(fy)))$」で、これは

$$N(N(fa, fb, fc, \ldots))$$

でNは二回適用されている。他方、「$(\forall x)fx$」は「$Nx(N(fx))$」で、これは

$$N(N(fa), N(fb), N(fc), \ldots)$$

で、「a」や「b」で名指される個体が無限個ある場合には、「N」が無限回現れているようにみえ、したがって、Nの無限回の適用が必要であるようにみえる。実際に無限回の適用が必要だと、初版でフォグリンにならって私は主張した。だが、これは誤りであった。「$Nx(N(fx))$」は、ふたつの段階を経て作られる。第一の段階は、要素命題「fa」にNを適用して、「$N(fa)$」を作るという段階である。次の段階は、ここに命題関数「$N(fx)$」を認め、この「x」に名前を代入して得られる命題の全体に対してNを適用して、「$Nx(N(fx))$」を得るのである。この過程でNはただ二回適用されているだけである。

さて、『論考』の論理が、一階述語論理の全体をカバーするだけの表現力をもっているとすれば、一階述語論理の決定不可能性の証明は、『論考』にどんな帰結をもたらすだろうか。素直な反応は、論理の決定可能性について『論考』が言っていることは誤っていたと認めることだろう。そして、先にも述べたように、解釈者の多くはこう考える。残る問題は、論理の決定可能性をウィトゲンシュタインが信じた理由をどこに求めるべきかであり、ここには解釈者による違いがある。ランディーニ（G. Landini, "Wittgenstein reading Russell" in O. Kuusela & M. McGinn (eds.), *Oxford Handbook of Wittgenstein*, 2011, Oxford University Press, p. 46）は、決定可能性が信じられた理由をオペレータNに求める。Nを用いて書かれた式は、その真理条件を描いてみせることによって、それがトートロジーであるか否かを「示す」はずであった。しかし、Nで述語論理の全体をカバーできるのだとすると、述語論理が決定可能であることになってしまう。よって、「この結果は『論考』の示す（show, zeigen）ことについての教説に対する大きなダメージとなった」ということになる。他方、『論考』に至る過程で、決定可能性の問題がどういう役割を果たしたかについての詳細な研究を行ったフェレイラ（R. S. Ferreira, "The expressive power of N operator and the decidability of logic in Wittgenstein's *Tractatus*" *History and Philosophy of Logic* (2022)）によれば、Nと決定可能性とは独立であり、『論考』にもふたつのあいだに直接の関係があるとは述べられていない。論理が決定可能であるというウィトゲンシュタインの信念はむしろ、命題が何を言っているかの理解のなかには、それが論理的真理であるかどうかということも含まれていて、論理的に十全な記号法は、それが見て取れるようなものでなくてはならないというウィトゲンシュタインの命題観から来ているというのが、ポッターの研究（M. Potter, *Wittgenstein's Notes on Logic*, 2009, Oxford University Press）を援用してフェレイラが主張するところである。

最後に、先に触れた第三の道というものを紹介しよう。これは、『論考』のウィトゲンシュタインにとっての「決定可能」とは、現在理解されているような意味での「決定可能」ではないとするものである（J. van der Does, *Passed in Silence: On Wittgenstein's Tractatus and Its System*, 2011, College Publications）。つまり、ある命題がトートロジーであるかどうかは、人間的主体にとってではなく、形而上学的主体にとって「決定可能」だというのである。現在、ある問いが「決定可能」と言われるのは、(i)その問いの答えを得るための、その段階と、各段階においてなされるべき操作の両方が明確に規定された手順が存在し、(ii)その手順に従うことによって、有限時間内に答を得ることができ、(iii)その過程で無限個の段階を遂行し終える必要がないときだと特徴づけることができよう。通常、(iii)という条件が課されることはないが、これは、本章の註51で言われているような「超仕事」が含まれることを排除するためである。いま考えているような解釈は、『論考』の六・一番台で言われている「計算できる」とか「機械的」とは、(i)が満足されることに尽きる――(ii)や(iii)を満足することは必要ない――とすることだと思われる。神、あるいは、超自然的なコンピュータ、あるいは、「形而上学的主体」にとっては、与えられた命題がトートロジーであるかどうかは、有限性の要件をもたない仕方で「決定可能」なのである。

こうした解釈は、『論考』が、証明ということにほとんど価値を認めていないとさえ思われる事実(第1章註29および註30を参照)と符合する。また、これは、『論考』の論理観および数学観をほぼ全面的に受け入れたハーンが、証明の価値について問われて、「われわれは、神とは違って、全知ではないから」と答えた(第3章註76)という逸話が示すことでもあると思われる。

さて、以上から、論理学の哲学という観点から見て『論考』はどう評価されるべきかを、まとめておこう。まず、『論考』は一階述語論理のごく狭い部分しか扱っていないというフォグリンの主張――初版で私も賛成した主張――は誤りであって、『論考』は一階述語論理の全体をカバーしていると結論してよい。次に、六・一番台で言われていることが、一階述語論理が、現在標準的な意味で「決定可能」だということならば、この点で『論考』は誤っている。その結果、与えられた命題が論理的真理であるかどうかを「見て取る」ことはできず、ウィトゲンシュタインが論理から追放しようとした(六・一二六五)「証明」は論理学にとっても不可欠である。他方、六・一番台で言われていることは、一階述語論理が、現代的な意味とは違う意味で「決定可能」だということならば、現代の論理学で知られている結果との矛盾は生じない。しかし、この場合は、われわれにとっての証明の必要性を無視することになるだろう。いずれにせよ、論理学の哲学への『論考』の寄与は決して小さなものではないが、最終的には満足の行くものではないと結論すべきだろう。

ただし、この結論は、『論考』が、普通の哲学書のように主張を行っているという前提のもとでのものである。『論考』が普通の哲学書ではないことはよく知られているし、それを構成している諸命題が無意味であることを認識することこそが『論考』の目的であるという六・五四を、その通り受け取るべきだという「断固読み(resolute reading)」を支持する哲学者もいる。こうした読み方のもとで、ここで論じたような事柄がどう見えてくるかは、おおいに興味のある問題である。

（補註2）

初版の「文献案内」のなかで私は、「2・3節における議論——「規約による真理」におけるクワインの議論——は、もしも哲学のなかに「決定的な」議論といったものがありうるとするならば、それにきわめて近いものである」と書いた。私のこの意見に賛成する哲学者はいまでも少なからずいると思うが、こうした「多数派」に果敢に挑戦する哲学者が出てきたことは、またしても哲学の素晴らしさを再認識させてくれる出来事である。

二〇一七年の論文で、J・ウォレンは、「規約による真理」でのクワインの主張に反論することを試みている（J. Warren, "Revisiting Quine on truth by convention" *Journal of Philosophical Logic* 46 (2017) 119-139)。明示的に立てられた規約から、論理的真理の全体を説明しようとする形の規約主義——本書の初版で解説したのはこの形の規約主義である——をウォレンは「明示的規約主義」と呼び、それに対するクワインの議論に問題があるとは言わない。だが同時にかれは、この形の規約主義が、そもそも非現実的な（implausible）ものであり、より現実的な（plausible）形の規約主義は充分に擁護可能であるとする。こちらのタイプの規約主義をクワインは、すでに一九三六年の論文の最後で取り上げていることを、ウォレンは指摘する。そこでクワインは次のように言う。

> 最初に言葉で述べるのではなく、行為を通じて規約を採用し、言語全体が手に入ってから、そうしたければ自分たちの規約を言語的に定式化できると考えられるかもしれない。規約の言語的定式化が規約の採用にとっての要件でないことは、文法を書くことが話すための要件ではないのと同じだと主張されよう。

こうすれば無限背進は生じないとクワインは言う。一般的規約から個別の規約を導出することは、規約間の関係を明らかにするという、より高度な段階の言語使用ではじめて必要になるからである。この見方がわれわれが実際に行っていることとよく合うことをクワインは認める。しかし、事後的にのみ規約とされるものがどんな役割を果たしているのかが不明瞭だとも言う。「言語的規約から意図性と明示性を奪ってしまうことは、その説明力を無に帰し、無用のラベルにしてしまうことだ」というのである（この部分については、本書の第2章註48でも取り上げていた）。

クワインが先の引用で述べているような規約主義を、明示的規約主義に対して、「暗黙的規約主義」と呼ぼう。こちらの形の規約主義の方が現実的であることはクワインも認める。それに対するクワインの反対は、その場合規約の概念は何ら説明力をもたないというものである。ウォレンは、この最後の点に対してクワインに反論する。

暗黙的規約主義としてウォレンが推奨する立場は次のふたつの主張によって特徴づけられる。

(i) 論理語の意味は、その語を含む推論規則によって決定される。より具体的には、ゲンツェンの体系におけるように、その論理語を導入する規則と、除去する規則の両方によって決定される。たとえば、条件法「→」の意味は、その導入規則である条件付き証明の規則ＣＰ（「n」の付いている式はこの証明で仮定から除去される）

$$\frac{\begin{matrix}(\phi)^n \\ \vdots \\ \psi\end{matrix}}{\phi \to \psi}\ (n)$$

と除去規則であるモードゥス・ポネンスの規則ＭＰ

$$\frac{\phi \quad \phi \to \psi}{\psi}$$

によって決定される。

(ii) 推論規則は、言語の統語規則であり、言語の暗黙的知識の一部である。

このような立場では、明示的規約主義の場合とは違って無限背進が生じないことは認めてよいだろう。たとえば、モードゥス・ポネンスを暗黙的規約として認めるひとは、与えられた推論がＭＰの事例であることさえ認められるならば、その妥当性を直ちに

——推論を介さないで——認めるとしてよい。また、条件法については、仮言三段論法の規則ＨＳ

$$\frac{\phi \to \psi \qquad \psi \to \chi}{\phi \to \chi}$$

のような規則も成り立つ。こうした派生的規則は無限に多くあるのだから、こうした規則を原初的規則ＣＰとＭＰから導出する必要があり、そこで無限背進が生じるのではないかという疑惑に答えることもできる。つまり、ＨＳが用いられているようにみえる演繹は実際にはＣＰとＭＰ（と他の原初的規則）の繰り返しでできているのであって、ＨＳのような規則は、そうした事実をまとめて述べたにすぎないとみなすことができる。

ウォレンの主張(ii)は、もしそれが正しければ、音韻規則や文法規則の暗黙の知識が、われわれの言語能力を説明するのと同様の仕方で、推論規則の暗黙の知識が、われわれの推論能力を説明するということになろう。

では、ウォレンの反論は成功しているだろうか。それは、クワインの批判に答えられるような暗黙的規約主義を提示しているだろうか。答えは否定的だと私は考える。その理由は、推論規則が、自然言語の統語規則であるという主張の疑わしさにある。

自然言語において推論が表現される仕方は、統語規則の形でまとめられるようなものではない。第一に、自然言語の文の中に、論理学で記号で表されるような論理語を見出すこと自体、自動的にできることではない。条件法「→」に対応する日本語の表現とは何だろうか。この記号はよく「ならば」と読まれるが、「ならば」の現れるところ常に条件法が含まれているわけでもなければ、その逆に「→」が含まれていると考えられる文にいつも「ならば」が現れるわけでもない。第二に、ＭＰそのものを日本語の統語規則とみなすことはできない。そこで「$\phi \to \psi$」と表されている文を構成する「ϕ」と「ψ」は、このように複文中で現れる場合と、単独で現れる場合で、さまざまな違いがあるからである。たとえば、一部が省略されていたり、固有名詞が代名詞に変わっていたりする。第三に、自然言語で現れる推論は、ほとんどの場合、論理学におけるような形をとらない。前提のすべてが表現されるということはまれだと思った方がよいし、前提と結論の順序もいくらでも入れ替わる。そもそも現代の論理学が、自然言語ではなく、論理学のための特別の言語を必要としたのは、自然言語で表現される推論をそのまま扱うことが絶望的に困難であると思えたからである。自然言語の統語規則として推論規則を取り出すことができるとしても、それは多分、純粋に推論に関係するとは限らないさまざまに雑多な種類の規則を含むものとなるだろう。

推論規則を文法規則に類比することを疑わせるもうひとつの理由は、文法性の判断と推論の妥当性の判断とのあいだには、現象的に明確な違いがあることである。与えられた文が、文法的に正しいかそうでないかの判断は、多くの場合、自動的であり、意識的な努力なしに、いわば受動的に生じる。高度に複雑な文でない限り、文法的におかしいかおかしくないかは、聞いたり見たりするだけでわかる。それに対して、与えられた推論が妥当かどうかを判断することに、このような自動性や受動性はない。第一、推論が存在するかどうかさえ、意識的な努力の結果わかることが多い。MPのような簡単な推論でさえ、現実に出会う推論が、その形に合致していると判断することは、決して自動的になされることではない。こうした現象的相違は、推論規則を文法規則と同様の統語規則とすることを疑わせる材料となる。

推論規則を言語の統語規則として扱うのは、カルナップが自身の構成した人工言語について取った方法である。こうした推論規則は明示的に立てられるしかなく、こうした規則を暗黙的に採用することはありえない。カルナップのような人工言語に関しては、ある表現がその言語の文であるかどうかの判断と、ある表現の列がその言語で妥当とされる推論規則に従うかどうかの判断のあいだには、複雑さの度合いの違いがあるだけであって、自然言語の場合におけるような現象的違いはない。

こうした疑いにもかかわらず、ウォレンのような発想に価値がないとは私は思わない。別の箇所（拙著『規則と意味のパラドックス』二〇一六、ちくま学芸文庫、第五章）でも論じたように、推論を行う際、われわれは常に明示的に推論規則に従っているということは、ありえない。もしもそうならば、無限背進に陥るからである。つまり、推論規則を参照することなしに、ということは暗黙的に、推論規則に従うということがありうるのでなくてはならない。そして、これは、言葉を使っている際に生じていることと同じだと私は考える。どちらの場合にもそれを可能としているのは、技能知という種類の知識であり、この知識は、その持ち主には明示的には知られていなくとも、理論家によって明示されることができる（同書、一九〇頁以下）。音韻規則や統語規則を提示することで言語学者は、言語使用能力という技能知を明示化しようとしていると言えよう。

基本的な推論を可能にするのは、推論を行うひとがもっている技能知だと考えるならば、この知識を明示的に取り出したものが規則の体系となることは、十分に考えられる。それが、ウォレンの考えるように、言語の統語規則の一部を構成するというのは、先に述べたような理由から誤りだと私は思う。しかしながら、同時に私は、これとは少し違った形で、われわれの推論能力を可能としている規則の体系があるということには、十分な根拠があるとも考える。そう考えるひとつの理由は、「自然論理（natural logic）」という研究プログラムの存在に求められる。これは、フレーゲ以来の現代の論理学のように、自然言語の推論を、人工言語におけるその対応物を通じて研究するのではなく、自然言語の推論を自然言語の中で直接扱えるようにすることを目指すものである（ごく最近の興味深い研究として、P. Ludlow and S. Ivanovic, *Language, Form, and Logic: In Pursuit of Natural Logic's Holy Grail*（2022, Oxford University Press）を見られたい）。こうした研究の結果、自然言語にはそれ固有の推論規則が備わっているとわかる可能性もある。実際の推論においては、こうした規則が、他の種類の、統語論、意味論、語用論といったさまざまな規則と共同して働くことになるだろう。また、文法性の判断と推論の妥当性の判断のあいだにある現象的相違は、こうしたさまざまな種類の規則が働くか否かに由来するとわかるかもしれない。

しかしながら、仮にそうした展開があったとしても、それが、規約主義を擁護する助けになるかどうか怪しい気がする。異なる言語ごとに異なる統語規則があるのと同様に、異なる言語に応じて異なる推論規則が存在するのだろうか。それとも、人間の言語である限り、どんなに表面上異なっていても、すべて共通の構造をもつとチョムスキーが考えるように、それぞれの言語に備わっている推論規則には何らかの共通性があるのだろうか。自然論理という考えは、後者の方が正しいという見込みで出てきたものだと思われる。だが、そうすると、それは、別のものでもありえたような規約ではなく、むしろ、人間の心的能力に基づくということにならないだろうか。

（補註3）

今でも多くの哲学者から、規約主義を決定的に論破したものと評価されているクワインの議論に果敢に挑戦したということで、私は、補註2で紹介した論文に感心したのだが、そんなことで感心している場合ではないと痛感させられたのは、同じ著者の『シンタックスの影——論理的数学的規約主義を甦らせる』（J. Warren, *Shadows of Syntax: Revitalizing Logical and Mathematical Conventionalism* 2020, Oxford University Press）に触れたときである。何しろ、これは、その哲学的生命を絶ってから久しいと思われていた、論理と数学における規約主義を現代に生き返らそうとする本格的な試みだからである。この試みが成功しているかどうかについて結論を出すにはまだ早いが、これが示しているのは、論理的真理と数学的真理を規約の産物とする規約主義が、簡単には退けられない立場であるだけでなく、むしろ積極的に支持できる立場かもしれないことである。

ウォレンの規約主義の基盤を形成しているのは、無制限の推論主義（unrestricted inferentialism）である。語彙Vに関する推論主義とは、Vに属する語の意味は、その語を用いる際に従われる推論規則によって完全に決定されるとするものである。よって、論理的語彙と数学的語彙の両方に関して、ウォレンは次を主張する。

（ＬＩ）　論理的推論主義（logical inferentialism）：論理的表現の意味は、その表現の使用が従う推論規則によって完全に決定される（Ch. 3, I.――ウォレンの著書への参照は、以下、この形で行う）。

（ＭＩ）　数学的推論主義（mathematical inferentialism）：数学的表現の意味は、その表現の使用が従う推論規則によって完全に決定される（Ch. 8, II.）。

無制限の推論主義は、「Meanings Are Cheap」の頭文字を取った「（ＭＡＣ）」と呼ばれる原則によって特徴づけられる（Ch. 3, II.）。

（ＭＡＣ）　表現の使用規則のどんな集まりも（原理的には）、その表現の意味を決定できる。

こうした原則を採用することは明らかにばかげていると思われる。よく知られているのは、「トンク」の例である（A. N. Prior, "The runabout inference ticket" *Analysis* 21（1960-1）38-39）。論理語の意味が、それを導入する規則と、除去する規則とのペアによって決定されるのだとしよう。そうすると、次のふたつの規則は、「トンク」という論理語の意味を決定することになる。

$$\frac{\alpha}{\alpha\ \text{トンク}\ \beta} \qquad \frac{\alpha\ \text{トンク}\ \beta}{\beta}$$

だが、このふたつの規則を認めるならば、どんな命題から出発しようと、どんな命題も推論できてしまうことになる。たとえば、「2＋2＝4」という命題を取ろう。これから「トンク」の導入規則により

2＋2＝4、トンク、陰謀説は正しい

が証明でき、これに対して「トンク」の除去規則を用いれば

が証明されることになる。これから、論理語の意味を決めることのできるような推論規則は、何でもよいわけではなく、何らかの条件を満たすものでなければならないと結論するのは当然だと思われる。つまり、制限付きの推論主義（restricted inferentialism）は成り立つかもしれないが、（MAC）を認めるような無制限の推論主義など、とんでもないというわけである。

この当然と思われる議論に対するウォレンの反論は意表をつくものである――少なくとも私は意表をつかれた。ここに挙げたような導入規則と除去規則によって意味が決定される「トンク」を加えることは、拡張された日本語ではなく、日本語とはまったく異なる言語――「トンク語」と呼ぼう――を結果するというのである。この語が追加されることによって、「2＋2＝4」も「陰謀説は正しい」も、それが日本語でもっている意味とはまったく違う意味をもつようになる。この言語では、どんな命題も証明できるのであるから、どの命題も――「2＋2＝4」も「陰謀説は正しい」も――論理的真理を表している。つまり、トンクの議論に説得されて、（MAC）、したがって、無制限の推論主義を拒否する者は、翻訳を間違えているのである。ウォレンは、この間違いが、無制限の推論主義への反論のすべてに共通するとして、「翻訳ミス」という特別の名称を与えている（Ch. 5, I）。

翻訳ミス（Translation Mistake）　表現のもつ表面的特徴に惑わされて、適切でないにもかかわらず、ホモフォニックな翻訳が適切だと考えること。

これは、トンク語の「陰謀説は正しい」の日本語への翻訳が、これと字面上ひとしい――ホモフォニックな――「陰謀説は正しい」だと考えるような誤りである。

もしもこうした議論でトンクのような反論を退けることができて、無制限の推論主義を取ることが可能になるならば、これから論理的規約主義が帰結するとウォレンは論じる。なぜならば、論理的事柄はすべて論理的表現の意味を構成する推論規則によって完全に説明できることになるからである。これは、制限付きの推論主義では不可能である。

ただし、論理的表現についての推論規則が明示的に与えられる必要があるならば、「規約による真理」におけるクワインの議論が適用されることになるから、こうした推論規則は暗黙的に与えられるのでなくてはならない。ひとつ前の補註2で述べたように、ウォレンは、この暗黙性を、われわれの言語の統語規則の暗黙性に帰着させようとした。これが問題をはらむものであることは、そこで説明した通りである。したがって、この点だけから言っても、ウォレンの論理的規約主義を無条件に認めるわけにはいかない。

他方で、数学の場合には、数学的表現の意味が明示的に立てられた推論規則によって完全に決定されると考えることに難点はない。数学理論は通常、公理の集まりによって規定されるが、これを推論規則の形に書き直すことは簡単にできる。しかし、当然予想されるように、数学的推論主義（ＭＩ）には、論理の場合とは別の種類の困難がある。少なくとも三種類の困難がある。

(i) 本文2・3節の冒頭でも述べたように、数学は、論理と違って、存在主張に満ちている。しかも、「素数は無限に多く存在する」のように無限個の対象の存在を主張するものまである。われわれのあいだの取り決めである規約が、どうして、無限個にも及ぶ対象の存在を保証できるのだろうか。

(ii) 抽象代数で扱われる群や環のような構造とは違って、自然数や実数は、ある確定したひとつの対象領域を構成するとわれわれは考えている。しかし、本文の2・2・2節（とくに、一一一〜一一三頁および一一四〜一一八頁）で論じたように、非標準モデルの存在およびゲーデルの不完全性定理は、数学的公理や規則といった数学的規約を用いることによってこのことを保証することができないことを示した。

(iii) 本文2・2・3節で論じたように、数学的規約が矛盾を含んでいるならば、そうした規約を用いることに意義はない。規約に矛盾が含まれていないことを、どうやって示せるのだろうか。

感心することに、ウォレンは、この三点どれについても正面から答えようとしている。順番に見て行こう。(i)への答えは次の引用に含まれている。

概念を所有しているための条件のなかに存在主張が組み込まれている場合、概念Fを満たす対象の実在を認めることは、Fを所有しているための必要条件である。これが、数やその他の純粋な抽象的対象に関して生じることだと私は考える。数の存在を主張する文（「$\exists xNx$」）が真であるのは、われわれの算術言語と、存在についての標準的なクワイン的説明に基づいてのことである。数は規約によって存在する。数が存在するかどうかを知るために世界にあたる必要はない。数が実際に文字通りの意味で存在することを確立するには、われわれの算術言語の基本規則にその根拠をもつ、われわれの概念的理解だけで、形而上学的にも認識論的にも十分である。存在についてのわれわれの概念は、存在量化の概念であり、われわれの言語には、「数は存在する」という文が真であること以上に、何かが存在することについての、より深い観念があるわけではない。(Ch. 9, V)

ここにはウォレンの規約主義の徹底ぶりがよく表れている。もちろん、こうした結論を聞かされるだけでは、その評価に戸惑うにちがいない。これだと「神だって何だって存在を証明できることになるんじゃないか」という声がすぐに聞こえてくる気がする。しかし、そうした点については、ウォレンの本に実際にあたってもらおう。そこでは、量化子変動(quantifier variance)などのメタ存在論での議論がなされている。

(ii)に進めば、そこでの問題は、数学を、公理や推論規則の体系と考えるだけでは、非標準モデルの存在やゲーデルの(第一)不完全性定理が示すように、自然数のような構造の確定性を捉えることはできないという問題であった。ペアノ算術と自然数の関係に関してウォレンは、ふたつの興味深い提案を行っている。どちらの提案も、ペアノ算術の体系を拡張することによって、自然数の確定性を捉えられるようにしようというものである。ひとつは、ペアノ算術の帰納法の公理図式を上限を設けない仕方で読もうという提案(Ch. 10, V)であり、もうひとつは、ペアノ算術に、無限個の前提をもつオメガ規則(ω)

$$\frac{\phi(0), \phi(1), \phi(2), \ldots}{\forall x(Nx \to \phi(x))}$$

を付け加えるという提案(Ch. 10, VII)である。通常、(ω)は、無限個の前提をもつゆえに、われわれ人間が従うことのできる規則ではないと考えられている。これに対して、ウォレンは、このような無限個の前提をもつ規則を用いることに原理的な問題はないこと、それどころか、われわれが実際にそうしている場合——超仕事を果たす機械を考えるような場合——もあることを主張する。こうした主張が論議を呼ばないわけはないが、興味深い提案であることに疑いはない。

最後に、(iii)の問題、数学的真理を決定する規約が矛盾を含まないことをどうやって確保するかという問題であるが、ウォレンの無制限の推論主義が強みを発揮するのは、まさにここにおいてである。制限付きの推論主義を取るならば、制限——それは基本的には矛盾を含まないということである——を満たすような規約のみが採用できる。よって、規約が矛盾を含まないことが前もって示される必要がある。しかしながら、制限のない推論主義については、こうしたことは必要ない。

たしかに、数学理論を決定する推論規則の体系に矛盾が含まれる場合、古典論理を使っているならば、その理論の命題のすべてが真となる。これは、数学理論をトリビアルなものにしてしまうから、何らかの対処が必要となる。古典論理ではなく、矛盾から何でも帰結するのではない矛盾許容論理（paraconsistent logic）を採用するという手もあるが、普通は、もとの推論規則を手直しすることになる。こうしたことは、実際の数学の歴史で生じたし、現在受け入れられている数学理論についても、これから生じる可能性はある。そうしたことが生じないと前もって保証することは多くの場合不可能であるし、たいていの数学者は、そうした可能性に頭を悩ませることはしない。必要が生じたときに、規約を取り換える——新しい推論規則を採用する——ことにすればよいからである。そして、こうしてよいことは、表現に関してどんな推論規則を採用しても、それによって表現の意味を決定できる（MAC）とする無制限の推論主義によって保証される。新しい規則にふたたび矛盾が含まれていても変わりない。

初版の第2章を私は、規約主義の新しい形態は可能かという問いで終えた。そのときに可能性として考えていたのは、（第2章の最後の註からもわかるように）ウィトゲンシュタインの数学論の延長上のものだった。論理実証主義の路線にはまったく望みがないと考えていたからである。ウォレンの規約主義は明らかにカルナップ、とりわけ、『言語の論理的シンタックス』（一九三四）のカルナップを引き継ぐものである。哲学では、いったん捨て去られたと思われた立場や考えが、長い時を距てて復活しうることを改めて認識させられた次第である。だが、これは、哲学には進歩がないことの証ではない。規約主義の擁護のためにウォレンが動員するさまざまな道具立ての多くはカルナップには知られていなかったものであり、こうした分析的道具なしでは、規約主義の復活はおぼつかなかったにちがいないからである。

第3章

（補註1）

「分析／綜合の区別の擁護」という副題をもつギリアン・ラッセルの『意味に基づく真理』（Gillian Russell, *Truth in Virtue of Meaning. A Defence of the Analytic/Synthetic Distinction*, 2008, Oxford Univeresity Press）で、分析的真理を表現する文の実例として重要な役割を果たしているのは、次のような文である。

(1)　私はいまここにいる。

このことだけからでも、分析的真理の典型を論理的真理と数学的真理に求めた論理実証主義者たちから、われわれが遠く離れたところに来ていることがわかる。つまり、論理実証主義者にとって分析的真理とは、一方では数学的真理の確実性の源泉を説明し、他方では科学理論の骨格を形成するものであったのに対して、分析的真理として残るのは、「独身者」のようなパトナムが言う一基準語にかかわるものでなければ、(1)のようなものでしかないというわけである。

ただし、こう言うことは、(1)のような文が哲学的に興味をもたないということを意味しない。何と言っても、デカルトの有名な

(2)　私は存在する。

もまた(1)と同種の文だからである。

第Ⅲ巻『意味と様相（下）』の7・3・3節で、(1)は「(17)」という番号の下に現れていた。そこでも述べたように、この文は、「私」、「いま」、「ここ」という表現を理解しているひとならば誰もが、直ちに真と認める文である。それがなぜなのかを理解することもむずかしくない。「私」が発話者を指し、「いま」が発話の時点を指し、「ここ」が発話の場所を指すといった事柄を知っていることが、われわれがこれらの表現を理解していることだからである。カプランは、「私」や「いま」のような指標表現と、「これ」や「それ」のような直示語の両方を対象とする理論ＬＤ（Logic of Demonstratives 直示語の論理）を構成した（第Ⅲ巻第7章註60を参照）。(1)がＬＤの定理であるという事実は、(1)が分析的真理であることの反映とみなしてよいだろう。

だが、(1)がとりわけ興味深いと思われたのは、それが何ら必然的でない、偶然的な事実を表現しているからである。私、飯田は、いま、二〇二二年一二月一二日に、ここ、札幌にいるが、そうでないこともありえた。札幌の代わりに千葉にいると想像することは容易である。つまり、(1)は、分析的に真でありながら、偶然的にのみ真なのである。論理学や数学の命題が分析的真理の典型だと考えている限り、偶然的に真である分析的真理といったものは形容矛盾だと思われるだろう。「独身者は結婚していない」のような文についても、「独身者」が一基準語であり続ける限りは、必然的真理を表現する文である。

(1)はまた、ア・プリオリに真でもあるようにみえる。「私」、「いま」、「ここ」という表現を理解しているならば、そのことだけで真であることがわかるというのであるから。「独身者」のように、法則群集語に変化する可能性もここにはないようにみえる。

でも、ここは慎重に考えるべきだろう。直示語の論理で⑴が定理になるのがなぜかを見てみよう。⑴のような文の真偽の評価は、発話のコンテキストと相対的になされる。モンタギューは、発話のコンテキストは、可能世界w、時点t、場所p、発話者aから成る指標

(w, t, p, a)

で与えられると考えた。カプランの直示語の論理の発想のひとつは、発話のコンテキストを表すような指標の構成要素は、ある決まった条件を満たさなければならないことの認識である。つまり、そうした指標の構成要素は次の関係を満足しなければならない。

D1　世界wの話し手aは時点tにおいて場所pにいる。

この条件を満足する指標を「許容可能な指標」と呼ぼう。⑴がLDで論理的に真となるのは、それが、許容可能な指標のすべてにおいて真となるからである。条件D1を満足する指標だけが、発話のコンテキストを表すと考えることは当然だと思われよう。発話者がわれわれのように肉体をもつ存在である限り、それは、各時点において特定の空間を占める存在だからである。しかし、このことは、どれだけ当たり前であろうとも、経験的知識に基づいて初めて知られることではないだろうか。つまり、このことはア・プリオリに知られることではない。

このことをはっきりさせるために、これもまたデカルトが取り上げて有名となった

⑶　私はいま夢をみている。

という文を考えてみよう。マルコムはその著書『夢みること』(N. Malcolm, *Dreaming*, 1959, Routledge & Kegan Paul) の中で、⑶が真ではありえないことを、おおよそ次のような議論で示すことができると主張した。つまり、あるコンテキストで⑶の発話が真だとするならば、その同じコンテキストで、次の文

(4)　私はいま眠っている。

の発話も真でなければならない。しかし、(4)はそもそも有意味な発話を構成できるような文ではない。よって、(3)もまた有意味な発話とはならないから、当然、真ではありえない。

(4)はなぜ有意味な発話を構成しないのだろうか。端的に言って、それは、文Sの話者aの時点tにおける発話が有意味となるためには、次が必要だからである。

Ｄ２　話し手aは時点tにおいて意識がある。

もしaによる(4)の発話が真となるようなことがあれば、その発話の時にaは意識をもたないことになる（「眠っている」は「ぐっすり眠っている」と同じ意味だと考える）。よって、このときＤ２は満たされない。しかし、Ｄ２は、aによるtにおける発話が成立するための前提条件である。よって、この前提が満たされていない以上、(4)は、それが誰によっていつ言われようとも有意味な発話とはならない。

マルコムは、有意味な発話を構成できるかどうかという観点から議論を展開しているが、Ｄ２を、Ｄ１と同様、許容可能な指標であるための条件として、指標詞の論理ＬＤに組み込むことも考えられる。そうすると、(4)は、すべての許容可能な指標において偽となり、それの否定

(5)　私はいま眠っていない。

がＬＤの定理として分析的真理を表すということになろう。

しかし、(5)はア・プリオリな真理を表すだろうか。そうだと言うにはためらわれるのではないだろうか。それは、(5)が定理となることの原因となっているＤ２が、広い意味で経験的事実に基づいて真だと知られることだからだろう。そして、これと同じことは、Ｄ１についても言えると私は考える。Ｄ１は、話者が時空的存在であることを前提としている。しかし、デカルトの『省察』の中の「私」は、時空的存在ではない。もちろん、デカルトのこうした想定が間違っていると論じることはできる。しかしながら、

デカルトの議論が、LDのような「論理」によって論駁されると考えるのは、これまでにもしばしば繰り返されてきた種類の誤りである。

なお、ここで扱ったような話題と関係する議論として、拙稿「三段論法と死（二）」（『分析哲学　これからとこれまで』二〇二〇、勁草書房、所収）を参照していただければ幸いである。

（補註2）

論理に何ら特別なところはなく、論理学の理論も、科学理論一般と同じ方法に従い、科学理論が改訂されるのと同じように改訂されるという「経験主義のふたつのドグマ」に含まれているクワインの主張は現在「反例外主義（anti-exceptionalism）」という名称をもっている。たとえば、雑誌 *Australasian Journal of Logic* の第一六巻（二〇一九）第七号は「論理についての反例外主義（Anti-exceptionalism about Logic）」を特集している。

「ふたつのドグマ」のこうした論理観が最近になって改めて問題にされるようになったのは、クリプキが一九七〇年代の半ばにプリンストンで行ったセミナーの内容が、最近になって報告されるようになったせいである。なかでもロミナ・パドロの二〇一五年の学位論文（R. Padro, *What the Tortoise Said to Kripke: The Adoption Problem and the Epistemology of Logic*, Ph. D. Dissertation, The City University of New York）が、クリプキのセミナーからの豊富な引用を含んでいるせいもあって、この点についてのクリプキの考えを伝えるものとして、頻繁に引用される。

こうした報告によれば、クリプキは、クワインに反対して、論理の反例外主義は誤りであり、しかも、それが誤りであることは、クワイン自身が、「ふたつのドグマ」よりも前、一九三六年の「規約による真理」でカルナップ流の規約主義に対して用いたと同じ論法によって示されると主張した。クリプキのこの主張については、拙著『規則と意味のパラドックス』（二〇一六、ちくま学芸文庫）第六章で紹介したので、詳しくはそちらを見ていただきたい。ここでは、その後、クリプキの主張に対して提起された反論と、関連する議論を紹介したい。

まず、この間に明白になったことは、論理を新たに採用することと、論理を改訂することとの違いである。クリプキの議論のなかでもっとも説得力があるのは、全称例化（UI――Universal Instantiation）、すなわち、「*F*はみな*G*である」から「この*F*は*G*である」を導くという論理法則をこれまで受け入れていなかったひとに、受け入れるように言葉で説得することはできないという議論（前掲拙著、二〇三〜二〇六頁）である。推論ができるためには、前提として与えられた命題をある一般的なパターンのもとに見ることができて、それを個別の事例に適用できなくてはならない。そして、これは全称例化ができるということにほかならない。同じことは、モードゥス・ポネンス（MP――*Modus Ponens*）、すなわち、「PならばQ」と「P」から「Q」を導くという論理法則についても成り立つ。「FはみなGである」から「このFはGである」という推論は、「FはみなGである」と「これはFである」から「これはGである」という、MPを用いた推論と考えることもできる。そして、この推論の正しさを納得できるためには、MPそのものがすでに受け入れられていることが必要である。

この最後の点は、ルイス・キャロルの「亀がアキレスに言ったこと」の教訓であり、本書の2・3節で詳しく述べたように、「規約による真理」でクワインはルイス・キャロルの論法を用いて、論理を明示的な規約に基づけることはできないと論じたのである。クリプキの議論は、これとまったく同じ論法で、論理を使うためには論理が必要であるゆえに、論理を使っていなかったひとに論理を受け入れるように説得することは、説得するということは論理を使うことであるから不可能であることを示したと言える。

しかし、クリプキのこの議論が、それ以上のことを示したと言うことはできないだろう。第一に、これは、ひとが論理を使っていない状態から論理を使えるようになることが不可能だということを示してはいない。こどもは言語を使ううちに自然に論理を使えるようになるのであって、ここに不思議なことは何もない。第二に、クリプキの議論は、すでに用いられている論理を改訂することが不可能であることを示したわけではない。たとえば、全称例化でさえ、改訂できないわけではない。第2章註37で言及した自由論理（free logic）で、全称例化は、「FはみなGである」から直ちに「このFはGである」と結論するのでなく、「このFは存在する」というもうひとつの前提を必要とするのである。

クリプキのような議論が、第2章の補註3で紹介したウォレンの擁護する規約主義にどう影響するかは、興味深い問題である。第一に、全称例化とモードゥス・ポネンスを欠く論理に使用がありえない以上、これを暗黙のものであっても「規約」とすることはできるかという問題がある。第二の問題は、無制限の推論主義を特徴づける原則

（MAC）　表現の使用規則のどんな集まりも（原理的には）、その表現の意味を決定できる。

を維持できるかという問題である。クリプキは、「みなFである」から「これはFでない」を導くという「あまのじゃく例化（Perverse Instantiation）」という規則も考察しているという（A. Berger, "Kripke on the incoherence of adopting a logic" in A. Berger (ed.), *Saul Kripke*, 2011, Cambridge University Press, p. 185)。ウォレンはたぶん、この規則を受け入れることに何の問題もないと言うだろう。それは「トンク」の規則を受け入れる場合と同じで、「あまのじゃく例化」の規則を受け入れることが不可能だと考えるのは「翻訳ミス」を犯していることにほかならないとも言うだろう。つまり、こうした推論規則を受け入れるということは、言語全体に影響するのだから、「*F*」はもはやそれが以前にもっていた意味とはまったく異なった意味をもつようになるので、そこから不都合な結果は出てこないというわけである。だが、「トンク」の場合もそうだったが、ここでわれわれは「*F*」の意味がどのように変化するかについて何の手がかりも与えられていない。よって、こうした規則をわれわれが受け入れることは、やはりないと思われる。(MAC)を認めたとしても、論理のどのような改訂が、われわれに受け入れられうるものなのかは、また別の問題として残るように思われる。

後記　二〇二三年

1　論理実証主義の再評価

フレーゲ、ラッセル、ウィトゲンシュタインという分析哲学の「開祖」についての哲学史研究の現在の隆盛ぶりについては、第I巻の「後記」でも紹介したが、こうした研究が、次の世代の哲学者にまで及ぼされるのは時間の問題である。分析的伝統の場合、次の世代の哲学者とは、一九二〇年代から一九三〇年代にかけて活躍した論理実証主義者である。この巻の初版を書いていた頃、すなわち、一九八〇年代末までに、論理実証主義に関する哲学史的研究が目立つようになっていたことは、その「文献案内」で、フリードマンの一連の研究に触れて述べたところである（そこに挙げた論文は、その後、かれの論文集『論理実証主義の再検討』（M. Friedman, *Reconsidering Logical Positivism*, 1999, Cambridge University Press）に収められた）。

論理実証主義への現在の関心が、哲学の専門研究者の範囲にとどまらないことは、ウィーン学団の歴史について書かれた一般向けの本が二冊立て続けに出版されたことに、よく示されている。『狂気の時代のなかの精密思考――ウィーン学団と科学の基礎への英雄的探索』(K. Sigmund, *Exact Thinking in Demented Times: The Vienna Circle and the Epic Quest for the Foundations of Science*, 2017, Basic Books)と『シュリック教授殺害――ウィーン学団の興隆と没落』(D. Edmonds, *The Murder of Professor Schlick: The Rise and Fall of the Vienna Circle*. 2020, Princeton University Press)の二冊である。後者は、すでに日本語訳のある *Wittgenstein's Poker*(2005, デヴィド・エドモンズ&ジョン・エーデナウ『ポパーとウィトゲンシュタインとのあいだで交わされた世上名高い一〇分間の大激論の謎』二木麻里訳、二〇一六、ちくま学芸文庫)の共著者のひとりの手になるもので、現代哲学のいわば啓蒙書を書き慣れている著者らしく、読者の興味をつないで飽きさせないものになっている。これに対して、前者は、ウィーン学団の「ファン」が、どうしても書きたくて書いたという感じで、私もまたそうしたファンのひとりとして大いに共感させられた。

このように論理実証主義が一般の読者にも知られるようになるのはよいことだが、哲学史研究の本道は、基本的なテキストの収集と校訂にある。ここでも大きな進歩がみられた。まず、シュリックの全集が *Moritz Schlick. Gesamtausgabe* として、シュプリンガーから刊行され始めている。生前に公刊された著書と論文を集めた部門と、遺稿を集めた部門から成り、いまのところ、前者で五冊、後者で四冊が刊行されている[(1)]。他方、カルナップの著作集の計画が進行していることは以前から知られていたが、二〇一九年になってようやく、その第一巻 *The Collected Works of Rudolf Carnap, Volume One: Early Writings* がオックスフォード大学出版局から出版された。シュリックの全集はもとのドイツ語のテキストだけを収めているが、カルナップの著作集では、英語で書かれたのではないものにはすべて英訳を付すという方針のようである。以前に同じ出版社から出たゲーデル全集と同様に、各論文には詳細な解説が付されている。この著作集の刊行によって、カルナップ研究は画期的な進歩を遂げるにちがいない。

しかし、実はこうした著作集の刊行をまたずとも、カルナップについての研究のこの間の進展にはめざましいものがある。カルナップこそ、論理実証主義者のなかで、哲学史的にも、また、理論的にも、もっとも盛んに研究されている哲学者である。これは、ウィーン学団のなかでのカルナップの位置ということもあるが、たぶん、それ以上に、第二次大戦後のアメリカの哲学に与えたかれの影響ということが関係していると思われる。これは、第3章でも論じた長年にわたるクワインとの論争だけでなく、アメリカに移ってからの著作や活動を通じて、クワインよりも若い世代の哲学者に与えた影響によるところも大きい。

哲学史研究の観点から言って、ますます明らかとなってきたことは、論理実証主義を、同時代および先立つ時代のドイツ語圏の哲学のなかに置き直すことの必要性である。もっとも意外と思われそうな例を挙げれば、ニーチェである。「ニーチェと論理実証主義」ほど、ちぐはぐな取り合わせはないとみえるだろうが、シュリックの全集のうちの一冊は『ニーチェとショーペンハウアー』と題されているし、カルナップは、その愛読書に、フレーゲの『概念記法』とならべて『ツァラトゥストラかく語りき』を挙げていたという。(2) ニーチェは極端な例かもしれないが、新カント派、それも自然科学の哲学に興味を示したコーエンやナトルプのような哲学者というよりも、リッケルトのような哲学者、さらには、ディルタイやフッサールとの関係が、いまでは論じられるようになってきている。

同時代のドイツ語圏の哲学からの影響ということは、当然考えられてよいはずなのに、それがあまり話題にならなかったのには、二種類の原因があると思われる。第一に、論理実証主義が英語圏に紹介される際に、それがヒュームに代表されるような経験論の伝統に連なるとされたことがある。そのもっともあからさまな例は、エイヤーの『言語・真理・論理』の第一版(一九三六)の序文の冒頭にある。(3)

この論文でのべられている見解は、バートランド・ラッセルとヴィトゲンシュタインの学説に由来したものであり、そのラッセルやヴィトゲンシュタインの学説それ自身は、バークレーとデイヴィド・ヒュームの経験論の論理的帰結なのである。

ここには、ウィトゲンシュタインの学説が、バークレーとヒュームの経験論の論理的帰結であるという、いまでは誰もがおかしいと思う間違いも含まれているが、論理実証主義がもっぱらラッセルとウィトゲンシュタインの教説に由来するというのも、論理実証主義が出てきた背景としてのドイツ語圏の哲学を完全に無視している点で誤りである。エイヤーのものほどその誤りが明らかではないだけに、長いあいだ影響力を振るってきたのは、カルナップの『世界の論理的構築』を経験論の究極的形態であるとするクワインの見方である（これについては次節で詳しく検討する）。「経験主義のふたつのドグマ」の読者は、『世界の論理的構築』についての、次のような評言を頭に刻んだにちがいない。[4]

カルナップは、科学が直接的経験を指す名辞に還元できると主張するだけに甘んじず、そうした還元を実行するための重要な前進をなした最初の経験主義者であった。

第二に、カルナップを始めとして、論理実証主義者の多くは、亡命によって、アメリカやイギリスといった英語圏で活動することを余儀なくされたために、必ずしも意識的ではなかったにせよ、自らの説を英語圏の哲学の伝統のなかに位置づけようとしたと思われる。[5] したがって、エイヤーやクワインのような誤解はむしろ有利に働いただろう。

カルナップの一九二〇年代の実際の関心が何であったかが、よりよく理解されることによって、『世界の論理的構築』は、クワイン流の理解とはまったく異なった姿を現わしてきた。

まず、『世界の論理的構築』は、クワインが言うのとは異なり、根元的還元主義——すべての有意味な言明は、直接経験についての（真あるいは偽である）言明に翻訳可能である——を主張するために書かれたのではない。[6] この書物を現象主義擁護の書と読むことは、ここでのカルナップの企てを引き継いでいると一般に思われたグッドマンの『現象の構造 *The Structure of Appearance*』（一九五一）でも変わらない。この状況は、一九八七年のフリードマンの論文によって大きく変わった。それ以後の歴史的研究が明らかにしたことは、『論理的構築』（以下では『構築』とも略する）の中心にあるのが、現象主義の擁護ではなく、むしろ、科学の客観性が、感覚的経験のような主観的契機ではなく、そうした契機を捨象した形式的構造に求められるという、一種の機能主義もしくは構造主義的な発想だということである。

こうした歴史的研究は、『世界の論理的構築』のプログラムの是非をそれ自体として検討しようという気運をも生み出した。こうして、カルナップのプログラムをより一般的な形で展開するとともに、クワインやグッドマンに指摘されてきた『構築』の問題点を解決しようとする試みが現れた[7]。それどころか、『構築』の解釈でも再構成でもない形で、自前で『構築』と同様のプログラムを実行する試みさえ現れている。チャーマーズの『世界を構築する *Constructing the World*』（二〇一二）[8]がそれである。

カルナップのウィーン学団時代の仕事の再評価は、『世界の論理的構築』にとどまらない。第二次大戦前のもうひとつの代表作『言語の論理的シンタックス *Logische Syntax der Sprache*』（一九三四）は、長いこと、名前だけ有名で、読まれることも論じられることも少なかった。それには理由がなかったわけではない。第一に、カルナップが、この書物の出版後まもなく、タルスキの仕事を知ることで、それまで抱いていた意味論への疑惑を解消したために、ここでの定式化の多くが過渡的なものとみなされた。第二に、この本の二年後に出版された、本書２・３節で取り上げたクワインの論文「規約による真理」が、カルナップの論理思想の中心にある規約主義を決定的に論駁したと思われたことがある。

それでも、『言語の論理的シンタックス』の再評価は着実に進行しつつある。ひとつのきっかけとなったのは、ゲーデルが『カルナップの哲学』（一九六三）のために、数度にわたって書き直しながらも、生前未発表にとどまった論文「数学は言語の構文論か」が、一九九五年にかれの全集の第三巻に収録されたことである[9]。これは、そこでゲーデルが批判の対象としている『言語の論理的シンタックス』に哲学者の注意を再び呼び覚ますことになった。それ以後の歴史的研究の広がりは、P. Wagner（ed.）, *Carnap's* Logical Syntax of Language（2009, Palgrave Macmillan）から知ることができる。『構築』の場合と同様、歴史的関心は、理論的関心をも招き寄せる。カルナップと同様のプログラムを追求する哲学者も現れる。第2章補註3で詳しく紹介した、一九三〇年代以後初めて、論理と数学の規約主義の全面的擁護を試みた『シンタックスの影――論理的数学的規約主義を甦らせる』(二〇二〇)の著者ウォレンが、まさにその例である。

論理実証主義が、その後の分析的伝統の中で被った歪みや誤解から解き放たれて、その歴史的実像が明らかになりつつある現在、「経験主義のふたつのドグマ」で標的となっていた経験主義がひょっとして架空のものではないかという疑念が生じてもおかしくない。また、この論文が発表されてから七十年以上経つ中で、当初思われていたよりもずっと多くを、クワインが論理実証主義者と共有していることも、はっきり見えてきた。この二点を念頭におきながら、以下では、「経験主義のふたつのドグマ」の何が現在でも生きていて、何が捨て去られたのかを考えることにしたい。

2　論理実証主義と経験主義

「経験主義のふたつのドグマ」は、論理実証主義のその後の評価において決定的な役割を果たした。なかでも大きいのは、「ドグマなき経験主義」の前に来たものとして、論理実証主義が経験主義の系譜に属するという見方を定着させたことである。論理実証主義が経験主義の一形態であるという理解を広めたことには、もちろん、論理実証主義者自身にも大きな責任があることは疑いない。かれらは自分たちの立場を「論理実証主義」とか「論理経験主義」と呼んだからである。しかし、これらの名称はどれも、かれらの運動の歴史のなかでは比較的遅い時期に初めて出てきたという。実際、本書1・1節(四一頁)で触れた、かれらの運動のマニフェスト(一九二九年)で、かれらは自分たちの立場を「科学的世界把握 Wissenschaftliche Weltauffassung」としか呼んでいない(10)。

「論理実証主義」や「論理経験主義」といった名称によって隠されてしまったのは、かれらの運動の革命的性格である。かれらは、実証主義や経験主義といった哲学のなかの一流派を引き継ぎ、それを新しい段階に進ませようとしたのでは決してない。かれらは端的に言って、これまでの哲学を、別の何かに代えようとしていたのである。それは、たとえば、マルクスが、哲学をかれの経済学的探究に基づく別のものに代えようとしたり、一部のフェミニストが、哲学が本質的に家父長的なものであるとして、哲学を廃止してその代わりとなる分野を建設しようとしたのに似ている。「形而上学の追放」という、かれらのスローガンは、形而上学抜きの哲学を作ろうということではなく、形而上学的なものでしかありえない哲学を廃棄しようという呼びかけにほかならない。『論理哲学論考』にかれらが自分たちと同じ思想を見いだしたと思ったのは、そこに実証主義者や経験主義者がいると思ったからではない。むしろそれは、「哲学的事柄についてこれまで書かれてきた命題や問いの大部分は、偽なのではなく、無意味なのである」(四・〇〇三)という、哲学への全面的否定のゆえである。[11]

このことは、論理実証主義者のなかでも保守的とみなされていたシュリックが、論理実証主義の機関紙とも言うべき『認識 *Erkenntnis*』の創刊号のために書いた論文「哲学の転回点」(一九三〇)からも見ることができる。[12] ここでかれは、「哲学」という名称を返上することこそしないが、過去の哲学のなかの何ひとつについても肯定するようなことは言っていない。「実証主義」も「経験主義」も、ここにはまったく出てこない。論理実証主義者の多くは、新カント派から出発したのであって、実証主義からも経験主義からも、とくに大きな影響を受けたようにはみえない。シュリックが、「哲学の転回点」で挙げているのは、フレーゲとラッセルの論理学であり、それにもまして、ウィトゲンシュタインの論理観である。

「科学的世界把握」の支持者たちが、「論理実証主義」あるいは「論理経験主義」を自分たちの立場の呼称として認めるようになったのは、主に運動の国際化がきっかけだったと思われる。アメリカに移ったカルナップが、英語で書いた論文「テスト可能性と意味」(一九三六)中のひとつの註で次のように書いているのが示唆的である。[13]

しかし、われわれの運動はいまや、関連する見解をもつ他の国々のグループも含むような、もっと一般的な名称を必要としている。たぶん、(モリスの提案になる)「科学的経験主義」が適切だろう。

カルナップを始めとする論理実証主義者の多くが、アメリカに移り各地の大学の哲学科にポストを得るとともに、論理実証主義の運動としての側面は薄まり、アカデミックな哲学のなかで大きな影響力を振るうようになった。その際、自らの主張を英語圏での経験主義の系譜のなかに位置づけることは、いろいろな点で有利となっただろうということは想像に難くない。第一に、それは自分たちの立場を、相手にもなじみのある哲学の枠組みから理解する助けとなっただろう。第二に、そうすることで、論理実証主義が、哲学の歴史的展開のなかの必然的段階であるというストーリーを紡ぐことが可能となった。形而上学の排斥、命題の意味はそれが経験においてどう検証されるかによって与えられるとする検証原理、論理と数学は言語的規約に由来するとする規約主義、有意味な命題がすべて経験における検証を必要とするならば、異なる科学のあいだに根本的な違いはないとする統一科学の理念、これらすべてが、経験主義の自然な発展のなかに位置づけられることになる。これはたしかに、よくできたストーリーである。だが、よくできすぎているのも事実である[14]。

現実の歴史がもつ複雑さよりも、それを材料に作り上げられたストーリーの方が、その歴史を担った当事者にとってさえ、真実とされることが多い。ましてや、それが「経験主義のふたつのドグマ」のように、半世紀以上にわたって読み継がれてきた「古典」に記されていることならば、疑いようのない真実とみなされることに不思議はない。

3 分析性、必然性、ア・プリオリ性

分析哲学についてある程度の知識をもっている読者が、「経験主義のふたつのドグマ」をいま読むとき、たぶん抱くと思われる感想がある。それは、ここで論じられているのが、もっぱら分析性であって、必然性は少し顔を出すだけで、ア・プリオリ性に至っては一度も現れないということである。こうした読者は、「ア・ポステリオリな必然性」ということがあるというようなことを、どこかで聞いている読者である。

他方、分析哲学の歴史に詳しい読者は、このことを奇異とは思わない。なぜならば、この論文が発表された当時（一九五一年）において「必然性」は、まともな概念とは考えられていなかったし、分析性とは別にア・プリオリ性について論じることは、カント的な「ア・プリオリな綜合判断」の余地を残すことにつながると思われたからである。つまり、この点で、クワインはかれの批判する論理実証主義とまったく同じ立場をとっていたのである。

本書の序章「必然性小史」で述べたように、必然性の概念は、近代の哲学の表舞台から退場し、認識論的概念であるア・プリオリ性が、その代わりを務めるようになった。さらには、フレーゲにはまだ残っていた、分析性とア・プリオリ性のあいだの区別は、論理実証主義者がカント流の綜合的ア・プリオリを拒否することによって消滅した。こうして、「分析的―綜合的」、「ア・プリオリ―ア・ポステリオリ」、「必然的―偶然的」という三つの区別は、一九七〇年のクリプキの『名指しと必然性』の衝撃まで、たがいに置き換えの効くものとみなされていたのであり、クワインもまたその例外ではなかった。

一九七〇年代に起こったことは、「分析的＝必然的＝ア・プリオリ」という等式が崩れたことであるが、とくにそこで問題となったのは、必然性とア・プリオリ性との関係であって、分析性はむしろ陰に追いやられた感じがある。『名指しと必然性』で、分析性は、ついでのように触れられるだけで、クリプキはむしろそれについて論じるのを避けているという印象さえある。

たしかに、「森鷗外と森林太郎は同一人物である」とか「水はH_2Oである」といった、ア・ポステリオリな必然性を表すとされる言明の存在は、分析性と必然性とが異なることを示している。また、「ア・プリオリ―ア・ポステリオリ」が認識論的区別であるのに対して、「分析的―綜合的」はそうでないという点で、両者が概念的に異なる区別であることは明らかであるが、両者が外延的にも一致する――分析的真理はすべてア・プリオリに真であり、その逆も正しい――のかについては、本書3・4・3節からもわかるように、議論が必要である（また、第3章補註1も参照）。

いずれにせよ、一九七〇年代の新しい展開は、論理実証主義者とクワインが共有していた前提を覆しはしたが、分析的言明と綜合的言明の区別という、両者のあいだでの争点とは無関係だったと言ってよいだろう。

ところで、本書3・4節でパトナムにならって論じたように、「分析―綜合」という区別が存在するかという問いは、ア・プリオリな真理は存在するかという問いと同じだと言える。したがって、一九七〇年代の議論は、ア・プリオリな真理は存在するかという問いとも無関係である。この議論に参加していた哲学者は、クワインとは違って、ア・プリオリな真理は当然存在すると考えていたと思われる。

よって、「経験主義のふたつのドグマ」を、それより二十年後に生じた哲学的革命から振り返ってみることに、哲学的にそれほどの利点があるとは思えない。だが、これとは逆に、この論文を、それより二十年前の盛期の論理実証主義の観点から見てみることは、そこに奇妙に欠けているものがあることに気付かせてくれる。それは、この論文からは、論理実証主義者にとって、分析性の概念がなぜ重要だったのかが、ほとんど見えてこないことである。

前節でみたように、ウィーン学団を中心とする哲学者・科学者が、国際的な認知を求めて、「論理実証主義」とか「論理経験主義」といった呼称を採用したとき、それに「論理」が冠されたのは、旧来の実証主義や経験主義が、数学的真理の必然性と確実性を説明できないという致命的欠陥を抱えていたのに対して、自分たちは、新しい論理学のおかげで、この欠陥をついに克服できたという含みのためである。すなわち、新しい論理学は、数学の真理がすべて分析的真理であることを示したと、かれらは考えたのである（本書2・1節参照）。分析性が論理実証主義にとって中心的な重要性をもっていたのは、それが、数学の必然性と確実性を説明してくれると思われたからである。

このことを念頭に「経験主義のふたつのドグマ」を見直してみるとき、クワインが言う分析的言明のなかに数学に属するものは入っていないとみえることに、おどろかされる。かれは、分析的言明は、ふたつのクラスに分類されると言う。ひとつは、論理的に真である言明であり、もうひとつは、同義語の代入により論理的真理に変えることができる言明である（『論理的観点から』三五〜三六頁）。ここで言われている「論理的真理」は、どれだけの範囲に及ぶのだろうか。後年のクワインは、一階述語論理のみが論理で、高階論理は論理の範囲を超えているとした。それは、羊の皮を着た狼、すなわち、集合論であって数学に属すると言う。しかし、『論理的観点から』に、「数理論理学についての新しい基礎」がこの点に注意されないまま収録されていることから考えれば、ここでの論理的真理がより広い範囲のものを含むとする解釈も不可能でないかもしれない。それでも「経験主義のふたつのドグマ」では、論理的真理の例として挙げられているものが、一階述語論理に限られているという事実を考え合わせるならば、ここでの論理的真理のなかに数学的真理は含まれていないとする方が自然な解釈だろう。

しかし、もし仮に数学的真理が論理的真理のなかに入っているのだとしたら、本書の3・2節で取り上げたような、「経験主義のふたつのドグマ」前半の議論は、論理的真理そのものの分析性を疑うまでには至っていないから、数学的真理の分析性を否定するだけの力はもたない。数学的真理の分析性、むしろ、そのア・プリオリ性を否定する議論は、経験主義の第二のドグマの批判のなかに含まれている。そして、ここでは、それまでまったく表には登場していなかった数学的真理がはっきり姿を現している。これまでに何度も引かれてきたし、私も本書の一九八頁で引いた、この論文の最終節の冒頭である。それは、「純粋数学や論理に属するきわめて深遠な法則」もまた、最終的には、「われわれの知識や信念の総体」が経験と照合されることによって、改訂されることが可能だという主張においてである。

数学と論理の改訂可能性を認め、そのア・プリオリ性を否定することは、一見、論理実証主義以前のミル流の経験主義（序章一六〜二一頁）に戻るようにみえる。しかし、ここには大きな違いがある。それは、ミルが、数学的言明が個別の経験によって正当化されると考えたのに対して、ここで正当化されるのは、数学理論全体、あるいは、われわれの知識と信念の一部としての数学理論だからである。ミル流のやり方では、「2＋2＝4」も「三角形の内角の和は二直角である」にしても、それ自体が経験的事実を述べているものと解釈されるのに、クワイン流のやり方では、数学的命題を文字通りに受け取ることが可能である。数学理論に、自然数や集合についての存在主張が含まれているならば、そして、その理論がわれわれが受け入れる科学の一部ならば、この数学理論に属する言明は真であるから、自然数や集合は、数学理論が主張する通りの性質を伴って存在するのでなくてはならない。

これは後に「不可欠性論証 Indispensability Argument」と呼ばれることになった議論である。数学は、科学理論にとって不可欠であるから、科学理論が真として受け入れられるのならば、数学もまた真として受け入れられなければならないというわけである。この議論は、クワイン自身によってではなく、パトナムによって定式化され[15]、その後の数学の哲学に大きな影響を与えた。

これは、論理実証主義者にとっての数学の問題とされてきたもの、すなわち、経験主義の枠組みのなかで数学の必然性をどう説明するかという問題が、誤った前提に基づいて立てられた問題だとすることである。数学のア・プリオリ性を否定する以上、数学の必然性は誤った外見にすぎないと結論すべきだからである[16]。しかも、数学から必然性を奪うことと一見相容れないようにみえるが、数学的プラトニズム（本書一〇二頁）と同様に、クワインは自然数や集合の存在も積極的に認める。ただし、数学的プラトニズムの場合と違って、数学的対象は、われわれの経験とどんな関係ももちえないような超感覚的対象なのではない。数学的対象は、物理学で存在が要請されるようなクォークやブラックホールと同様の理論的対象であって、経験的考慮によってその存在が否定されることもありうる。

論理実証主義の「分析—綜合」の区別に対するクワインの反対が、もっとも赤裸々な形で出ているのは、数学的言明が分析的言明であることの否定だと思われる。これは、カントに戻って、数学的言明を綜合的だとすることではない。「分析—綜合」の区別を否定することが、パトナムの言うようにア・プリオリな真理が存在することの否定であるならば、これは、数学的言明がア・プリオリに真なのではなく、ア・ポステリオリにのみ真だとすることなのである。[17]

4 分析哲学と自然主義

4・1 自然主義と科学的自然主義

「経験主義のふたつのドグマ」の歴史的意義は、論理実証主義の歴史を通じてたびたび繰り返されてきた運動内部での批判の最後に来て、その解体を早めたということにとどまらない。より広い歴史的文脈のなかでみるとき、この論文は、二〇世紀末より顕著になってきた形の自然主義を用意した点で、現在の哲学シーンに直接かかわる重要性をもつ。このことをみるには、さまざまな意味で現在用いられている「自然主義」のなかで「経験主義のふたつのドグマ」は、どのような意味の自然主義に力を与えることになったのかをはっきりさせる必要がある。

「自然主義」という用語について私は、少し複雑な感情をもっている。本書の初版を書いていた頃、つまり、一九八〇年代の終わりに、この用語はいまほど頻繁には耳にしなかったような記憶がある。その証拠に、初版の索引にこの用語は登場しない。しかし、これは単に私が、「自然主義」という用語に、哲学的に意味のある役割がないと思ったからなのかもしれない。自然主義とは、われわれのこの世界、すなわち、自然を超えた、神や死後の霊魂といったものは存在せず、また、この世界で生じる出来事を説明するのに、超自然的な存在を持ち出す必要もないといったあたりのことを意味するのであって、それは、当たり前のことではないかと思っていたからだろう。

一九九五年に出た第Ⅲ巻『意味と様相（下）』（6・3節）では、「自然主義」という言葉を使ったが、そこで私はそれを

われわれを含めてのすべてのものが、経験可能なひとつの自然の一部であり、そこで生じている事柄の説明もま

た、この同じ自然のなかに求められねばならない……

という立場として特徴づけた。また、「その正確な定式化から始まって自然主義にはさまざまな問題があるにしても、自然主義は基本的に健全な哲学的立場であると思われる」とも述べた。

「自然主義」という語が、もっと限定された意味で使われているのに気付いたのは、丹治信春氏の『クワイン』（一九九七、講談社）[18]を読んだときである。そこで「自然主義」という用語は、私が理解していたような意味ではなく、もっとずっと限定された意味で使われていた。この使い方は狭すぎないかと思ったことを覚えている。それで気を付けて「自然主義」という語がどのような使われ方をしているかを見てみると、私が狭すぎると思ったような意味の方が、いつのまにか一般的なものになっていることに気付かざるをえなかった。

「科学的自然主義（scientific naturalism）」というのが、この限定された意味での自然主義を指すには適切だろう。クワインはこの用語を使わないが、かれが次のように言うとき、それは、この種類の自然主義についてである。[19]

[自然主義とは、] 実在が特定され記述されるのは、科学においてであって、それに先立つような哲学においてではないと認めることである。

「自然主義」が、現在でも、科学的自然主義だけを指すのでないことは、後期ウィトゲンシュタインに関して、その自然主義が問題にされることからもわかる。[20]しかし、ここでの議論で問題となるのは、科学的自然主義に限られているから、以下でただ「自然主義」と言うときには、科学的自然主義を指す。

その歴史の大半において、分析哲学の主要な関心事が、倫理的善や社会正義といった価値にかかわる問題ではなく、知識や存在にかかわる問題、なかでもそこにおける科学の役割にあったことは、否定できない事実だろう。もちろん、こう言うことは、分析哲学が善や正義といった事柄にまったく無関心であったと言うことではない。こうした主題への取り組みが盛んになった一九七〇年代より前においても、倫理学や社会哲学への分析的伝統の哲学からの寄与は決して無視してよいものではなかった。しかしながら、分析哲学の源流を探って行くと、一九世紀後半における数学者と物理学者による自身の分野の理論的反省に行き着くことからもわかるように、分析哲学には、科学者あるいは科学者と同じ志向をもった哲学者による、科学についての、科学のための哲学という性格が色濃く残り続けた。しかも、それは、科学のもたらす倫理的問題や、社会的責任といった事柄についての考察でもなければ、科学の最新の成果から人間や社会についての一般的結論を引き出すといったものでもなく、もっぱら科学の方法論といった科学「内部」の問題にかかわってきた。これは、科学を肯定的に評価するからこそ生じたことである。

科学こそが世界の正しい姿を捉えることができるという考えは自然に、ある存在論的テーゼに導く。すなわち、科学において存在するとされるもののみが存在するというテーゼである。これを「存在論的自然主義のテーゼ」と呼ぼう。前節で見たように、クワインは数学を科学に不可欠なものとして、数学において存在するとされるものもまた存在すると主張するが、分析的伝統に属する哲学者の多くは、そうは考えない。そうした哲学者は、現在の科学において存在するとされるものはすべて物的なものであるから、存在するものはすべて物的なものであると主張する。つまり、物的なもののみに存在を認めるのが、存在論的自然主義のテーゼの実質となる。

（科学的）自然主義には、認識論的、あるいは、方法論的な側面もある。これは、科学だけが世界の正しい姿を捉えることができるとしたとき、科学と区別される哲学に何が残されているのかという問いに答えるものである。二通りの答え方がある。それを「強い方法論的自然主義」と「弱い方法論的自然主義」と名付けよう。[21]

強い方法論的自然主義によれば、哲学の目標と方法は、科学のそれと同じである。両者のあいだに本質的な違いはない。哲学もまた、科学が探究対象とするのと同じ実在の一部や一側面を探究対象とする。哲学に特別な方法があるわけではなく、科学と同じ方法を哲学もまた使うのである。他方、弱い方法論的自然主義によれば、哲学もまた、世界の正しい姿を捉えることを目指す点で科学と目標を同じにするが、この目標の実現にあたって哲学だけができる寄与がある。

先に種明かしをしておけば、強い方法論的自然主義とは、「経験主義のふたつのドグマ」で初めて明確に主張されたものであり、この主張は、論理実証主義の弱い方法論的自然主義に対抗してなされたものである。ただし、強い方法論的自然主義が大きな影響力を振るうのは一九八〇年代以降のことなので、ここには三十年ほどのタイムラグがある。現在の時点で、分析哲学の歴史を振り返るならば、そこには二度にわたる（科学的）自然主義の波があったと言える。一度目は、一九二〇年代から一九四〇年代の論理実証主義であり、二度目はいまわれわれが経験しているものである。一度目の自然主義は弱い方法論的自然主義として特徴づけられるのに対して、現在のそれは強い方法論的自然主義である。ただし、後に述べるように、これはクワインが考えていたような方向と必ずしも一致しない。以下では、この二度の自然主義の波を中心に、分析哲学の歴史を簡単に復習してみよう。

4・2 フレーゲとラッセル

フレーゲは、現在でこそ分析哲学の開祖のひとりとされているが、この見方が広まったのはダメットの『フレーゲの言語哲学』（一九七三）以後のことだろう。それ以前、ラッセルとウィトゲンシュタインに影響を与えたことは知られていたが、フレーゲの名前はむしろ、デーデキントやヒルベルトといった、数学の基礎に関心をもった数学者のひとりとして記憶されていたにちがいない。ラッセルやウィトゲンシュタインへの影響といったことを離れて、哲学にとってフレーゲが重要な存在であるのは、何によるのだろうか。

もちろん、第I巻『論理と言語』で述べたようにフレーゲの論理学とその根底にある意味論的考察の、哲学にとっての重要性は疑いの余地のないものである。だが、哲学のあり方という点に関しても、フレーゲの仕事は画期的であった。それは哲学を、数学や物理学と同じようなテクニカルな学科にした。数についての真理——数の存在と性質についての真理――は論理的真理であるという哲学的主張を、ただ主張したのではなく、かれ自身が作った論理体系のなかで証明してみせたことで、フレーゲは、哲学が、数学におけるのと同様の明確さと厳密さを備えたものでありうることを示した。したがって、フレーゲの仕事が、分析哲学のなかでひとつの模範となったことに不思議はない。ラッセルのタイプ理論、カルナップの『世界の論理的構築』、タルスキの真理論、グッドマンの『現象の構造』、クリプキ以後の真理論[22]などが、すぐに心に浮かぶ。こうした仕事が「テクニカルである」というのは、そのどれもが、明示的な理論構成を含み、日常用いられるのと同じ用語が使われていても、理論内部での意味しかもたないようにされているからである[23]。

フレーゲは、数概念についての自身の仕事が、哲学の他の分野にも応用できるとは考えなかっただろうが、フレーゲの体系に隠れていたパラドックスを発見して、その解決に大きな努力を払ったラッセルは、ホワイトヘッドとの共著の『数学原理』でその課題を果たしたあと、『数学原理』の論理学を哲学の他の分野に適用することに取りかかった。『外界の知識』(一九一四)と「センスデータと物理学の関係」(一九一四)が、その最初の成果である。『外界の知識』のフルタイトルは「哲学における科学的方法の適用分野としての、外界についてのわれわれの知識」である。「科学的方法」とあるが、ここでのラッセルの哲学観は、自然主義のそれではない。ラッセルの目的は、哲学という分野を引き継ぎ、そこで伝統的に論じられてきた問題を解決するために、「科学的方法」を導入することである。そして、この方法の適用の「最初の完全な実例」は、フレーゲの仕事に見いだされると述べる[24]。この方法の実質は、新しい論理学の哲学的問題への適用にあるが、それが「科学的」と呼ばれているのは、それが、「部分ごとの、詳細な、検証可能な結果」を通じてなされるからであり、この方法の導入は、ガリレオが物理学において成し遂げたような変化を哲学にもたらすとされる[25]。これまで哲学的問題とされてきたもののなかには、新しい論理学によって誤解に基づいていたことがわかるものもあるが、伝統的に哲学の問題とされてきたものの多くは、「科学的方法」のもとで、着実に解決に向かうというのが、ラッセルの見通しである。これは別に哲学という分野そのものの存在をおびやかすようなものではない。むしろ、哲学を科学と同じような地位にまで引き上げることでさえ、ありうる。よって、これは、実在について知ることをすべて科学に委ね、哲学は二次的な働きしかもたないとする、方法論的自然主義とは大違いである。

フレーゲも、また、この時期のラッセルも、存在論的自然主義者ではない。フレーゲにおいて、ゼロや一のような数は、より基本的な論理的対象に還元できるにせよ、物体と同じ資格をもつ対象である。それは物体と違って、われわれと因果的交渉をもたないが、存在することに変わりはない。ラッセルは、「思考の対象となりうるものは存在する」という極端な立場から出発した（『言語哲学大全Ⅰ——論理と言語』3・1節）が、「表示について」（一九〇五）以後、この膨れ上がった存在論の掃除に取り掛かり、最初、クラス、つぎに、命題を、自身の存在論から追放することを試みた。しかし、仮にこの試みが成功しているとしても、ラッセルの存在論には、自然主義者からみれば不思議なものが、まだたくさん残っている。『外界の知識』の第二章は「哲学の本質としての論理学」と題されているが、そこでは、哲学と密接に関連する論理学の部分——それをラッセルは「哲学的論理学」と呼ぶ——の主要な課題は、論理形式（logical form）の分析と枚挙であると言われている。論理形式のうちの基本的なものはたぶん、他の何かに還元されないから、それ自体で存在すると認めることになるだろう。さらには、『外界の知識』では明確ではないが、否定や条件法といった論理語は何らかの対象に対応するのかという問題もある。つまり、この時期のラッセルの存在論はまだ、物的対象とは似ても似つかない論理的対象を含んでいたと思われるのである。

本書の四九～五〇頁で述べたように、まさにこの最後の点を問題にすることから、『論理哲学論考』——以下『論考』と略する——に至る道をウィトゲンシュタインは歩き始めた。そして、その結果生み出された『論考』は、ウィトゲンシュタインの思惑とは別に、論理実証主義が（科学的）自然主義となるのに決定的な役割を果たしたのである。

4・3　（科学的）自然主義としての論理実証主義

『論考』のウィトゲンシュタインはたぶん、方法論的にも存在論的にも自然主義者ではない。たしかに『論考』は、自然科学の命題だけが語りうる、つまり、有意味であると言うが、これが現れる六・五三は、「哲学の唯一の正しい方法」を述べるものである。語りうること、すなわち、哲学とまったく関係ないことを語り、だれかが形而上学的なことを言おうとするならば、そのひとの命題が意味を欠くことを立証するのが、哲学の唯一正しい方法だというのである。これは断じて、ラッセルのように「科学的方法」を哲学に導入することではない。哲学と科学は、その目標においてだけでなく、方法においても、まったく異なるのである。

『論考』は、フレーゲやラッセルが認めた論理的対象の存在を否定したが、これは別に、ウィトゲンシュタインが存在論的自然主義にシンパシーをもっていたためではない。何が存在するかという問いは、要素命題に対応する原子的事実（Sachverhalt）の構成要素となりうる対象（Gegenstand）が何であるかという問いであり、この問いへの答えがどうなるかについてウィトゲンシュタインが関心をもっていたようにはみえない。

他方、論理実証主義者は、フレーゲとラッセルの遺産を引き継ぎながらも存在論的自然主義者である道を『論考』に見いだしたと考えた。つまり、ラッセルが主張したように数学の全体を論理から導き出すことができ、しかも、論理的真理がトートロジーであって内容をもたない――したがって、何らかの対象について言うものではない――ならば、数学的対象や論理的対象といったものの存在を認める必要はないからである。だが、本書の2・2・1節でも説明したように、論理実証主義者に都合のよい結論を『論考』から引き出すことは無理な相談である。

しかし、『論考』のこうした利用法は、自らの立場を「論理経験主義」とか「整合的経験主義」として宣伝するには重要であったが、論理実証主義者が『論考』から受け取ったと考えた、もっとも重要なメッセージではない。先に4・1節でも強調したように、論理実証主義は何よりも哲学の革命として始まった運動である。それは、あらゆる形而上学の拒否であり、その帰結は、既存の哲学の廃棄であった。このことの端的な表現こそが『論考』であると論理実証主義者は考えたのである。本書1・2節（六六頁）でも引用した『論考』四・〇〇三の最初の一文「哲学的なことがらについて書かれてきた命題や問いの大部分は、偽であるのではなく、ナンセンスなのである」に、それは集約される。こうして、かれら[26]は、科学的探究と並ぶような哲学的探究といったものは存在せず、哲学だけに特有な領域や方法といったものも存在せず、そうしたものがあるかのように言ったり考えたりすることはすべてナンセンスを結果するだけだと結論した。論理実証主義とともに、（科学的）自然主義を意識的にとる哲学が誕生したのである。

この自然主義は、存在論的自然主義でもあるが、どのような種類の方法論的自然主義なのだろうか。つまり、論理実証主義は、哲学にどんな役割が残されていると考えたのだろうか。

4・2節でも引いた「哲学の転回点」でシュリックは、認識（Erkenntnis）——それをかれは「真である経験命題」と言い換える——を構成するのは、日常の言明と科学の全体であり、その外に「哲学の」領域があるわけではなく、哲学は命題の体系ではなく、科学ではないと言う。「では哲学とは何か」という問いに対して、かれは、哲学は認識からではなく行為から成ると答える。哲学とは、命題の意味を明らかにする行為なのである[27]。ここに『論考』の直接の反映を見ることはたやすい。これはほとんど『論考』四・一一二「哲学の目的は思考の明晰化である、哲学は教説ではなく行為である……」そのままである。

シュリックのこの論文と並んで『認識 *Erkenntnis*』の創刊号に掲載されたカルナップの「古い論理学と新しい論理学」にも、同趣旨の主張が含まれている。これは、本書の1・2節（六三頁）で引用したが、ここで該当する部分をもう一度引用しよう。

> 科学と同列であって、それ独自の主題にかかわる文の体系である思弁的哲学といったものは、存在しない。哲学に従事するということは、論理分析によって、科学に属する概念および文を明瞭化すること以外ではありえない。

「科学に属する概念および文の明瞭化」ということをカルナップは、『世界の論理的構築』での方法を引き継ぎ、科学理論の合理的再構成ということで果たそうとする。これは後に「解明（explication）」という名称で呼ばれるようになる。[28]哲学に残された仕事とカルナップが考えたこうした作業を、カルナップの哲学を積極的に評価する最近の研究者は「概念工学（conceptual engineering）」と呼ぶ。[29]

はっきり言って私は、カルナップのこうした仕事を高く評価できない。それが生み出したのは、教科書的に提示された科学理論の単純化された「箱庭的な」模型でしかないと考えるからである。カルナップを始めとする論理実証主義者たちが、アメリカの大学に移って後、アカデミックな学科として作り出した「科学哲学（philosophy of science）」が、その大部分において、科学の実際を反映しない不毛な分野となっていたことは、クーンの『科学革命の構造』（一九六二）が哲学全般に大きな衝撃を与えたことからわかる。

運動としての論理実証主義は、シュリックが殺害された一九三六年に終わったが、哲学としてのその終焉は、クーンのこの本によって画されると、一般に考えられている。だが、論理実証主義に体現されていたような自然主義は、それよりもしばらく前から、哲学の表舞台から退場していた。それは、「経験主義のふたつのドグマ」で素描されていたような、別の形の自然主義に取って代わられていたからではなく、多くの哲学者の関心が、自然主義をとるか否かといった事柄とは違うことに向けられていたからである。つまり、一九四〇年代から一九八〇年代までのほぼ半世紀のあいだ、自然主義かどうかということは、分析哲学のなかでの争点とはならなかったのである。

4・4　言語哲学の時代

「経験主義のふたつのドグマ」の前年にイギリスの哲学雑誌『マインド』に発表されたストローソンの「指示について」（一九五〇）[30]をひとつの指標として使うことができる。この論文の出現は、一方で、論理実証主義とはまったく違った方向からの「哲学の革命」がオックスフォードを中心としたイギリスの哲学のなかで生じていたことを広く知らせるとともに、他方で、一九八〇年代まで続く言語哲学の時代の開始を告げるものであった。

ところで、「哲学の革命」というのは、一九五六年に出版された、ＢＢＣでの放送講演集[31]のタイトルである。この本は、形としては、ブラッドリーから始めて、その後のフレーゲからの分析哲学の歴史を概観したものであるが、論理実証主義とともに、ムーアと後期のウィトゲンシュタインにも焦点があてられ、ストローソンが哲学の現状をまとめていることからもわかるように、ここで「革命」と言われているのは、論理実証主義が目指したものとはだいぶちがう。この翌年に出版された、続編『形而上学の本性[32]』は、その執筆者のほとんどがオックスフォードの哲学者であることも手伝って、論理実証主義との違いは、さらに明白になっている。ここで形而上学は決して除去すべきものとしては扱われていない。

エイヤーという存在はあったが、論理実証主義はイギリスの哲学の主流とはならなかった。イギリスの哲学者の多く、とりわけオックスフォードで学んだ哲学者が、ギリシャ語とラテン語のテキストの読解を中心とした人文教育のもとに育ったということを、理由のひとつとして挙げることができよう。ラッセルは一九二一年にケンブリッジを離れていたし、数学や数理経済学でも画期的な業績を挙げたラムジーは、まだ二十代の若さで一九三〇年に亡くなっていた。その前年にウィトゲンシュタインはケンブリッジに戻っていたが、『哲学探究』が、かれの死後一九五三年に出版されるまで、かれの授業に出ていたごく少数の人々を除けば、その哲学の内容は、ふたしかな噂と、ひそかに流布していた講義ノートを通じて知られるだけだった。ケンブリッジの哲学者では、むしろムーアの存在の方がはるかに大きかったと思われる。

第二次大戦後は、オックスフォードがイギリスの哲学の中心となる。ライル（Gilbert Ryle 1900–1976）、オースティン（John L. Austin 1911–1960）、グライス（Paul Grice 1913–1988）、ストローソン（Peter F. Strawson 1919–2006）といった哲学者たちは、一九五〇年代を通じて発表された論文によって、「日常言語学派の哲学（ordinary language philosophy）」として知られるようになる。哲学の問題が、言語の論理の誤解から生じると考える点で、かれらはウィトゲンシュタインに賛成するが、ウィトゲンシュタインとも論理実証主義とも違って、かれらは伝統的哲学に対してずっと同情的である。伝統的哲学が犯した誤りは決してつまらないものではなく、なぜそうした誤りが出てくるのかを丁寧に探ることは哲学的に有益であり、その際の手がかりとなるのは、哲学に現れる言葉が、日常の具体的な場面でどう使われているかを探究することであるとされる。この探究方法から、もともと数学の言語のために開発された論理学の言語に欠けていたさまざまな言語的特徴に焦点が当てられるようになった。

そうした探究の多くは、選ばれた哲学的問題に関連する断片的なものだったが、体系的な理論への志向をもった哲学者もいた。こうして、いまや言語学のなかの標準的道具とまでなっている、オースティンの言語行為の理論とグライスの会話の理論が生まれた。また、日常の言語使用の文脈依存性の理論的取り扱いの必要性を明らかにしたことも、かれらの大きな功績である。[33]

日常の言語使用へのこうした関心は、そのもともとの動機、すなわち、哲学的問題の解消ということから独立に、自然言語の全体を対象とした意味論の輪郭を描くことによって、意味・指示・真理といった概念を明らかにするというプログラムへと導いた。こうして言語哲学は一九七〇年代にその全盛をみることになった。それについては、第Ⅲ巻『意味と様相（下）』と第Ⅳ巻『真理と意味』で詳しく述べたので、繰り返す必要はないだろう。ここで確認しておきたいのは、この時期、自然主義はほとんど同調者をもたなかったという事実である。まず、日常言語学派の哲学者は、伝統的哲学が言語の論理の誤解に基づく誤りに満ちているとは考えたが、それゆえ伝統的哲学をすべて無意味として切り捨てたわけではない。かれらはむしろ自分たちは、伝統的哲学を引き継ぎ、その誤りを正そうとしていると考えた。日常言語学派の後に来た言語哲学者にしても、哲学に場所を与えるために悩むなどということはなかった。「意味」「指示」「真理」といった概念こそ、自分たちの探究の場所を示しているからである。よって、この時代、方法論的自然主義をとる理由はなかったと結論できよう。[34]

4・5　自然主義の帰還？——自然化する哲学

第Ⅰ巻『論理と言語』の「後記」でも述べたように、一九八〇年代が進むにつれて、言語哲学にはその前のような活気が薄れてきた。その代わりに生じたことは、哲学者が扱ってきた問題の多くが、言語学者によって議論されるようになったことである。この結果は、言語学のなかに自然言語の形式意味論という新しい分野が確立したことである。言語哲学の退潮には、同じ時期におけるこころの哲学の隆盛が伴っていた。認知科学という新しい分野の誕生が広く宣伝され、そこは、哲学者、心理学者、言語学者、脳神経学者、計算機科学者が共同して探究がなされる場所であるとされた。同様の事態は、言語哲学とこころの哲学以外の分野でも生じていた。たとえば、科学哲学である。クーンの『科学革命の構造』に始まり、ファイヤアーベントの『方法への挑戦』[35]（一九七五）で絶頂を迎えた一九七〇年代の大騒ぎのあと、より堅実な道を選んだ科学哲学者は、論理実証主義以来の、理論と実験の区別とか、科学的説明の類型といった一般的な問題を扱うのではなく、物理学の哲学とか生物学の哲学、しかも、もっと具体的に、相対論の哲学とか進化論の哲学といった、個別科学の哲学を扱うようになった。こうして、科学哲学の大部分は、それぞれの個別科学の専門教育を受けていない者には参入できない分野となった。

こうした状況は、一九六九年に発表されたクワインの論文「自然化された認識論[36]」、さらには、それより二十年近く前の「経験主義のふたつのドグマ」で予見されていたと、多くの哲学者が考えた。「自然化」という言葉が頻繁に聞かれ、「自然主義」という言葉も、哲学のなかでの流行語に近い存在となった。

しかしながら、哲学における最近の変化は、クワインが「自然化」ということで意図していたこととは大きく違う。認識論の自然化を、認識論が心理学の一章となることとクワインは特徴づけたが、ここで「心理学」と言われているものは、現在の哲学者の多くがこの名称のもとに理解しているものとは大きく食い違っている。つまり、それは、信念とか意図といった概念を使わず、行動の記述だけに頼るような「心理学」である。認識論だけでなく、哲学のほかの分野も自然化されるとすれば、それがその一部となりうる科学がどのようなものであるかが重要になる。一見したところ、クワインは結構広い範囲のものを科学の中に含めているようにみえる。その最後の著書となった『刺激から科学へ』のなかでかれは、物理学や化学のような「ハードサイエンス」だけでなく、心理学、経済学、社会学、歴史学といった「ソフトサイエンス」も科学のなかに含めているからである[37]。だが、忘れてはならないのは、かれが同時に、信念や意図といった概念は「ちゃんとした」概念ではないとして、科学に現れることを決して許さなかったことである。心理学はともかく、信念も意図も現れないような経済学とか社会学とか歴史学とは、いったいどんなものだろうか。

哲学のいくつかの分野で現在生じている「自然化」が、クワインが考えていたような自然化と大きく違うことは、言語哲学の場合をみてみれば明らかである。言語学は、クワインの「ソフトサイエンス」のリストのなかに入っていないので、どうとも言えないが、その一分野としての自然言語の形式意味論については、かれの反応が否定的だろうということは予想できる。そこでは、可能世界の概念によって説明されるさまざまな内包的概念のみならず、話し手や聞き手の信念と意図といった、科学に現れることが許されないような概念も、当然のように用いられるからである。同様のことはおそらく、こころの哲学が自然化される先の、認知科学の部分においても成り立つだろう。それは、クワインが認識論の自然化を実際に遂行しようとして行った悪戦苦闘[38]とは大部分無縁であるにちがいない。

したがって、この間に言語哲学に生じたような変化を「自然化」と呼ぶのは誤りであるという批判も出てくるだろう。しかし、私は、第I巻の「後記」に引き続き、「自然化」を、哲学と科学のあいだの境界がなくなることとして捉えたい。ここで「科学」と呼ぶのは、社会科学と人文科学を含み、クワインのような制限も付けない。

だが、もしもこうした「自然化」によって結果するものが、方法論的自然主義だと言うのでは、それはあまりにも弱すぎる主張なのではないかという疑いが出てくる。論理実証主義においても、また、クワインにおいても、自然主義を実質をもつ主張にしていたのは、自然とは基本的に物的なものであり、したがって、物理学こそが科学の中心にあるという物理主義的な信念にある。それに対して、哲学者は、自分に関心のある主題と関係する科学において、その科学を発展させることに協力すべきであると言うだけでは、中味をもたない自然主義になってしまうのではないだろうか。

ひとつの答えは、各々の科学が実際に用いている概念や、存在を前提としている対象を、その科学にとっては外的な基準によって認めないと言う権利は、哲学者にはないというものだろう。だが、これに対してはすぐに、二種類の反論が出てくる。

まず、何が「科学」と呼ばれるべきかが明確でなければ、自然主義と言うことに、何の実質もなくなる。極端な話、占星術や神学を哲学者が批判する権利はないということになってしまう。そして、ここで科学と非科学を区別するということになれば、論理実証主義者たちが大きな労力を費やしながらも解決することのできなかった問題にふたたび直面することになる。第二に、自身の働く分野を科学と認めたとしても、哲学者には、そこで用いられている方法や概念が怪しげだとか、余計な存在者が認められているとか、その逆に、必要な存在者が認められていないといった文句は言えないということにならないだろうか。

後者の方が答えやすいので、そちらから始めよう。またしても言語哲学から例を取るのを許してほしい。モンタギュー以来の形式意味論は、集合論のなかで定式化されたモデル論のなかで展開されるのがふつうである。これに対して、日本語のような個別の言語の意味論を与えるためには、モデル論は余計な道具立てを含んでいると論じることができる。[39] あるいは、集合の概念そのものも、曖昧な述語で満ちている自然言語の意味論には適さず、別の枠組みを探すべきだという議論もある。[40] 存在論的問題の方に移れば、一方には、出来事（event）を存在者として認めるべきだというデイヴィドソンの議論[41]があるし、他方では、複数的対象のような存在者を認める代わりに複数論理を採用すべきだという議論[42]がある。

こうした批判や提案はどれも哲学者によってなされたものであるが、これは自然言語の形式意味論のように「幼い」科学の場合で、物理学のように成熟した科学では、こうした「哲学的」議論が必要になるのは、理論の変革期に限られるだろう。[43] そして、そこで行われる「哲学的」議論はもっぱら科学者自身によってなされるにちがいない。そうした議論をしているとき、科学者は哲学者になっていると、言いたければ言ってもよい。つまり、科学の発展においては、哲学的考慮が必要な時期があり、哲学者であろうが、科学者であろうが、そこで哲学的議論を行うことに遠慮する必要はないのである。

「科学」を広く取りすぎれば、もはや自然主義とは言えなくなるという、最初の方の反論はたしかにもっともである。しかし、何が科学で何が科学でないかを哲学者が決められると考えるのは、間違っているのではないだろうか。たとえば、精神分析が科学かどうかということが、科学哲学のなかで、さかんに議論された時期があった。[44] でも、結局のところ、精神分析が科学かどうかを決めるのは、精神医学者のあいだでの意見によるしかないと思われる。

要するに、私が推奨するのは、哲学と科学の境界を取り払う、強い形の方法論的自然主義であるが、その自然主義の内容から言えば、ごく「ゆるい」自然主義である。それでもなお、哲学と科学の境界を設けないという点で、それが哲学の在り方を変えることになるのは疑いないだろう。

（1）https://www.springer.com/series/7287（二〇二二年一二月一八日閲覧）。なお、シュリック以外の論理実証主義者についても同様の著作集の企画があるという。

（2）拙稿「分析哲学とニーチェ」『フィルカル』第七巻第二号、二〇二二、九〇〜一〇五頁。

（3）A・J・エイヤー『言語・真理・論理』吉田夏彦訳、二〇二二、ちくま学芸文庫、九頁。

（4）クワイン『論理的観点から』一九九二、勁草書房、五九頁。

（5）ここにはまた、第二次大戦後の冷戦体制のなかで、ヨーロッパ型知識人としての自身の過去を積極的に表に出すことへのためらいもあったと思われる。次を参照。G. A. Reisch, *How the Cold War Transformed Philosophy of Science: To the Icy Slopes of Logic*, 2005, Cambridge University Press. この本をめぐっての議論を収録した *Science & Education* の特集号 *Politics and Philosophy of Science*（Vol. 18（2009）issue 2）も興味深い。

（6）本書3・3節一七一頁。初版の執筆当時すでに、この主張に疑いが向けられつつあることは、第3章註33で述べている。

（7）フリードマン以後の『構築』の歴史的研究としては、A. W. Richardson, *Carnap's Construction of the World. The Aufbau and the Emergence of Logical Empiricism*（1997, Cambridge University Press）とC. Dambröck（ed.）, *Influences on the Aufbau*（2016, Vienna Circle Yearbook 18, Springer）を見られたい。理論的研究としては、次を挙げておく。H. Leitgeb, "New life for Carnap's *Aufbau?*" *Synthese* 180（2011）265-299; T. Mormann, "Synthetic geometry and *Aufbau*" in T. Bonk（ed.）, *Language, Truth and Knowledge: Contributions to the Philosophy of Rudolf Carnap*. 2003, Springer, pp. 45-64; T. Mormann, "A quasi-analytical constitution of physical space" in S. Awodey and C. Klein, *Carnap Brought Home: The View from Jena*, 2004, Open Court, pp. 79-100.

（8）David Chalmers, *Constructing the World*. 2012, Oxford University Press.

（9）K. Gödel, "Is mathematics syntax of language?" in *Kurt Gödel Collected Works*, volume 3, Oxford University Press, pp. 334-363. 拙訳：クルト・ゲーデル「数学は言語の構文論か」『現代思想 臨時増刊 特集ゲーデル』二〇〇七。

（10）この言い方は、当時のドイツ語圏の哲学で盛んだった非合理主義的な哲学が好んだ「世界観 Weltanschauung」に対立するものとして選ばれた。A. Richardson, "Logical positivism"（in T. Baldwin（ed.）, *The Cambridge History of Philosophy 1870-1945*, 2012, Cambridge University Press, pp. 391-400）を見られたい。なお、本節は、この論文に多くを負っている。

（11）拙稿「日本の分析哲学 一九七〇年前後」（『分析哲学 これからとこれまで』二〇二〇、勁草書房、所収）で書いたように、『科学時代の哲学』（一九六四）に再録されていた大森荘蔵の「論理実証主義」を読んで「科学史・科学哲学」を専攻した私は、科学哲学は哲学とは別物だとしばらく思っていた。これは、論理実証主義者たちの考え方からそれほど離れていなかったのかもしれない。

（12）M. Schlick, "Die Wende der Philosophie" *Erkenntnis* 1（1930/31）本書四一頁参照。この論文は現在では、1節で紹介したシュリックの全集 *Moritz Schlick. Gesamtausgabe*（Abteilung I, Band 6, 2008, Springer）に収められている。

（13）R. Carnap, "Testability and meaning" *Philosophy of Science* 3（1936）p. 422, note 2.

（14）A. Richardson, *Ibid.*, p. 395. 本書初版での論理実証主義の扱いも、こうしたストーリーのもとに組み立てられていたことは否定できない。

(15) H. Putnam, *Philosophy of Logic*, 1971, Allen & Unwinn. Reprinted in H. Putnam, *Mathematics, Matter and Method. Philosophical Papers Vol. 1*, 1979, Cambridge University Press.

(16) 一九七〇年代における必然性概念の復活が、「分析的—綜合的」をめぐる論争と無関係であることの、もうひとつの例証がここにある。この新しく復活した必然性の概念は、可能世界の概念に基礎を置くものであり、数学的真理はひとしなみに、すべての可能世界で真であるゆえに必然的であるとされる。しかし、数学的真理（および論理的真理）が、なぜどの可能世界でも真なのかは説明されない。それゆえ、この必然性の概念は、数学の必然性を何ら説明しないことは、第Ⅲ巻『意味と様相（下）』の最後で強調した通りである。

(17) 経験主義のなかで数学の問題性を解消しようとする、クワイン以後の試みのなかで、もっとも論議を呼んできたのは、そもそも数学的言明は真でないと主張するフィールド、および、かれの仕事に影響されて成立した数学的虚構主義（mathematical fictionalism）だろう。フィールドの『数抜きの科学』（H. Field, *Science without Numbers*, 1980, Princeton University Press）の出発点は、クワイン＝パトナムの「不可欠性論証」である。フィールドは、不可欠性論証の前提のひとつ、数学は科学理論の不可欠な要素であることを否定する。そのためにかれがすることは、典型的な科学理論、すなわち、ニュートン物理学を数学抜きで展開してみせることである。この大胆さと実際にそれをやってみせる勇気には、誰でも拍手を送るだろうが、仮にこれがニュートン物理学に関してうまく行っている——これを疑う哲学者も多い——としても、他の科学理論、典型的には量子力学に関してもうまく行くかどうかはわからない。よって、より最近は、これとは別の戦略を取る数学的虚構主義者が多い。『スタンフォード哲学事典』の数学的虚構主義の項目 https://plato.stanford.edu/entries/fictionalism-mathematics/（二〇二二年一二月二四日閲覧）を見られたい。

(18) 現在は、平凡社ライブラリーに収められている。

(19) W. V. O. Quine, *Theories and Things*, 1981, Harvard University Press. p. 21.

(20) K. M. Cahill and T. Raleigh (eds.), *Wittgenstein and Naturalism*, 2018, Routledge; M. McGinn, *Wittgenstein, Scepticism and Naturalism: Essays on the Later Philosophy*, 2021, Anthem Press.

(21) 自然主義に、存在論的自然主義と方法論的自然主義のふたつを区別するのは、『スタンフォード哲学事典』にパピノーが書いた自然主義の項目に倣ったが、後者をさらに強い形と弱い形とに区別するのは、パピノーにはない。ところで、この項目で「自然主義」と呼ばれているのは科学的自然主義以外のなにものでもない。たぶんこれが、「自然主義」という用語の現在での使われ方なのだろう。D. Papineau, "Naturalism" https://plato.stanford.edu/entries/naturalism/（二〇二二年一二月二七日閲覧）。

(22) 次が、その概観を与えている。Leon Horsten, *The Tarskian Turn: Deflationism and Axiomatic Truth*, 2022, The MIT Press.

(23) 後年のフレーゲは、定義と区別される解明（Erläuterung）について次のように述べている（『フレーゲ著作集5 数学論集』野本和幸・飯田隆編、二〇〇一、勁草書房、二二五頁）。

> われわれが学問を始めるとき、われわれは日常言語の語彙を使わざるを得ない。しかしこれらの語彙は大部分、学問の目的にはそぐわない。なぜならそれらは十分に確定的ではなく、使い方次第で変わるからである。学問は、完全に確定し固定した意味をもつ術語を必要とする。そしてこの意味を了解し、生じうる誤解を排除するためには、その術語の使い方の解明が与えられるだろう。

これは一九一四年に行われた講義「数学における論理」からの一節であるが、これと同内容の講義を受けたカルナップは、『意味と必然性』（一九四七）や『確率の論理的基礎』（一九五〇）などで解明（explication）の概念を積極的に使っている。

(24) B. Russell, *Our Knowledge of the External World as a Field for Scientific Method in Philosophy*, 2009, Routledge, p. xv.

(25) *Ibid.*, p. 2. ガリレオへの同様の言及は、p. 48でもなされている。

(26)「かれら」という表現を使うことで、論理実証主義者はすべて男性であったと含意したいわけではない。論理実証主義者、および、それに共感した哲学者や科学者のなかには女性も含まれる。このことはこれまであまり言及されなかったが、最近、この見落としを訂正する研究が急速に進んでいる。次を見られたい。F. Stadler (ed.), *The Vienna Circle and Logical Empiricism: Re-evaluation and Future Perspectives*（*Vienna Circle Institute Yearbook 10*）, 2002, Kluwer, Part IX "Women of logical empiricism".

(27) M. Schlick, *Gesamtausgabe*, Abt. I, Bd. 6, SS. 217-8.

(28) 解明については、「経験主義のふたつのドグマ」でも簡単に言及されている。『論理的観点から』三八〜三九頁を見られたい。なお、先の註23も参照。

（29）たとえば、A. W. Carus, *Carnap and Twentieth-Century Thought. Explication as Enlightenment.* 2007, Cambridge University Press.『論考』の「哲学は教説ではなく行為である」が、「概念工学」に変容したのを見たならば、ウィトゲンシュタインはどう考えるだろうか。かれ自身、もともとエンジニアだったのだから、案外、歓迎するかもしれない。

（30）P. F. Strawson, "On referring" *Mind* 59（1950）320-344. 邦訳、P・F・ストローソン「指示について」藤村龍雄訳、坂本百大編『現代哲学基本論文集Ⅱ』一九八七、勁草書房、所収。

（31）A. J. Ayer *et. al., The Revolution in Philosophy,* 1956, Mcmillan.

（32）D. F. Pears (ed.), *The Nature of Metaphysics,* 1957, Macmillan. なお、これと『哲学の革命』はそれぞれ原著の出版された翌年に日本語に訳されている。これは、第二次大戦後の論理実証主義の再輸入が、論理実証主義に取って代わった「分析哲学」の輸入と同時であったことを示している。第1章の補註1も参照。

（33）日常の言語使用にとって決定的に重要なこの特徴は、可能世界意味論にインスパイアされた一九七〇年代の意味論的探究のなかで体系的な取り扱いを受けることになる。第Ⅲ巻『意味と様相（下）』6・1節参照。

（34）存在論的自然主義については、唯名論的傾向をもつ哲学者は、それをとらないことにいくらか居心地のわるい思いをしただろうが、多くの哲学者には、それをとることの方が不自然と考えられたのではないだろうか。たしかに可能世界を存在者として認めるのには大きな抵抗がある（第Ⅲ巻『意味と様相（下）』6・3節――ここは、先に（4・1節で）言及したのと同じ個所である）だろうが、語や文といった言語的対象はどうするかという問題があるからである。もちろん、これらの対象は物的な対象に還元できると考えることは自由だが、実際にそうすることはむずかしい。

（35）P. K. Feyerabend, *Against Method: Outline of an Anarchistic Theory of Knowledge,* 1975, Verso Books. P・K・ファイヤアーベント『方法への挑戦――科学的創造と知のアナーキズム』村上陽一郎・渡辺博訳、一九八一、新曜社。

（36）W. V. O. Quine, *Ontological Relativity and Other Essays.* 1969, Columbia University Press, Chap. 3. W・V・O・クワイン「自然化された認識論」伊藤春樹訳、『現代思想』一六（八）、一九八八、四八～六三頁。

（37）W. V. O. Quine, *From Stimulus to Science,* 1995, Harvard University Press. p. 49. すでに「経験主義のふたつのドグマ」で、「数学、自然科学、人文科学（human [science]）を含む科学全体」と言われている（邦訳六七頁）。

（38）スタンフォード哲学事典のクワインの項目中の「クワイン的認識論」の部分から、そのだいたいの観念を得ることができる。P. Hylton and G. Kemp, "Quine"（https://plato.stanford.edu/entries/quine/ 二〇一三年一月一三日閲覧）。

(39) 実際、第Ⅳ巻『真理と意味』4・4節で、私はそう論じた。
(40) P. M. Pietroski, *Events and Semantic Architecture*, 2005, Oxford University Press, pp. 58-60.
(41) 第Ⅳ巻『真理と意味』5・3・2節。
(42) 第Ⅰ巻『論理と言語』増補改訂版、二五一～二五四頁。
(43) これは、第Ⅰ巻の増補改訂版の「後記」(二五四～二五五頁)で、メタ意味論に関連して述べたことでもある。
(44) その中心となったのは、A・グリュンバウム(A. Grünbaum, 1923-2018)である。次が代表的である。A. Grünbaum, *The Foundations of Psychoanalysis: A Philosophical Critique*, 1984, The University of California Press. 邦訳:A・グリュンバウム『精神分析の基礎——科学哲学からの批判』村田純一・貫成人・伊藤笏康・松本展明訳、一九九六、産業図書。

著者略歴

1948 年　札幌市に生まれる
1978 年　東京大学大学院人文科学研究科博士課程退学
現　在　慶應義塾大学名誉教授
著　書　『規則と意味のパラドックス』(ちくま学芸文庫，2016 年)
『新哲学対話』(筑摩書房，2017 年)
『日本語と論理』(ＮＨＫ出版新書，2019 年)
『虹と空の存在論』(ぷねうま舎，2019 年)
『分析哲学 これからとこれまで』(勁草書房，2020 年)
『増補改訂版 言語哲学大全Ⅰ』(勁草書房，2022 年)ほか

増補改訂版 言語哲学大全Ⅱ　意味と様相(上)

1989 年 10 月 25 日　第 1 版第 1 刷発行
2023 年 6 月 20 日　第 2 版第 1 刷発行

著　者　飯　田　　隆
発行者　井　村　寿　人

発行所　株式会社　勁　草　書　房

112-0005 東京都文京区水道 2-1-1　振替 00150-2-175253
(編集) 電話 03-3815-5277／FAX 03-3814-6968
(営業) 電話 03-3814-6861／FAX 03-3814-6854
三秀舎・中永製本所

ISBN978-4-326-10323-2　Printed in Japan

https://www.keisoshobo.co.jp

索引 I

第Ⅰ巻の場合と同様、本巻の索引も二部に分かれている。「索引Ⅱ」は、欧語の文献を検索するために用いられたい(したがって、索引Ⅱで指示した箇所は、その項目の人物が著者か編者になっている場合に限ってある)。

あ 行

さ　行

た　行

な　行

は 行

ま　行

や　行

ら　行

わ 行

索引 II